인생아, 참 고마워!

인생아, 참 고마워!
죽음을 받아들이고 알게 된 우리 삶의 소중함

초 판 1쇄 2025년 08월 20일

지은이 강남정
펴낸이 류종렬

펴낸곳 미다스북스
본부장 임종익
편집장 이다경, 김가영
디자인 임인영, 윤가희
책임진행 이예나, 김요섭, 안채원, 김은진

등록 2001년 3월 21일 제2001-000040호
주소 서울시 마포구 양화로 133 서교타워 711호
전화 02) 322-7802~3
팩스 02) 6007-1845
블로그 http://blog.naver.com/midasbooks
전자주소 midasbooks@hanmail.net
페이스북 https://www.facebook.com/midasbooks425
인스타그램 https://www.instagram.com/midasbooks

© 강남정, 미다스북스 2025, Printed in Korea.

ISBN 979-11-7355-368-4 03810

값 24,500원

※ 파본은 구입하신 서점에서 교환해드립니다.
※ 이 책에 실린 모든 콘텐츠는 미다스북스가 저작권자와의 계약에 따라 발행한 것이므로 인용하시거나 참고하실 경우 반드시 본사의 허락을 받으셔야 합니다.

미다스북스는 다음세대에게 필요한 지혜와 교양을 생각합니다.

죽음을 받아들이고 알게 된 우리 삶의 소중함

인생아, 참 고마워!

강남정 지음

미다스북스

추천사

인생이 고마운 것일까?

인생의 바닥을 딛고 올라온 사람의 고백을 들으면 고개가 절로 숙여진다. 온갖 화려한 이론보다 강렬하다. 작가의 자전적 수필 『인생아, 참 고마워!』는 단순한 회고록을 넘어서 소설 같은 삶을 느끼게 해준다. 이는 생존의 고통 속에서도 끝내 감사로 나아가 인간 영혼의 맨살을 보여주는 진심의 기록이다. 읽는 내내 나는 문득문득 숨을 멈춰야 했다. 눈물로 읽고, 침묵으로 덮으며, 한 생애가 겪은 삶의 진창과 그 속에서 길어 올린 빛을 함께 마주 보는 느낌을 받게 된다.

책은 1959년 경남 진주의 한 시골에서 태어난 작가가 다섯 살 무렵 어머니를 여의고, 계모와 아버지의 가혹한 훈육 속에 살아온 이야기로 시작된다. 굶주림과 학대, 이해받지 못한 외로움 속에서 자란 작가는 열세 살에 식모살이, 열다섯 살에 직물 공장 노동자로 투입되어 삶을 버텨야 했다. 쓰러지고, 정신적 증상을 앓으며, 때로는 자살을 시도하고, 거리에서 방황하고, 정신과 병원과 신앙을 전전하는 그 시간의 흐름이 책 전반에 걸쳐 생생하게 기록되어 있다.

그러나 이 책이 단지 어둠을 나열한 기록에 그치지 않는 이유는, 그 어둠 속에서 '한 줌의 빛'을 붙들고, 자신을 끌어올린 작가의 내면 여정이 서사적으로 깊이 우려져 나오기 때문이다. "죽고 싶었던 날들"을 넘어 작가는 들판의 풀과 고목, 벌레와 나무, 하늘과 별과 대화를 나눈다. 사람이 사람에게 상처 받았지만, 자연과 신으로부터는 치유를 받는다. "나는 무엇인가?"라는 본질적 질문을 반복하며, 인간이 이 세계에 온 의미를 묻는다. 이 점은 니체의 '고통을 통한 초월'의 철학과도 통하는 울림이 있다.

삶이란 무엇인가. 작가는 묻는다. "사랑이 나를 떠나도, 그것은 내 몫이라고 나에게 말해주어서, 인생아 고마웠다." 트롯의 가사 한 줄이 작가의 마음에 새겨졌다. 그는 이 노래를 통해 자신을 더욱 토닥였다. 자신의 마음을 더 깊이 쓰담 쓰담 해주었다. 이 책은 눈물로 눅눅해진 한 권의 책이 아니라, 한 인간이 자기 자신을 끝내 사랑하게 된 이야기이다. 작가는 끊임없이 스스로를 끌어안는다. 이 책을 덮는 순간 작가의 마음은 독자의 마음에도 번진다.

이 책을 덮으며 나는 스스로 다시 한번 묻는다. 나의 삶이 고마웠다고 말할 수 있는가? 그런 날이 올까? 이 책은 그런 질문을 품고 있는 모든 이에게 깊은 공감과 위로, 그리고 다시 살아갈 힘을 건네는 귀한 책이다. 작가의 어눌한 표현조차도 누군가의 생존 그 자체를 담은 빛나는 '삶의 문장'이다. 부디 내 삶이, 내 인생이 얼마나 고마운지, 그 이유를 이 책 속에 담겨있는 먹먹한 삶의 냄새를 글귀에서 찾아볼 수 있기를 권한다.

신상대 책쓰기 코치, 한국성장공유협회 대표

고난과 상처가 감사로 승화(昇華)된 인생

강남정 님의 『인생아, 참 고마워!』
그녀의 원고를 읽는 동안
나는 감히
인간의 고통과 외로움을
운운할 자격이 있는 시인일까
침잠된 기분을 떨쳐버릴 수 없었다.

가난한 시대와 억압적 가정사에서 비롯된 것이라고
위로의 말이 너무 가식적인 것은 아닐까
고개 끄덕임이 너무 형식적인 것은 아닐까
며칠을 꿈속에서조차 방황했다

그러던 어느 날
가슴에 꽂힌 단어 하나가
옴질거리는 새싹처럼 반짝거리기 시작했다
승화(昇華)….

삶의 고난과 억눌림, 가족 간의 애증 관계에서
시작된 사랑과 용서는 나를 살리기 위한 자기방어였지만
결국 그녀는 그 모든 비극을 정화시키고 해소시킨다
바로 쌓이고 쌓인 숱한 아픔과 상처들이
훈훈한 사랑으로 승화(昇華)된 것이다

유미영   시인, 시집 『가려운 상처』 등 저자

이 책을 손에 쥐신 여러분께

이 페이지를 넘기며 시작하는 여정은.
단순한 독서를 넘어 새로운 발견과 자기 발견의 시간이 될 것입니다.
여기 담긴 이야기들은.
여러분의 마음을 흔들고, 여러분이 살아가는 세계에 대한 깊은 이해를 제공할 것입니다. 각자의 경험과 시각을 통해 이 책을 읽으며, 새로운 시각과 감동을 찾아보세요.
이 책이 여러분의 삶 속에 깊이 자리 잡고, 여러분이 더 많은 것을 보고, 느끼고, 배우게 하는 계기가 되기를 바랍니다.
감사합니다.

전병서   금산산업고등학교 행정실

자신을 안아주는 삶의 여정

글을 읽는 동안 자꾸 마음이 멈추고, 생각이 많아졌습니다.
작가는 아픔의 터널을 지나 소박한 종이에 '인생'을 적어놓았습니다.

이 글을 읽고 나면, 어느새 저자의 삶 한가운데를 함께 걷고 있는 듯한 느낌이 들어요. 배운 게 없다고, 글을 잘 쓰지 못한다고 말씀하시지만, 오히려 그래서 더 마음 깊이 전해졌습니다.
삶에 찢기고 마음이 부서질 때마다! 그 순간들을 살아온 모습들이 보입니다. 정직하게 써 내려가신 마음이 참 대단하게 느껴졌거든요.

"잘 죽으려고 순간순간 살피며 살아간다."라는 그 한마디에 얼마나 많은 날들이 녹아 있는지, 읽는 사람이라면 누구든 알게 될 거예요.

이 글은 어쩌면 평범하지 않은 길을 걸어온 분이 남긴 '진짜 이야기'입니다. 아프고, 슬프고, 때로는 분노가 치밀다가도 끝끝내 '사랑'으로 돌아오는 길. 그 길을 묵묵히 걸어오신 저자의 걸음이 고스란히 담겨 있습니다.

저처럼 바쁘게 하루를 살아가는 사람도, 이 글을 읽으며 여러 번 걸음을 멈추게 되었어요.

그리고 어느 순간엔, "이렇게 살 수도 있겠구나, 이렇게 살아내신 분이 계시는구나." 하는 생각에 위로도 참 많이 받았습니다.

어렵고 힘든 시간을 지나고 있는 분들에게, 혹은 말 못 할 속마음을 안고 살아가는 분들에게, 이 책이 꼭 닿았으면 좋겠습니다.

누군가의 가슴에 오래 남을 글이라고, 저는 자신 있게 말씀드릴 수 있어요.

손미경 평생교육강사협회, 평교문화예술창작소 대표

인생아, 참 고마워!

우리의 인생은
생로병사 안에서 희로애락과 함께 살아가고 있다.

추천사를 부탁받았다. 망설여졌다.
나는 실향민 2세다.
자유대한민국을 사랑하는 한 사람으로

자유 평화통일을 바라고 기도하는 사람이다.

북한에서 반동분자로 몰려 혈혈단신으로 자유를 찾아 월남하신 선친은, 많은 고생을 하시다가 돌아가셨다.

6남 1녀 장남으로 출생한 나는, 어려운 가정 형편에 초등학교 어린 나이에 아침저녁으로 신문을 돌리면서 살아왔다.

저자의 『인생아, 참 고마워!』 내용을 읽는 중 많은 눈물을 흘렸다.

많은 어려움과 절망 속에서 오뚜기같이 다시 일어선 삶이 더욱 행복해지기를 바란다.

나는 TV를 잘 보지 않는 편이나 〈이만갑(이제 만나러 갑니다)〉라는 TV 방송을 틈틈이 시청하고 있다.

이 책이 북한 이탈 주민들에게도 새로운 희망을 주면 좋겠다.

자유대한민국에 태어났지만, 많은 고생을 겪은 저자의 이야기는 동병상련의 연민을 가질 수 있는 기회가 되리라 생각해서이다.

나는 자녀를 3명 두었다.

당시 "둘도 많다 하나만 낳자."라는 구호가 있을 때 늦둥이가 태어났다.

자서전을 작성하고 싶어 책 쓰기와 출판도 공부하였다.

"인생아, 참 고마워!"
"감사해."
"사랑해."
"힘내."
"잘될 거야."
"파이팅."

이라는 소리가 이 책을 읽는 모든 사람에게 크게 외쳐지기를 기대해 본다.
어려움을 겪는 모든 분이 이 책을 읽고 새로운 희망을! 가지는 기회가 되기를 기도한다.
이 책을 읽으시는 분들 건강하시고 행복하시기를 기도합니다.
자유 평화통일을 기도하는, 최대한으로 기도하고 감사하는….

최태한 이북 5도 위원회 전(前) 대구사무소 소장

살아온 인생을 되돌아보며, 인생은 고난일까? 아름다움일까?

저는 이 책이 단순한 작가의 인생 회고록을 넘어
"인생의 바닥에서 길어 올린 한 줌의 빛"을 진솔하게 보여주는 귀한 기록이라고 감히 말씀드리고자 합니다.

책을 읽어보시면 1959년 경남 진주의 작은 시골에서 태어나, 다섯 살에 어머니를 잃고 극심한 가난과 학대를 겪으며 자란 저자의 고단한 삶은, 열세 살 식모살이로 간 이야기, 열다섯 살 공장 노동자 경험, 그리고 방황과 회복의 과정을 통해 우리에게 생존의 무게를 고스란히 전달하고 있음을 느낄 수 있습니다.

그럼에도 불구하고 이 책이 더욱 빛나는 이유는,
고통의 기록에 머무르지 않고 저자 스스로가 자연과 대화하며, 철학자들이 끊임없이 던졌던 "나는 누구인가?"라는 본질적 물음을 던지고, 삶에 대한 '감사'를 깨닫는 내면 여정을 담고 있기 때문입니다.
한 인간이 자기 자신을 사랑하고, 상처 너머의 치유를 향해 나아가는 모습

이 소설처럼 생생하게 펼쳐집니다.

"자신을 사랑할 수 없는 사람은 다른 이도 사랑할 수 없다"라는 말이 있습니다.

여러분께서 이 책을 펼치시면, 눈물과 침묵 사이에 스며든 저자의 목소리에 귀 기울이게 될 것입니다. 그리고 마지막 장을 덮는 순간, 스스로의 삶을 돌아보며 "나에게도 고마운 날이 있었나?"라는 물음을 품게 되실 것입니다.

이에 저는 삶의 어두운 순간에도, 한 줄기 빛을 붙잡고 일어선 모든 이에게 『인생아, 참 고마워!』를 추천드립니다.

이 책이 여러분 각자의 내면에 스며들어, 다시 한번 삶의 의미와 감사함을 깨닫는 기회가 되길 진심으로 기원합니다.

송일두 목사

들어가는 말

나는 제대로 된 학교 공부를 하지 못했다. 정식으로 학교를 다닌 건 겨우 국민(초등)학교 때뿐이다. 만 36세가 되어 중고등학교 과정을 4년간 공부하며 검정고시를 쳤다.

돈을 벌어야만 먹고살 수가 있었기에 책을 제대로 읽을 시간도 없었다. 누구에게 마음속 얘기를 할 수 있는 환경이 아니었다. 속마음을 얘기하지 못해서인지 생각이, 생각의 꼬리를 물고 흔들기까지 했다.

글을 적을 수 있음은 살아 있음이고 나의 숨구멍이기도 했다. 생각나는 것을 글로 적고 나면 잠을 잘 수가 있었다. 잠을 못 자면 많은 증상이 일어났다. 글을 적으면 나를 괴롭히는 증상들도 조금은 가라앉았다. 그래서 글을 적었었다.

그래서인지 내 글은 아프고 가슴 답답한 사연도 많다. 평범한 사람들이 겪어보지 않은, 쉽게 이해되지 않는 부분도 있을 것이다. 나와 비슷한 삶을 살아오신 분은 조금 쉽게 이해도 되겠지만 말이다. 글을 잘 이해하기 쉽게 쓸 줄도 모른다. 그러면서도 용기를 내었다.

장편 소설이 될 나의 이야기들을 축소하여 농축시킨 글이다. 그래서 생각하게 하는 글이다.

삶을 살다가 보면 어려움에 봉착하게 되는 것이, 인생의 기본이라고 생각한다. 그저 쉽게 사는 사람은 세상에 없을 것이다.

삶이 힘들다고 느끼는 사람에게, 그러한 환경 속에서도 이렇게 행복한 삶을 살게 된 내 글이, 조금이나마 생기를 줄 수 있었으면 좋겠다는 마음이다. 1편부터 차근차근 읽어갈 때 이해가 쉬워질 것이다. 드라마 연속극처럼.

"나는 잘 죽으려고 순간순간 살피고, 선택하며 살아가고 있어!"
라는 말을 곧잘 한다.

지금까지 살아오면서 내가 본 세상이 있다.
첫째는 자연의 섭리를 보았다.
둘째는 부모로부터 육신을 받아 사는 사람 속의 진리를 보았다.
그리고 셋째! 육신을 가지고 어떤 언행을 하며 살았는가의 값을 받아, 영혼의 세계를 살아가는 인간이 천사로 승화된 영들의 삶을 보았다.

육신의 세상. 과거가 지금의 나를 가꾸었고, 그 값을 가지고 오늘을 산다. 오늘을 사는 것! 그것의 값들로 내일을 만나며 오늘을 살아가고 있다. 육신을 받아 일생을 살아가는 이치를 보는 사람도 있더라. 사람마다 각양각색으로 보이는 듯하다.

나는, 생각이란 님을 만나 대화를 많이도 나누게 되었다. **내 생각 속의 님은, 먼저 사신 선배님과 선조님들이셨다.** 선조님들께서 주시는 말씀의 결과로 삶의 의미를 찾게 되었다.

삶의 의미를 알고 살아온 나는, 많은 기쁨과 행복 속에서 살아왔고 또 살고 있다.

과일나무의 삶 속에서, 맛난 과일이 된 나를 인간이 먹어주면, 나는 인간의 육신으로 태어난다. 인간의 몸으로 승화가 된다.

'아무리 주지 않으려 해도! 공간과 시간 속에서 내가 가진 그 무엇인가를 누군가에게 주게 된다.'라는 사실을 거역할 수 없음이 보였다.

어떤 공간과 시간 속에서! 무엇인가는 받을 수밖에 없는 사실이 우리의 현실이며! 주게 되는 것이 어쩔 수 없는 사실이다.

한 걸음 한 걸음 잘 죽으러 가는 길! 일 초 일 초의 걸음을 걷고 있다.

2025년 여름,
강남정

추천사   4
들어가는 말   12

제1장 고향의 달

1. 엄마가 타고 간 꽃상여   21
2. 안 계시는 엄마와 정신적 대화   24
3. 마음도 고프고 배도 고파   26
4. 태어났기에 사랑을 받고 싶어   28
5. 아버지의 아내는   30
6. 새어머니의 갈등   34
7. 장독과 호미 숟가락까지   37
8. 큰오빠는 청산가리를   39
9. 이상한 사랑?   41
10. 고향의 달   45
11. 살아보려고 대구로   48
12. 대구 이사 후 동생 둘은   52
13. 헤모글로빈 빨간 영양제   54
14. 죽여버리고 싶었던 그놈   58
15. 절망에서 희망으로   61

제2장 행복하고 싶었다

1. 인생아 고마웠다   67
2. 그래서의 깨달음   71
3. 헌혈을 할 수 있음이 축복   73
4. 세상의 이상한 이치   76
5. 자연은 나를 위해 존재하고   78
6. 천사 같은 옷을 입고 가신 아버지   82
7. 복이 무엇인가?   84
8. 죄는 무지에서   87
9. 행복하고 싶었다   90
10. 사랑은 가꾸는 것   93
11. 하나밖에 없는 아내 아닌가   95
12. 옛 얘기 하면서도 웃을 수 있는 상태   101

제3장 인연이 되려니

1. 인연이 되려니   107
2. 자전거 페달을 신바람 나게   111
3. 그렇게 살고 싶었나 보다   113
4. 찰~싹! 불똥이   115
5. 결혼 책임감   118

6. 통통한 여자   121
7. 우리 가족은 뾱짝뾱짝   124
8. 남편의 뇌 모양   126
9. 새로움과 희망   128
10. 김가 버리고 같이 살자   132
11. 손님을 부르는 성격   135
12. 수돗물이 밤에만 나와서   137
13. 대문을 붙잡고 시숙님은   139
14. 참아왔던 감정의 폭발   141
15. 그러고 싶었다   149

제4장
나는 사랑이다, 사랑이다

1. 그 누나는 엄마를   155
2. 어머님을 따라가며   158
3. 쓰레기와 오수   162
4. 유체 이탈   167
5. 천사 아닌 천사들   173
6. 어머님이 절의 공양주로   177
7. 나는 사랑이다   182
8. 무속신앙의 어머님   188
9. 시누 남편에게 한 하소연   194
10. 어쩜 그토록 몰랐을까   198
11. 사랑님과의 대화   203

12. 조카들에게 냉정한 말을   208
13. 나 좀 죽여달라!   210
14. 기도회에서 일어났던 모습들   212
15. 고통과 영적 체험   218

제5장
지금의 내가 있기까지

1. 건강한 몸에 눈을 뜨다   225
2. 인내   230
3. 꽃동네까지 온 딸 아들   234
4. 좋을 대로 하십시오   237
5. 가족 화해   241
6. 사랑의 기도   244
7. 지금의 내가 있기까지   247
8. 모래 위의 두 발자국   250
9. 36세에 중학교 입학을   252
10. 큰 얼굴의 님께서   255
11. 사랑님께서 응원을   257
12. 월막 피정의 집으로   259
13. 아픔이 소리를 타고   262
14. 엄마의 보석   267

제6장

고통이 왜 있을까?

1. 이쁘고 멋진 엄마 딸 … 271
2. 내 남편과 딸의 아빠 … 275
3. 내면을 알게 되는 것이 … 279
4. 고통과 회복 … 281
5. 우리의 내면을 들여다 보자 … 284
6. 고통이 왜 있을까? … 289
7. 그렇게 좋은 사람 … 294
8. 안타까운 사람 덕분에 … 298
9. 더 이상 해줄 수가 없어서 … 302
10. 어찌 그리 사랑했을까? … 305
11. 말놀이를 듣고 보며 … 310
12. 보고 들은 것이 교육이 되어 … 313
13. 앞서가는 생각! 거꾸로의 생각 … 317
14. 색다른 삶, 다양한 맛 … 320
15. 딸로 태어난 것이 억울했는데 … 323

제7장

나는 행복합니다

1. 고통은 지나갔고 아름다움은 … 329
2. 1퍼센트의 선을 향하여 … 331
3. 나는 행복합니다 … 336
4. 백내장 수술을 하며 … 340
5. 보속의 기도 … 344
6. 그냥 던진 돌 … 346
7. 누나가 착했어요 … 350
8. 믿음이란 … 355
9. 자존심 속의 자파감 … 358
10. 글이 있는 것이라면 … 364
11. 인간으로 태어난 것 … 368
12. 먼지 알이 사랑씨가 되어 … 371
13. 잘 죽으러 가는 의미 … 376

마치는 글 … 382

제 1 장

고향의 달

성냥 씨.

잠시 작은 불로 살아나
자신의 몸을 태우며
기름이 든 호롱의 심지에
불을 남기며
죽어 가는 성냥 알로
호롱에 불을 붙였다

주변을 밝힌다

1

엄마가 타고 간 꽃상여

어릴 때 마당에서 강아지와 놀았다. 꽃들과 풀잎과도 놀다가 엄마가 누워 계시는 방문을 살며시 열며 빼꼼히 들여다보곤 했다. 엄마가 고개를 돌려 나를 보아주시고 살짝 미소 지어 주실 때엔 그것만으로도 나는 정말 좋았었다. 들여다볼 때 눈빛도 주지 않으시면 뭔지 모르게 마음이 시무룩해졌다.

어느 날 새벽, 오빠 둘이 엄마를 부축하여 앉혀 드렸다. 언니도 아버지도 나도 엄마를 중심에 두고 둘러앉아 있었다. 언니가 방문을 열고 나가 부엌에서 찬물을 가져오기도 했다. 숟가락으로 물을 떠서 엄마의 입으로 넣어 드리기도 했다. 그렇게 얼마가 지났을까, 오빠 둘이 "어무이~ 어무이~"라며 여러 번 불렀고, 그러더니 엄마를 자리에 눕혔다. 아버지가 엄마의 얼굴을 쓸어내리셨다. 눈을 감지 못하시고 숨을 거두셨기에 눈을 감기느라 얼굴을 쓸어내렸던 것이었다.

가족들이 모두 울었다. 나는 왜 우는지를 몰랐다. 우는 모습들을 둘러보고 또 둘러보았다. 나도 뭔가가 무서워져 같이 울었다. 얼마를 울었을까! 우는 것이 재미도 없고 힘도 들었다. 가족들의 우는 모습을 살펴보기도 했다. 앉아 있는 것이 심심하고 불편하여 방문을 열고 나왔다.

마루를 지나 축담에 내려서니 희뿌옇게 날이 새고 있었다. 하얀 눈송이가 폴폴 내리고 있었다. 작은 꼬맹이는 손을 내밀어 눈송이를 받고 받는 것에 재미가 났다. 신바람도 났다.

나락뒤주. 마당에 쥐가 먹을까 썩을까 등으로 가을에 추수한 나락을 보관하는 나락뒤주가 있었다. 나락뒤주 지붕에 쌓인 눈을 까치발을 하며 집어서 입에 넣고 넣었다. 시원하고 맛도 있었다. 재미도 있었다. 그러는 것이 재미가 없어지고 다시 방으로 들어왔는데 가족들은 그때도 울고 있었다.

사람들이 우리 집에 많이 와서 좋았다. 마을 사람들이 지짐 등을 구웠다. 그 맛있는 음식들을 받아서 동무들에게 나누어주는 재미는 정말로 기쁘고 신나고 즐거웠다. 상대가 좋아하는 것을 해주는 행동은 누구나 좋아하겠지만, 나는 그때 그것이 너무도 좋았다. 음식이 많이도 부족했던 그 시절에 맛있는 음식을 동무들에게 나누어주는 기쁨은 나를 한껏 들뜨게도 했었다. 눈이 와서 좋았고, 손도 대지 못하게 하던 신기하고 멋있게 생긴 아버지의 긴 장화를 신고 눈을 밟는 재미도 정말 좋았다.

예쁘고 커다란 꽃상여가 왔다. 그 꽃상여를 두고 돌고 돌면서 꽃을 만지면서 좋아했다. 나의 엄마가 다시는 못 올 저세상으로 가셨는데 좋아라 뛰어다녔던 내 모습이 어쩌면 이토록 선연히 남아 있는 것일까?!

큰어머니와 함께 몇 분이 누워계시는 엄마를 물로 씻기고 닦으셨다. 그 모습을 요리 보고 조리 보며 신기한 듯 구경을 하였다. 씻기느라 잡고 있던 팔을 배 위에 올려놓으면 팔이 그만 바닥으로 스르르 내려가 뻗었다. 그것이 지금도 너무나 생생하게 보인다. 처음이자 마지막으로 엄마의 목욕을 그렇게 지켜보았던 것이다.

꽃상여가 마당 귀퉁이에 앉아 있었다. 사람들에 의해 엄마는 마당에서 꽃상여에 태워졌다. 동네 장정들이 엄마를 태운 꽃상여를 메고 밀었다 당겼다를 하며 노래도 불렀다. 많은 사람에게 둘러싸인, 상복을 입은 언니 오빠도 있었다. 꽃상여를 메고 밀고 당기고, 당기고 밀고, 대문 밖에 내려두고 또 음식들을 상에 차려 절을 하였다. 장례 행사는 다섯 살인 나에게 신기함을 안겨주기도 했다. 동네 청소년들도 참여하였다. 손에 잡은 빨간색, 노란색, 파란색, 흰색 등의 깃발들을 펄럭이며 상여는 힘겹게 이끌려 골목을 빠져나갔다. 상여는 골목을 돌아서며 내 눈앞에서 보이지 않았다. 하지만 나는 한참을 그렇게 서서 보고 있었다.

엄마는 그렇게 떠나가셨다. 그렇게 가시고 엄마는 딱 세 번을 똑같은 한복을 입으시고 같은 모습으로 나의 꿈속에 찾아주셨다. 엄마는 내 고향 마을 가까운 야산 어귀 햇빛이 잘 드는 곳에 묘지라는 이름으로 잔디 옷을 입고서 누워계셨다.

내가 자주 가던 밭 옆에 엄마의 묘소. 소녀 시절 꿈속에서 자주 등장을 했다. 내 건강이 좋지 않던 소녀 시절 악몽 속에서 가위가 눌리며 등장을 했었다.

2

안 계시는 엄마와
정신적 대화

내 나이 다섯 살 때 나를 낳으신 엄마가 저세상으로 가셨다. 그리고 나는 철없는 시절부터 몸과 마음고생에 빠져서 살았다. 15세 때 직물공장 현장에서 쓰러지고 쓰러지면서 돈 버는 일을 제대로 하지 못하고 오랫동안 비실거렸다.

엄마가 그립다. '살인자라도 좋으니, 얼굴이라도 볼 수 있었으면 좋겠다.'라고 내 속의 어린아이가 몸부림치며 울었다. '누워 있는 시체라도 좋으니 만져볼 수 있다면 좋겠다.'라고 내 속의 엄마를 그리워하는 아이가 앙살을 부리고 있었다. 가슴이 찢어질 듯 아픈 날들이 수없이 많았다.

"엄마의 영혼이 나를 아프게 한다."라는 주위 사람의 말이 내 귀에 들어왔다. 그 말이 내 마음에 걸리어 자꾸만 떠올리게 되었다. '엄마의 영혼이 나를 아프게 한다고?' 내 머릿속에서 맴맴거리며 생각이란 줄을 잡고 돌고 돌았다. 내 마음의 대답은 '절대로 그것은 아니다.'라고 고개를 절레절레 흔들었다. 엄마가 내가 잘 살아가도록 해준다면 말이 되지만, 아프게 한다는 것은, 도무지 허락이 되지를 않았다.

내 마음의 고집도 대단하였다. 나를 낳고 일찍이 저세상으로 가신 엄마를 원망도 많이 했다. 내 나이 열일곱 살의 어느 날 엄마를 원망하며 울부짖고 있었다. 그러고 있는데 '내가 왜 이러지? 내 마음이 있고 생각이 있고 영이 있기 때문이잖아! 저세상이 있고 이 세상이 있고~ 그렇다면 엄마의 영혼도 있을 수 있잖아! 내가 이러는 모습을 엄마의 영혼이 보고 계신다면, 그렇다면~' 내가 힘들 때 오열하며 엄마의 머리채를 쥐고, 이리저리 휘저었던 내 속의 내 모습이 보이고 있었다. 내가 고통스럽다고 엄마의 가슴을 부여잡고 몸부림치던 내 속의 내가 보이고 보였다.

불효. 엄마에게 엄청난 불효를 저질러왔던 내 마음의 잘못들이 헤아려지고 있었다. 눈물이 닦이었다. 젖은 눈을 껌벅거리며 하늘을 보았다. 바라보이는 하늘에서 엄마가 미소를 지어주고 계셨다.

그 이후엔 미소를 지으시는 어머니의 모습을 자주 보게 되었다. 내가 미소를 지으며 어머니를 바라볼 때, 어머니도 나와 얼굴을 마주하며 미소를 지어주셨다. 내가 진리를 깨달아 가면서, 미소 짓는 어머니의 모습을 자주 보았다. 마주 보며 미소를 많이 지었다.

그러나 엄마와 깔깔거리며 장난치는 모습은 전혀 없다. '깔깔거리며 장난치는 모습이 있었으면 좋겠다.'라는 생각이 들 때도 있었다. 나의 지나친 욕심이었다.

지금도 나의 어머니는 꽃다운 29세의 모습으로 미소 지어 주신다. 어머니, 감사합니다.

3

마음도 고프고
배도 고프다

1973년 10월, 내 나이 14세 때 고향 진주에서 대구로 왔다. 직물공장 기숙사에 들어가 일을 했다. 일당 150원에 식권 1장에 40원이었다. 고향 시골에 있을 때는 무얼 먹어도 먹는 것은 배부르게 먹었다. 그래서인지 나는 키가 크다.

12시간 교대 근무를 하였다. 야간 일을 할 때는 저녁 한 끼에 식권 1장을 사용하고, 낮일을 할 때는 점심 한 끼를 먹었다. 시골에서 먹는 것에 비하여 밥 한 공기와 반찬의 양은 너무도 적었다. 물로 배를 채우기도 하며 버티다가 도무지 못 견디게 되면 10원, 20원에 끼니를 대신할 수 있는 라면땅이나 뉴 뽀빠이라는 과자를 사서 끼니를 때웠다.

이듬해 봄 5월. 내가 1학년 때와 4학년 때 얻은 두 동생과 술로 세월을 보내시는 아버지와 단칸방에서 살게 되었다. 점심밥을 밥상 위에 올려 밥상 보자기를 덮어두고 야간 일을 하고 온 나는 잠을 잤다. 잠을 자고 있을 때 외로움을 달랠 길 없는 다섯 살의 작은 동생은 방문을 들락날락하며 누나와 형아의 밥까지 다 먹어 치웠다.

"엄마는 배곯아 죽고 자식은 배 터져 죽는다."라는 말이 우리 가정에서 현실로 일어나 있었다. 동생의 팔다리는 빼빼 마르고 배는 볼록해져 있었다. TV에서 본 아프리카 오지 마을 도움 광고에 나오는 어린이 모습이었다. 동생은 특별한 민간요법 약을 해 먹였다. 나는 돈을 버는 현장에서 쓰러지고 쓰러졌다. 영양부족으로도 쓰러졌다는 사실을 후일에야 알았다.

쓰레기 하치장. 집 앞에는 직물공장에서 나오는 쓰레기들을 가져다가 불을 태우는 쓰레기 하치장이 있었다. 큰동생은 국민(초등)학교 2학년이고 작은동생은 세 살 적은 다섯 살이었다. 그때가 국민학교였으니 국민학교라고 적겠다. 큰동생은 학교에 가서 학용품과 책도 빼앗기곤 했다. 학교에 가기가 싫어서 작은동생과 함께 쓰레기 하치장에서 작은 쇳덩이를 찾으며 시간을 보냈다. 하루 종일 잿더미 속에서 어쩌다 하나씩 나오는 작은 쇳덩이들을 찾아 재를 파며 뒤적였다. 직물공장에서 나오는 쓰레기였으니 파고 뒤적이면 가끔 작은 쇳덩이가 나왔다. 그 작은 쇳덩이 하나를 발견할 때마다 그 어린 동생들은 얼마나 기뻤을까?!
"형아~! 쇳떵이! 쇳떵이야~!"
"형아~! 또 나왔어~! 또 나왔어~!"
학교도 가지 않고 동생과 쇳덩이를 찾던 큰동생 마음은 어떠하였을까~?

그때는 그 작은 쇳덩이를 모으면 가게에서 학용품도 바꾸어 주고 과자도 바꾸어 주었다. 부모님의 사랑이 없었던 마음도 고프고 배도 고팠던 이야기이다.

4

*태어났기에
사랑을 받고 싶어*

"남자는 하늘이고 여자는 땅이다. 부모는 하늘이고 자녀는 땅이다."라고 훈육(?)하셨던 아버지의 딸로 태어났다. 나는 정말 많이 힘들었고 상처받고 고통스러웠다.

"남자는 하늘이고 여자는 땅이다."라고 하시던 아버지의 큰아들이자 나의 오빠. 나는 오빠로부터도 엄청난 고통을 받았다. 오빠는 오빠 식대로 그냥 언행을 했을 뿐이다. 그랬는데 연약한 나는 오빠가 그냥 던진 돌에 맞고 맞아, 상처에 상처가 거듭하며 곪고 곪았다. 견디기 힘들도록 아프고 아팠다. 지금도 아프다.

"친정이라는 호랑이 굴이 무서워서 결혼이라는 가마를 타고 시집을 갔는데 그곳은 사자 굴이었더라."라는 나의 말에, "엄마 사자 굴은 무슨~ 독사 굴이었지!"라고 말을 해준 딸이 있다. 엄마를 이해하고 많이도 배려하고 사랑해 주는 보호자 아닌 보호자가 된 딸이 있다. 그리고 지금도 친구 같은 딸로 엄마를 진정으로 사랑을 해준다. "딸의 사랑이 있었기에 나는 살아 있어요."라는 말을 많이 하며 살아왔다.

이제는 내 주변에~ 나를 이해하고 존중해 주시는 사람들이 많이 있다.

"나는 인간으로 태어났기에 인간의 사랑을 받고 싶었다."
세상을 살다 보니, 보고, 듣고, 느끼게 되면서, 인간은 인간의 기운만으로 태어나 사는 것이 아님을 알았다.
육체는 땅에서 나는 음식을 먹으며 산다. 모든 먹거리가 내 몸이 되어주려고 살고 있다. 마음은 땅과 하늘을 자유자재로 날아다닌다. 마음은 땅과 하늘로부터 오고 가며, 마음껏 날아다니고 있음을 나는 보았다. 지금도 보인다.

많은 걸 보고 이해하는 내가 되었다. 그러한 사실을 알게 되면서 새로워지고, 보고 느끼면서 거듭나고, 거듭나면서 또 다른 것을 보고 듣고 알게 되었다. 흔히 하는 말로 산전, 수전, 공중, 심리전을 겪으면서 많이 이해하고 서로 사랑하는 법을 배웠다.

나는 인간으로 태어났기에 인간의 사랑을 먹고 싶었다. 언제부턴가 행복과 충만함도 먹으며 살게 되었다.

5

아버지의 아내는

　나의 생모는 아버지에게 있어 세 번째 아내이다. 나의 생모가 살아계실 때, 아버지는 까만 양복을 멋있게 차려입고 외출을 자주 하셨다. 돌아오실 때 박하사탕을 사서 마을로 들어서며, 마을 어린이들을 목청 돋우어 불러 모았다. 동네 아이들은 줄줄이 달려 나가 박하사탕을 받아 입에 넣고 쪽쪽거리며 좋아들 했다. 나는 그 모습을 멀리서 바라보고 있었다. 물론 내 몫도 없지는 않았다. 큰 봉지에 달랑 남은 한두 개였다.

　마을 사람들. 마을 사람들이 싸우다가 우리 아버지가 등장하면, 싸움이 멎고 흩어졌다고 했다. 이웃 사람들에게도 아주 후하셨다고 들었다. 이 마을 저 마을 길을 만드는 공사에 앞장서서 일을 하셨고, 우물도 이 마을 저 마을 파 주셨다고 했다. 우리 집엔 논밭이 꽤 많았다. 큰 머슴도 있었고 집안일을 도와주는 식모 언니도 있었다. 일이 많은 날엔 동네 사람들의 일손을 구했다. "우리 아부지가요~ 우리 집 일을 좀 해 달라고 해요~"라는 말을 전하면 좋아들 하셨다. 동네 사람들이 다 좋아하시는 그 심부름을 갈 때 나는 기뻐서 즐겁고 신바람이 나서 춤을 추며 달려가곤 했었다.

　그러나 아버지는, 자식들을 훌륭하게 키우고 싶은 마음이 너무도 강하셨던 것일까? 자식들에겐 매우 엄하셨다. 아니 특히 딸들에게는 엄하다 못해 학대까지 했다. 아버지는 남존여비 사상이 가득하다 못해 넘쳐났다고도 생각을 한다. "남자는 하늘이고 여자는 땅이다. 부모는 하늘이고 자녀는 땅이다."라는 말을 많이도 하셨다.

순종과 복종. 아버지의 아내는 무조건적으로 아버지인 남자에게 순종하고 복종해야만 했는지도 모른다. 아버지를 만난 엄마들은 마음이 조여지고 졸였는지도 모른다. 두 딸을 낳으신 첫 어머니는 일찍 저세상으로 가셨단다.

둘째 엄마. 주막집 장사를 하여 우리 집 재산을 불리신 둘째 엄마는, 딸 하나를 낳고 이혼을 하셨단다. 둘째 엄마는 매우 강한 분이셨던 것 같다. 나의 생모가 저세상으로 가신 후, 나는 경남 사천시 우시장 옆에서 주막집을 하고 계시는 큰엄마 집에 여러 번 갔다. 쉽게 이해되지 않을 얘기지만, 열네 살이 넘어 내가 대구에 와 있을 때도 둘째 엄마 집에 갔었다. 처음에 갈 때는 아버지를 따라갔었다. 그 후로는 혼자서 갔다. 내가 가면 아버지의 둘째 부인이셨던 큰엄마가 나한테 잘해주셨다. 맛있는 음식도 챙겨 주시고 용돈도 주셨다. 그것이 좋아서 갔었던 것 같다. 지나고 나서 보니 나는 참으로 외로웠나 보다.

나의 생모. 나를 낳으신 엄마는 아버지의 첫째 딸의 나이가 14세일 때, 15세의 나이로 시집을 오셨다. 아버지가 외할아버지 집에 재산을 드리고 데려왔단다. 그래서 나는 "나의 엄마는 심청이였어~"라는 말도 가끔은 했었다. 외할아버지와 나의 아버지가 술을 나누시다가, "영감님 내가 재산 얼마를 줄 테니 당신 딸을 나에게 주시겠소." 하게 되었고, 외할아버지는 "그러세~"라고 하였나 보다.

김창옥 강사님의 강의를 오랫동안 들어왔다. 지금도 유튜브나 TV 방송에서 종종 보고 듣는다. 내 마음의 길잡이가 되어주었고 나의 삶에 많은 도움을 주셨다. 지금도 기쁨의 에너지를 주신다. 김창옥 강사님 부모님 얘기에서 '세상에서 가장 슬픈 새인 그러새'로 만났다는 부모님의 인연을 말씀하시는 부분이 있다. 나의 생모와 아버지도 **세상에서 가장 슬픈 새인 그러새로 만난 부부**였다고 본다. 그 시대에는 가끔, 아주 가끔 그렇게 인연이 된 **그러새 부부**가 있었던 것도 같다.

아버지의 첫째 아들 큰오빠. 나를 낳으신 엄마에게서 아버지의 첫째 아들이 태어났다. 첫아들이라 금지옥엽으로 키워졌다고 한다. 첫 엄마에게서 태어난 언니 둘은, 아버지의 첫아들인 동생 때문에 아버지에게서 많이도 맞았다고 들었다. 나를 낳으신 엄마도 아버지에게 엄청나게 맞았다고 들었다.

내 나이 마흔이 넘었을 때. 언니가 나에게 얘기를 해주었다. 아버지에게서 맞다가 앓아누웠다가 저세상으로 가셨다고. 오빠도 나에게 말을 해주었다. 엄마가 아버지에게 맞는 소리를 새벽마다 들었다고 말해주었다.

나를 낳으신 엄마가 저세상으로 가신 후, 나보다 어린 봉순이라는 이름의 딸아이를 가진 새엄마가 오셨다. 봉순이는 같이 밥을 먹을 때 숟가락으로 나의 머리와 얼굴을 많이도 때렸다. 아버지도 새엄마도 봉순이에게는 매우 관대하셨다. 봉순이 엄마는 어느 날, 커다란 사각 상자를 보자기에 싸서 머리에 이고, 봉순이의 손을 잡고 아장아장 마을 앞 철길을 지나 멀어져 갔다.

나에겐 할머니로 느껴지는 새엄마가 또 오셨다. 들은 얘기에 의하면, 아버지 마음에 너무도 채워지지 않아, 여행 가서 버리고 오셨다는 믿기에 어려운 말도 들었다. 설마 아버지가 버리고 오신 것은 아니셨겠지?

내가 국민학교에 들어가기 전. 예쁜 한복을 입은 새어머니가 또 오셨다. 나보다 한 살 아래인 남동생도 함께 왔다. 나와 함께 국민학교에 입학을 했다. 나는 한 살 늦게 입학을 했었다.

새엄마에게서 얻은 동생. 새어머니께서 내가 1학년 때와 4학년 때에 남동생 한 명씩을 낳으셨다. 새어머니는 우리와 살아보려고 무척 노력하셨다. 그랬지만 아버지의 심한 폭력에 견디다 못해, 아주 심하게 맞은 날로 결국은 집을 떠나셨다. 그러고는 다시 돌아오지 않으셨다.

6

새어머니의 갈등

나는 6학년 겨울방학 때부터, 집에서 가까운 진주와 삼천포를 오고 가는 예하역이라는 간이역에서 기차표 끊어주는 일을 하고 있었다. 쑥도 냉이도 푸르게 자라나 나의 눈빛을 반겨주는 봄날이었다. 오전 11시경에 어머니가 기차역 플랫폼에 앉아계셨다. '어쩐 일이신고?' 내 마음의 고개가 갸우뚱해지며 어머니 곁으로 다가갔다.
"어무이~ 우째 여게 앉아 계십니꺼? 저쪽 역 안으로 가입시더~"

어머니의 눈물. 어머니는 나의 목소리를 듣지도 못하신 듯 그저 먼 산만 바라보고 계셨다. 여러 번 말을 건넸지만, 아무런 말씀이 없으셨다. 눈물만 줄줄 흘리고 계셨다. 한참을 그렇게 우시다가 눈물을 닦으시며
"내 저쪽에 좀 갔다 올게."
하시고는 자리에서 일어나 걸어가셨다.

오고 가는 기차 두 번을 보내고, 1시 반경에 보니 어머니가 아까 계셨던 그 자리에 또 오셔서 앉아 계셨다. 다가가서 내가 뭐라고 했는지는 기억에 없다. 옆에 앉은 내 어깨에 기대어 소리를 내어 울기도 하셨다. 키들키들 웃기도 하셨다. 한참을 그렇게 울기도 웃기도 하시다가

"내 저 산 집에 갔다 올게!"

하시며 야산을 개간하여 과수도 심어놓고 집도 지어 살고 계시는 친분이 있는 산 집으로 가셨다.

오후 4시 45분 기차를 보내고. 역장님이신 큰 아버님께 말씀을 드리고 야산의 집으로 달려 올라갔다. 집 대문을 들어서니 주춧돌 위에 세워진 마루 중앙 기둥에 기대어 앉아계셨다. 몇 시간 전보다 증상이 더 심하여진 모습이었다. 산 집 아주머니와 아저씨께서 달래고 달래며 우리 집으로 모셨다.

평소에 아버지와 함께 주무시는 방으로 들어가신 어머니는 방안을 살피며 방 한쪽 귀퉁이로 웅크리시더니, 아버지에게 모질게 맞던 모습의 몸짓들과 소리를 하셨다. 아픈 신음도 내셨다. 이리 피하고 저리 피하고, 싹싹 빌기도 하시다가 아버지에게 달려드는 삿대질도 하셨다. 악을 쓰며 소리도 지르고 같이 맞붙어 싸우는 모습으로, 보이지 않는 어떤 기운과 나뒹굴고 있었다. 울고 웃고 맞고 또 맞았다.

이전에 수없이 겪으셨던 트라우마를 심하게 겪는 상황이었다. 이것을 공황장애라고도 하는가? 오랫동안 겪어 왔던 모습이었다. 방안 가득 아버지와 싸우셨던 그 기운이, 어머니의 몸과 마음 정신에서 뭉쳐지고 흩어지며 소용돌이를 치는 광경을 보았다. 동네 사람들이 모여들었고 오빠도 왔다. 오빠가 택시를 불러와서 어머니를 병원으로 모셔갔다.

나는 간이역에서의 꿈을 접고 집으로 돌아왔다. 사촌오빠가 하던 일을 하며 나는 꿈을 꾸고 있었다. 사촌오빠가 내가 하고 있는 일을 하며 야간 고등학교를 마치고 군대를 갔으므로, 내 속에서는 은근히 야간 중학교에 갈 수 있다는 꿈을 지니고 있었다.

어머니는 3일 밤을 병원에 계시다가 집으로 오셨다. 기력도 없었지만, 말을 잃어버린 듯 거의 말을 하지 않으셨다. 어머니의 건강이 조금 좋아지신 후, 밭의 채소들을 손질하여 시장으로 다시 가기 시작하셨다. 나도 짐을 가지고 함께 갔다.

"나 힘들어서 외갓집에 가서 조금 쉬고 올게~"

라고 하시며 판매하는 것을 나에게 맡기고 장이 파할 무렵이면 오시곤 하셨다. 나는 채소 장사하는 것을 그렇게 익히고 있었다.

초여름날이었다. 오전에 들일을 하고 와서 점심을 먹고 냇가에 가서 빨래하여 집으로 돌아왔다. 어머니가 아버지에게 맞으며 신음하는 소리가 들렸다. 안쪽에서 문이 잠겨진 부엌에서, 두 사람이 엉키어져 어머니는 아버지의 손아귀에서 벗어나려 안간힘을 쓰고 계셨고, 아버지의 한 손에는 부삽으로 사용하고 있는 낡은 삽이 쥐어져 있었다.

나는 이웃집으로 달려갔다. 힘이 세고 아버지에게서 어머니를 구출해 주신 적이 있으셨던 아저씨를 모셔 왔다. 그렇게 아버지의 손아귀에서 빠져나가신 어머니는 온몸이 피멍으로 얼룩졌더라는 말을 남기고 다시는 집으로 돌아오지 않으셨다.

아버지의 폭력. 아버지에게 그렇게 폭력을 당하고 집을 떠나신 어머니는 부산에서 살고 계신다. 지금도 호적에 나의 어머니로 올려져 있다. 며칠 전 어머니와 전화 대화를 나누었다. 어머니 연세는 나보다 스물세 살이 많으시다.

엄마, 저희와 인연이 되어 고생 많으셨습니다.

7

장독고 쇼믜
숟가락까지

 국민학교를 갓 졸업한 7월이었다. 어머니는 아버지에게서 너무도 심하게 맞고 집을 떠나셨다. 나는 밥하고 빨래하고 두 동생도 챙겼다. 나는 무엇이 무엇인지도 모르고 동생 둘에겐 엄마 아닌 엄마가 되었다. 오빠와 아버지에게도 밥해주고 빨래해 주며 일을 하고 있었다. 집안일도 도맡아 했다. 들일도 하고 장사도 다니고 그렇게 살고 있었다.

 아버지는 술을 더 많이 잡수셨다. 나보다 여섯 살이 많은 오빠는 들일도 멀리하고 방문을 걸어 잠그고 밥도 먹지 않았다. 집 앞 야산에서 숲속의 나무가 되어 먼 산을 보며 서 있는 것을 많이도 보았다. 오빠가 절망에 빠져 밥도 먹지 않았다. 시장에 가서 채소를 팔아, 떡, 엿 등을 사서 오빠가 있는 방문 아래쪽에 구멍을 내어, 밀어 넣어주곤 했다. 언니는 식모살이로 부산 어느 집에 가 있다고 했다. 작은오빠는 중학교를 졸업하고 집을 떠나 어디에 있는지 소식도 몰랐다.

 어느 날 오후, 시장에 갔다가 집으로 오는데 우리 집에서 연기가 피어오르고 있었다. '집에 불이 났나?' 걱정되어 달려서 왔다. 오빠가 문을 잠그고 방 안에만 있으니, 아버지가 방문을 부수어 불 지피는 나무 위에 올려 태우고 있었다. 그런 후 오빠는 집 앞 야산에 움막을 지어 그곳에서 살았다.

　재산을 다 팔아도 빚을 못 갚는다며 빚잔치를 치렀다. 우리 집에서 받을 돈이 없었는데도 장독과 호미 숟가락까지 챙겨가셨다는 얘기도 들었다. 집은 친척이 샀다. 논밭도 친척이 산 것이 있었다. 일단은 조금의 농사를 지으며 고향에서 살게 되었다.

　훗날에 새어머니에게서 들었다. 아버지가 축산업을 하시는데 돈을 빌려주었더란다. 어머니의 친정 쪽에서 꽤 많은 돈을 빌렸더란다. 그런데 어머니의 돈이었다고 생각하셨는지, 아버지는 돈을 갚을 생각은 하지 않고 오히려 트집을 잡으셨단다. 그래서 어머니는 이쪽에서 돈을 빌려 저쪽 돈을 막고, 이렇게 저렇게 돈 때문에 몸 고생 마음고생 무던히도 하셨더라.

　빚잔치를 하는데, '차용증도 둔갑을 하였더라.'라는 말도 들렸다. 예를 들면 0을 하나 더 적어 30만 원을 300만 원이 되게 해 빚잔치에 내밀기도 했더란다.

　아버지는 술을 더 잡수셨고, 나는 더욱 힘든 생활 속으로 빨려 들어갔다.

8

큰오빠는
청산가리를

인간으로 태어난 내 속의 생명력 때문이었을까? 내가 13세였으면 큰오빠는 19세였다. 큰오빠는 집 앞 야산에 움막을 치고 그곳에서 머물고 있었다. 오빠가 청산가리를 싼 봉지를 들고, "죽겠다."라고 하여 며칠간을 함께 울었다.

"그럼 오빠! 같이 죽자!"

라고 한 나의 말에 차마 동생을 죽일 수가 없었던 오빠의 마음이었던 것일까? 오빠는 청산가리를 싼 비닐봉지를 내 손에 넘겨주었다.

그때 내가 알고 있던 청산가리는 '찔레꽃 열매 속에 작은 꼬챙이로 미량을 찍어 넣어 꿩을 잡는 그 무엇'으로 알고 있었다. 만약 물에 풀려 물과 함께 섞이면 물고기가 떼죽음을 당한다는 정도로만 알았다. 청산가리가 들었다는 오빠가 준 비닐봉지를 나는 비닐에 싸고 또 수 겹을 싸고 싸서, 집 뒤 대나무밭 옆에 깊고 깊게 땅을 파서 묻었었다.

지금 내 나이 만 66세이다. 큰오빠는 지금도 돈 버는 일도 하시며 살고 있다. 청산가리가 든 비닐봉지를 내 손안에 쥐어준 그 사연을, 오빠는 기억에서 떠올린 적이 있을까? 나는 왜, 지난 사연들이 이렇게 많이도 뚜렷한 것일까?

집안은 풍비박산이 났다. 큰오빠가 사귀고 있었던 여자친구 부모님의 반대가 대단했었다고 들었다. 큰오빠의 마음은 어떠하였을까?!

9

이상한 사랑?

빚잔치를 하고 난 후 아버지는 나에게 더 가혹하게 하셨다. 어린 두 동생과 오빠 그리고 아버지와 둥근 밥상을 두고 앉아 밥 먹을 준비를 한다. 아버지가 밥술을 뜨기를 기다리고 있다. 아버지가 밥을 한 술 뜨시고는 나의 따귀를 때렸다. 아버지는 열세 살 소녀의 여린 딸의 뺨을 사정없이 때렸다.

"짜다, 싱겁다, 밥이 질다, 겨 냄새난다."

등등의 트집을 잡으며 딸의 뺨을 치는 것이 아버지의 기본이 되었다. 나는 눈물 콧물을 훌쩍거렸다. 그러면 또 맞고 맞았다. 보리쌀을 씻는데 '겨 냄새 난다.'라고 따귀를 때리는 아버지 마음에 들려고 마을 중앙에 있는 우물 옆에 앉아 치대고 또 치대고 있었다. 얼마나 많이 치대고 문질렀던지 손 안쪽 아래쪽이 벌겋게 부어올라 마을 어른들도 아버지의 횡포를 알게 되었다.

아버지가 무서웠다. 동네 동무가 진주 시내 어느 집에 식모살이 일을 하다가 왔다고 들었다. 나도 그런 곳이 있으면 갈 수 있도록 도와달라고 부탁을 드렸다. 그 동무와 동무 엄마의 도움으로 진주 시내 2층 건물 2층 집에 살고 있는 가정에 식모로 가게 되었다.

아기 한 명과 부부가 사는 집이었다. 아저씨가 대한통운 운전사라는 말만 들었을 뿐 얼굴은 본 적이 없다. 아주머니도 아기를 데리고 매일 외출을 하셨다. 나에게 내가 자는 방과 마루만 치우고 내어놓는 빨래만 하게 하셨다. 할 일이 너무도 없었다. 빨래만 빨래판 돌 위에 올려 비비고 비벼 빨았다. 손톱이 달아 자글거렸다.

읽을 책이라도 있었으면 얼마나 좋았을까? '오빠와 비닐하우스를 만들어 씨앗을 뿌려 놓았었다. 배추는 제법 떡잎 위로 겹잎도 피어난 것을 보았었다. 고추 씨앗도 싹을 틔웠을까? 동생 둘은 어떻게 지낼까?' 왜 자꾸 그런 생각이 들었던 것일까?

두 동생을 낳으신 엄마는 아버지에게 폭력을 당하고 나면 젖먹이 동생을 두고 집을 떠나 아버지를 피하셨다. 그렇게 되니, 국민학생인 나의 빈 젖을 물리면서 동생을 달래었었다. 젖 몽오리도 없는 빈 젖을 물리면 동생은, 그것도 젖꼭지와 품이라고 쪽쪽거리며 빨며 안전감을 찾기도 했었다. 그래서 동생에 대한 애착이 많았던 것일까?

"가면 안 된다."

하시는 주인아주머니에게 매달리듯 부탁을 드렸다. 시골에 갔다가 돌아오는 차비만을 얻어서 어두운 저녁에 버스를 타고 시골집으로 왔다. 집 옆 텃밭의 비닐하우스 안에 앉으니, 눈물이 마구 쏟아졌다. 흐르던 눈물을 닦고 고개를 들어보니 하우스 속에서 배추가 여들여들하게 자라 있었다. 고추 씨앗들도 태어나 고추 모종이 되며 자라고 있었다.

마음이 급해졌다. 진주 시내로 들어가는 버스가 끊어지기 전에 버스 정류장으로 와야 했다. 비닐하우스에서 나와 버스가 다니는 길까지 가려고 가고 있는데 등 뒤에서

"동생, 동생, 남정이 아이가?"

오빠의 목소리가 크게 들려왔다. 그렇게 나는 오빠에게 붙잡혔다. 일 많은 시골집에서 다시 머물게 되었다. 오빠의 어떤 힘에 의함이었는지 밥상 앞에서 날아오던 아버지의 손찌검이 없어졌다. 하지만 밥상 앞에서 일어나던 아버지의 폭력은 또 다른 모습으로 변하여 날아왔다.

밤에 잘 때. 용이하게 쓰이던 요강을 씻어 마루에 올려놓았는데, 그것이 나를 향해 날아왔다. 세 개 있던 요강이 모두 깨어졌다. 그리고 괭이든, 낫이든, 삽이든 집 안에 있는 도구들이 손에 잡히는 대로 나를 향해 날려 보냈다. 집이 넓고 뒷문도 있는 방이었다. 부엌도 도망을 나올 수 있는 구멍이 있었다. 나는 도망을 잘도 나왔다.

맨날 술을 마시는 아버지는, 그날도 술에 취하여, 세 살 된 동생을 끌어안고 통곡을 하며 몇 시간이나 울고 또 우셨다. 세 살 된 동생이 그 이상한(?) 품에 갇혀 벗어나지도 못하고 얼마나 무섭고 두려웠겠는가? 그렇게 이상한 품 안에 갇혀있는 동생을 떼어낼 엄두도 못 하고, 나는 뒤뜰에서 동동거리며 떨고만 있었다.

그 이후에 동생 둘과 저녁을 일찍 챙겨 먹고 아버지가 집으로 오시기 전에 밖으로 나왔다. 저녁을 먹기 전에 오셨던 날은 동생들과 먹을 저녁을 아버지 모르게 가지고 나와서 먹었다. 두 동생을 데리고 이웃집으로 가서 잠을 자게 되었다. 세 살의 동생이 이불에 오줌을 쌌다. 아버지의 오열하던 그 이상한 품에 안겨 밤을 지새운 사건을 겪은 후부터 오줌을 가리지를 못했다. 이불에 오줌을 누게 된 동생을 데리고 이웃집에서 자는 것을 할 수가 없었다.

날씨는 추워지고 있었다. 가을 추수를 한 후의 짚 무덤이 내 눈에 들어왔다. 짚 무덤 속이면 밖에서 웅크리고 자는 것보다는 따뜻하고 편안하겠다는 생각이 들었다. 동생 둘과 나는 이불과 베개를 챙겨 짚 무덤 속에 편하게 잠을 자는 보금자리를 만들었다.

"부모는 하늘이고 자녀는 땅이다."
아버지는 늘 그렇게 말씀하셨다. 아주 이상한 우리 집 하늘의 사랑이었다. 그 시대엔 이상한 아버지들이 꽤 계셨던 것도 같다. 하지만 우리 집 아버지는 조금 많이 심하셨다는 생각이 든다.

지금 글을 쓰면서도 헛웃음이 나온다.

10

고향의 달

밭에서 자란 채소 등을 뽑고 따서 손질하여 시장에 내다 팔았다. 머리에 이고 손에는 들고, 버스를 타고, 진주 중앙시장 옆 귀퉁이에 자리를 잡아 준비해 온 채소를 판매했다. 국민학교 다닐 때부터 엄마를 따라 짐을 갖고 가서 엄마 옆에서 도와드린 것이 시작이었다.

오후에 장터가 파장이 되었는데도 다 팔지 못하면, 시장 점포에서 여러 식품을 팔고 계시는 젊은 아주머니께 드리고 오는 때가 있었다. 집으로 다시 가져가려면 짐이 되고, 어차피 버리게 되는 채소 들이었다. 시장 아주머니 상점에 드렸다. 시장 아주머니 상점에 두고 올 수 있는 것은 나에게 아주 큰 기쁨이었다. 팔다 남아 버리듯이 두고 온 채소들이었는데, 아주머니는 팔아서 돈이 되었다며 돈을 지극히 챙겨 주셨다.

내가 가져간 채소를 팔면서 '어차피 자리를 지키며 팔고 있어야 한다면, 지금 내게 없는 것을 받아 조금의 돈을 남기고 팔게 되면 돈을 더 벌 수가 있지 않은가?'라는 생각이 들었다. 생각이 드는 대로 조금 싼 가격에 받아서 팔고 있었다.

어둠이 내리면 파장이 된다. 남은 채소를 받아주시는 아주머니 가게에 채소를 두고 왔다. 물건이 남는 것에 대한 걱정이 사라졌다. 파장 무렵이 되었는데도 가져간 물건이 남아 있으면 마음이 물속에 빠진 듯, 동동동 발길 질을 하였는데 말이다. 남은 채소를 맡아주시고 팔아서 돈까지 챙겨 주신 고마우신 아주머니가, 이 글을 적고 있는 지금도 많이 보고 싶다. 어떻게 만날 수 있다면 밥이라도 한 그릇 사 드리고 싶다. 그때의 고마움을 전하고 싶다.

장사하고 돌아오는 늦은 시간, 늦게 집으로 돌아오면 마루의 호롱불이 켜져 있었다. 그랬는데 무슨 일인지? 집안이 깜깜하였다. 나를 반기던 두 동생도 보이지 않았다.

성냥 씨.

잠시 작은 불로 살아나
자신의 몸을 태우며
기름이 든 호롱의 심지에
불을 남기며
죽어가는 성냥 알로
호롱에 불을 붙였다

주변을 밝힌다

마루와 마당 위에 하얀 쌀들이, 엄청나게 깔려 있었다. 동무들과 놀면서 꺼내 먹게 되었는데 그것이 장난을 치면서 그렇게 됐단다. 그런 적이 이미 몇 번이나 있었다. 힘들고 고달픈 삶에서 내가 비싼 값을 주며 사 놓은 귀한 쌀이었다.

"이 새끼들아! 내가 누구 땜에 이 고생이고!"
나는 동생 둘에게 엄청나게 화를 내었다. 누나의 거친 목소리에 동생 둘은 집에서 쫓겨났다.

밥을 솥에 안치고 불을 지폈다. 밥물이 솥뚜껑 사이를 넘쳐나고 멈추었는데도, 내 눈에서 눈물은 흐르고 있었다. 저녁밥을 챙겨놓고 동생 둘을 찾아 나섰다. 집에서 약 200미터 정도 떨어진 언덕 아래에서 두 동생을 찾았다.

"형아 우리 우짜노?"
"걱정 마라. 좀 더 있다가 집에 가모 된다."
라고, 말하는 동생 둘을 보고 가까이 가지 못하고 앉아서 울었다.

작은동생을 업었다. 큰동생의 손을 잡고 집으로 오는 길에 흐르는 눈물 때문에 고개를 뒤로 젖혔다. 하늘에 뜬 초승달이 내 눈으로 들어왔다. '저 달이 저렇게 손톱 같지만, 둥근 보름달이 된다. 우리 가정에도 보름달이 되는 날이 오겠지?'라는 생각이 들면서 흐르는 눈물을 입으로 핥았다.

그때 두 동생에게 나의 고달픔으로 퍼부었던 아픔의 말씨들이 보이면 아직도 내 가슴은 먹먹해진다. 어린 두 동생의 마음들은 어떠하였을까? 누나인 나에게서 받은 상처로 아직도 아플 것도 같다.

11

살아보려고
애쓰들

큰동생이 국민학교에 입학을 했다. 추석 며칠 후 가을 운동회 날이었다. 운동회를 마치고 집으로 돌아오는 길에 큰동생이 교통사고를 당했다. 진주 시내에 있는 김윤양 병원에 입원했다. 나는 동생의 보호자로 병원에 머물고 있었다. 병원을 찾아오던 오빠가 오지를 않았다. 아버지가 오셔서 석고 깁스로 잘 걷지를 못하는 동생인데 퇴원을 시켰다.

집에 왔는데 오빠가 없었다. 3년간의 남의 집 식모살이를 끝내고 추석 전에 집으로 돌아온 언니도 없었다. 멍~ 하여졌다. 방에 들어갔는데 누운 기억이 없고 일어난 기억도 없다. 넋이 나가버렸던 것이었다. 마루 기둥에 넋을 잃고 힘없이 기대어 축 늘어진 내 모습이 보였다. 며칠을 넋을 잃고 있었는지 나는 모른다.

아버지가 밭에 가서 고추를 따 오자고 했다. 고추를 따서 시장에 가서 팔아, 다른 먹을 것을 사 오시겠다는 것이었다. 광주리를 하나 들고 집에서 나왔다. 이웃집에 들어가 마루 기둥에 기대어 앉아 있었다.

아버지가 생선을 구워서 밥을 차려 주셨다. 음식을 먹었는지 기억에 없다.

아버지의 말 없던 눈빛만이 기억에 있다.

  참깨를 털었다. 묶은 참깨 단 세 개를 모아 머리쯤을 다시 묶고, 다리 세 개를 만들어 삼각으로 세워두었다. 보통 세 단을 묶은 것을 풀어서 한 단씩 들고 참깨를 턴다. 그런데 참깨 단을 풀지를 않고, 참깨 단 두 다리를 나에게 한 손에 하나씩 잡아서 들게 하셨다. 한 다리는 아버지가 잡고 한 손에는 막대기를 들고 참깨를 털었다.

  아버지는 폭력이 많았다. 오빠가 없는 이 집이 너무도 무서웠다. 아버지가 두려웠다. 도무지 '이곳에서는 살 수가 없다'라는 생각이 온몸을 휘감고 휘감았다.

  짐을 쌌다. 냄비 하나 밥공기 두 개, 국그릇 두 개와 수저 두 세트를 챙겨 이불 속에 넣어 보자기에 쌌다. 내가 입는 옷들도 쌌더니 보따리 두 개가 되었다. 보따리 두 개를 뒤뜰 빈 닭집에 숨겨 놓았다. 손질하지 않은 참깨를 들고 국민학교 앞에 살고 계시는 외갓집으로 왔다. 아버지와 그렇게 털게 된 참깨가 대구로 오는 차비가 되었다.

  어둠이 내리고 닭장 안에 숨겨둔 짐을 가지러 집으로 가고 있었다. 두 동생이 울면서 누나를 부르며 나를 찾아오고 있었다. 두 동생과 마주할 마음이 어려워서 언덕으로 내려가 숨게 되었다. 나를 부르며 울부짖는 소리에 나도 한참을 울었다. 다리에 깁스를 한 동생은 쩔뚝거리며 걷고, 그런 큰동생의 손을 잡은 작은동생이 내가 숨어 있는 옆을 지나갔다.

"누야~ 누야~ 누야~"
  나를 찾는 애절한 두 동생을 도무지 마주할 수가 없었다. 두 동생의 뒤를 따라 한참을 걸으며 울었다. 뒤따라 걸으면서도 도무지 쉽게 부를 수가 없었다. 누나인 나를 부르는 동생들 앞에 나설 수가 없었다. 동생 둘이 누나인 나를 어떻게 필요로 한다 해도, 나는 이미 집을 떠나려는 마음이 확고했기 때문이었다. 그때 두 동생의 마음은 어떠했을까?

"동생아, 동생들아~"
누나의 목소리에 동생 둘이 돌아보며 큰 소리로 울며 달려왔다. 나의 허리를 감고 잡아 울고 매달렸다.
"누야! 가지 마라~ 누야! 가지 마라~ 누야! 가지 마라~"
어린 동생 둘이 누나인 나에게 매달리고 매달렸다. 내 몸을 낮추어 끌어안고 울고 울었다. 나는, 가지 않겠다는 거짓말도 하면서 달래었다.

다리를 다친 큰동생을 업었다. 작은동생의 손을 잡고, 집으로 와서 대문 앞에 섰다. 아버지가 밥을 짓느라 아궁이에 불을 지피고 있는 모습이 불빛으로 보인다. 그때는 우리 동네 전체에 전기 불이 없었다. 동생 둘을 집안으로 들여보냈다. 부엌문 앞에 서더니

"아부지~ 아부지~ 누야가 가요~ 누야가 가요~"
"…."
"누야가 갈려고 닭장 안에 짐을 싸서 넣어놨어요."
동생의 닭장 안의 짐에 대한 말을 듣는 순간, 아버지가 나의 목덜미를 잡으러 올 것만 같았다. 닭장으로 얼른 달려가 짐을 가지고 빠른 걸음으로 외갓집에 돌아왔다.

외갓집에서 잠을 자고 있었다. 잠결 속에서 오빠와 외숙모님의 대화 소리가 들렸다. 자고 일어나 보니 정말 오빠가 와 있었다. 집을 나오긴 했지만, 어

딘지도 모르는 타지로 간다는 것은 무척 막연하였었다. 오빠와 함께할 수 있게 된 것이 너무도 기뻤다. 그렇게 오빠와 나는, 외 8촌 언니가 살고 있는 대구시 옆 달성군 월배로 왔다. 지금은 대구광역시가 되었다.

식모살이로 갔다가 집에 돌아왔을 때, 밥상 앞에서 아버지가 나의 따귀를 때리지 않게 한 오빠의 어떤 힘이 있었다. 그때부터 내가 오빠에게 무언가 기대고 있었다는 사실을 난 먼 후일에야 알았다. 왜 그렇게 많은 것들이 먼 후일에야 알게 되는 것일까?

12

*대구에사는
동생둘은*

 누나가 그렇게 떠나온 후에 두 동생은 어떻게 지냈을까? 작은동생은 내가 그렇게 고향을 떠나온 뒤 일어서지를 못했던 적도 있었더란다. 아버지가 고양이를 삶아서 먹였더니 이튿날 일어서서 걷더란다. 얼마나 영양이 부족했으면 일어서지 못하는 몸이 되었을까? 고양이 한 마리의 영양으로 일어나 걸을 수 있는 몸이 되었을까? 절망 속에 허우적거리며, 술에 절여져 통곡하시던 아버지의 이상한 품에 안겨, 밤새 공포를 겪었던 어린 동생이었다. 젖 몽오리도 없는 누나의 젖꼭지를 빨며 그나마 안전감을 찾기도 했던 동생이었다. 경기가 일어나 죽어가기도 했던 동생이었다.

 큰동생은 서른두 살에 과로로 쓰러져 중풍에 걸렸다. 뇌하수체 바로 위의 혈관이 터져 수술도 못 하고 온몸이 마비가 되었다. 눈을 껌뻑거리는 것도 겨우 하고~ 목소리도 겨우~

"어-어-"

하는 정도였다. 오직 보살핌으로 숨을 쉬는 몸이 되었다. 생각은 거의 정상이라고 했다. 가까운 사람에게 폐를 끼치고 싶지 않은 마음으로 음식을 전혀 먹지 않으려고도 하였더란다. 나의 올케가 남편의 생명을 잡으려고 너무도 애절하고 간절한 사랑을 하였더라. 동생의 중풍은 나에게는 올케이고, 자신에게는 아내인, 두 아이 엄마의 마음을 무진장하게 애태우게 했었더라.

　나는 대구에서 살았고 동생네는 부산에서 살고 있었다. 동생이 병원에 있을 때, 퇴원하여 집에 있을 때, 몇 번 부산에 갔었다. 보고 싶어도 자주 갈 수가 없었다. 내가 올케에게 전화를 걸어 얘기하다가 "형님~ 동생 보러 오세요~"라는 말을 듣게 되면, 내 마음속에서는 "돈 주러 오세요."로 들리고 있었다. 나의 경제적 삶이 매우 힘들었기 때문이었다. 동생과 올케, 조카들의 삶이 궁금하여 전화를 걸고 싶었지만, 나의 삶이 힘겨우니 거리가 멀어지고 있었다.
　큰동생은 그렇게 자리에 누워, 올케의 지극한 정성으로 10년을 살다가 저 하늘의 별이 되었다.

　작은동생은 지금, 세 자녀의 아빠로 열심히 일을 하며 살고 있단다. 올케에게서 듣는 얘기로 가족부양을 하기 위해, 돈 버는 일을 이른 아침에 일어나 늦은 저녁까지 하고 있단다. 과로로 쓰러질까 걱정도 된단다. 몇 년 전에 내가 동생에게 전화를 걸었는데 퉁명스럽게 받았다. 카톡에 문자를 보내어도 보지를 않았다. 작은동생 입장에선, '누나에게 대한 좋은 기억이 있기나 할까? 마음 아픈 기억 외에 무엇이 있을까?'라는 생각이 든다.

건강의 신이시여~
제 막내동생~ 건강관리 잘할 수 있도록 도와주시옵소서~

13

*헤모글로빈
빨간 영양제*

73년 10월 가을에, 나는 진주 고향을 떠나 대구로 왔다. 직물공장에 취직하여 기숙사에서 잠을 자며 일을 했다. 일당 150원인데 식권 1장에 40원이었다.

생존을 위해 굶었다. 굶으면서 일을 하면 건강이 나빠질 거라는 생각은 왜? 1퍼센트도 들지 않았을까? 돈 모아서 큰오빠와 함께 살고 싶었다. 동생 둘을 데리고 오고 싶었다.

아버지와 엄마, 오빠가 챙겨 주는 것으로 먹고 살았더라면, 내가 굶으면서 돈을 모을 생각을 하였을까? 동생 둘을 내 품에서 돌보지 않았더라도 그렇게 동생 둘을 챙기려는 마음이 생겼을까? 아마 0.1퍼센트도 들지 않았으리라. 내가 먹거리를 준비해서 밥을 챙겨 주었기에 오빠를 생각하고 고향에 두고 온 동생 둘을 생각하며 먹는 것도 아꼈으리라.

74년 5월 봄에, 두 동생과 아버지도 대구로 왔다. 큰방 하나를 얻었다. 그래 놓고는 큰오빠는 집을 떠나버렸다. 큰오빠가 동생 둘과 아버지를 나에게 맡겨 두고 떠난 것은 아니었을 것이다. 그런데 나에게 동생 둘과 아버지가 맡겨져 버린 것이었다. 동생 둘과 술로 세월을 보내시는 아버지와 한방에서 살

54   인생아, 참 고마워!

았다. 그때의 그 얘기는 아직도 눈물이 나서 도무지 적을 수가 없다. 어떻게 살았느냐고? 폭력 많던 아버지와 어떻게 살았느냐고? 아버지는 왜 따라왔던 것일까? 큰오빠는 아버지를 왜 모시고 왔을까? 효자라는 소리를 듣고 싶어서 모시고 온 것일까?

대통령 부인이셨던 육영수 여사님께서, 74년 8·15 광복절 행사장에서 누군가의 손에 든 총에 의해 유명을 달리하셨다. 그해 여름이었다. 그해 여름은 덥기도 심하게 더웠다. 한국의 별이셨던 육영수 여사님께서 하늘의 별이 되어 가신 그해 여름에, 나는 직물공장 현장에서 정신을 잃으며 쓰러지기 시작했다.

기계들이 돌아가는 직물공장 현장의 온도는 40°를 넘어서기도 했다. 천을 짜는 기계 베틀이라는 직기를 양쪽으로 하여 기능공이라는 이름으로 일을 하고 있었다. 나는 서서 걸음을 걸을 기운이 없어지면, 멈추고 있는 직기에 기대어 엎드리게 되었다.

어느 날 야간 일을 하고 있을 때였다. 서 있을 힘도 없고 머리가 심하게 아파서 직기 위에 엎드렸다. 설사기처럼 뱃속이 틀리며 아프더니, 사르르~ 바닥으로 내려앉으며 정신이 희미해졌다. 몸이 바닥으로 깔리며 널부러졌다. 현장에서 일을 하던 몇몇 직원들이 나를 끌다시피 하며 현장 문밖에 종이 박스를 깔고 눕혀 주었다.

그해 여름에는, 대구의 직물공장 현장에서 열사병으로 십수 명이 죽었다는 뉴스도 들었다. 그 시대 노동자들의 일터는 그만큼 열악하기도 했었다. 그렇게 죽어가도 보상은 전혀 없었던 것으로 알고 있다.

나도 여러 번 쓰러졌다. 하지만 일을 안 하면 돈을 못 벌어 동생들과 먹고 살지를 못한다. 쓰러지고 쓰러져도 일을 해야만 했다. 자꾸 쓰러지게 되니 베틀 직기에 엎드리지 않고 밖에 나와서 맑은 공기를 마시고, 물도 마시고, 기지개도 켜며 정신을 가다듬은 후 다시 들어가 일을 하곤 했었다. 무엇이든 자꾸 겪게 되면 요령도 생기고 노하우도 는다.

75년 3월에, 큰오빠는 군입대를 해야 했다. 책임감이 강했던 큰오빠는 두 동생을 낳으신 엄마와 의논하여 두 동생은 고아원으로 보냈다. 두 동생을 낳으신 새어머니가 나에게 몇 번,
"동생 둘 데리고 고아원으로 가거라. 그러면 그곳에서 고등학교까지는 다닐 수가 있다."
라는 말을 몇 번이나 했었다. 어머니가 존경하시는 분이 고아원을 운영한다고 했었다. '그랬었는데 왜 고아원으로 가지 않았을까? 큰오빠와의 정을 매몰차게 떼고 갈 수가 없었던 것이었을까? 내가 큰오빠에게 의지하는 마음 때문이었던 것일까? 아니면 내가 오빠를 챙겨줘야 한다는 마음 때문이었을까?' 큰오빠에 대한 인연을 그때 끊지를 못했었다. '그때 내 나이도 고아원에 들어갈 수 있는 나이였었는데 큰오빠는 남정이도 동생들과 함께 고아원으로 보내주고 싶은 마음은 어찌 생기지 않았을까? 남정이가 아버지를 '돌봐야 된다.'라는 마음이 있었던 것일까?'

큰오빠가 주고 간 선물, 오빠는 내가 영양부족으로 아프다는 사실을 알았다. 그랬으니까 헤모글로빈 3개월분의 영양제 큰 병을 사주고 군대를 갔지! 먹으라는 정량으로 3일간 헤모글로빈을 먹었다. 나의 머릿속에서 '영양제도 많이 먹으면 죽는다더라~ 죽는다더라~'라는 소리가 계속 떠오르고 있었다.

헤모글로빈 빨간약은 조금 굵기는 했지만, 껍질은 매끈매끈하고 살짝 달콤하기도 하였다. 약병에서 한 주먹씩 손에 부어 물과 함께 꿀떡 꾸울떡 넘기니

잘도 넘어갔다. 3개월분 영양제를 모두 다 먹었다. 먹어버렸다. '그동안 사는 것이 얼마나 힘이 들었으면 그냥 그렇게 안 살고 싶었을까?'

　결혼한 언니는 한마을에서 살고 있었다. 언니가 밥솥 이궁이에 불을 지피고 있었다. 언니 옆에 앉아 있었다는 느낌이 며칠이 지난 후에 생각이 났다. 집으로 돌아오는 길에 내딛는 내 발이 땅바닥에서 덜컹거려지는 느낌이 들었던 것도 떠올랐다. 휘청, 휘청, 휘청거리며 집으로 돌아왔던 모습도 생각이 났다. 언니와 나는 오랫동안 떨어져 살아서인지 그때는 서로 정이 없었다. 후일에 언니가 얘기해 주었다.
　"내가 언니 집 마루 중앙 기둥에 기대어 앉아 있더란다. 밥을 짓느라 불을 지피고 있으니 언니 옆에 와서 앉아 있다가 한마디의 말도 없이 그냥 가더란다."
　그리고 며칠을 더 잔 것도 같고 원래의 정신으로 돌아오기까지는 꽤 많은 날이 흘렀던 것 같다.

　그동안은 쓰러지면서도 돈을 버는 일을 했었다. 함께 있던 두 동생이 고아원으로 갔으니, 내가 돈을 벌지 않아도 되었나 보다. 오빠가 거금을 들여서 사준 영양제였을 텐데, 나는 그냥 살고 싶지 않아서 한꺼번에 그 많은 영양제를 모두 먹었던 것이었다.

14

죽여버리고 싶었던 그놈

내 나이 만 14세 때였다. 대구에 와서 몇 달 되지 않아 오빠와 방을 얻어 함께 생활하고 있을 때였다. 오빠와 같은 회사에 다니는 아저씨였다. 나는 주야 2교대 근무를 하며 출퇴근을 하고 있었다. 날씨가 꽤 춥던 2월 어느 날, 주간 근무로 저녁 7시에 퇴근을 하는데, 공장 대문 앞에서 그 아저씨가 나를 기다리고 있었다.

"오빠가 저쪽 가게에 있는데 오는 길에 데리고 오라고 했어."
라고 했단다. '어쩌면 맛있는 것도 먹겠다.'라는 기쁜 생각도 하면서 쫄래쫄래 따라가고 있었다. 밝을 때는 집에서 회사까지 오고 가는 지름길인 들길이었다. 내가 앞서서 걸어가고 있었다. 내 등 뒤에서 겨드랑이 쪽으로 팔을 넣어 두 손으로 나의 가슴을 쥐는 순간 나뒹굴어졌다. 나는 이빨로 그 새끼의 손과 팔을 물어뜯었다. 그 죽일 놈의 새끼는 나의 옷 속으로 손을 넣으려 했다. 아직 브래지어도 안 입은, 젖 몽오리가 살짝 생겨나는 시기였다. 나는 엄마 뱃속의 젖 먹던 힘까지 짜 올렸으리라. 얼마를 그러고 있는데 통통한 아주머니께서 그 길을 지나가셨다. 순간 그 새끼 손아귀의 힘이 풀렸다. 신발이 벗겨져 한 발이 맨발인지도 모르고, 나는 그 고마우신 아주머니보다 앞서 달려갔다.

김부남 사건을 아시는가? 어릴 때 성폭력을 가한 아저씨를 어른이 되어 죽이게 된 아픈 사연의 이야기를 아시는가?

나는 그 누구에게도 말하지 못했다. 힘겨워질 때마다 그놈이 띠오르면 분하며 아프고 아팠다. 내가 결혼을 하고 시장 난전에서 분식 장사를 하고 있을 때였다. 그놈의 새끼가 건너편 음식점 난전 의자에 앉아 술을 마시고 있는 꼴이 보였다. 내 마음 깊은 곳에 숨어 있던 분노가 끓어오르며 솟구치고 있었다. 연신 마음이 달려가서 그놈의 멱살을 틀어쥐고 소리 소리를 지르고 있었다.

잠시 후 어린이 TV 프로에서 본 영상이 그려졌다. 커다란 고양이의 긴 팔에 매달린 작은 쥐의 모습으로 그 아저씨가 쥐가 되어 있었다. 나는 조그마한 쥐가 된 아저씨의 멱살을 쥔 커다란 고양이었다. 분노의 마음은 소리 없는 소리로 우렁차게 소리를 지르고 있었다. 분노의 감정을, 한참을 토해내었다. 그리고 그놈의 생쥐를 시장 시멘트 바닥으로 내동댕이쳤다. 발로 팍, 팍 밟고 밟으며 짓이기고 짓이겼다. 정신을 차리고 보니, 그 아저씨는 내 눈앞에서 사라지고 없었다.

그 아저씨에 대한 분노가 조금씩 줄어들었다. 내 나이 오십이 넘으면서 누구에게도 말할 수 없었던 그 수치스럽고 기막힌 사연을 이야기하고 있었다. 들어주는 사람이 계시면 말할 수가 있었다.
말을 하면서 목소리에 실린 내 속의 분노가, 받아주시는 따뜻하고 포근한 마음을 타고 조금씩 소멸이 되는 느낌을 보았다.

상처도 아무는가. 예전엔 그렇게 상처받은 내 속의 어린 소녀가 못 견디게 고통스러워했었다. 이제는 조금은 덜 아파하며 옷매무새를 손질하는 모습이 보이고 있다.

제가 더 큰 죄 저지르지 않게 해주신 사랑의 님이시여~
감사합니다.

15

절망에서
희망으로

오빠가 군대를 가면서 나에게 헤모글로빈 영양제를 사주고 갔다.
"영양제도 많이 먹으면 죽는다 하더라."
라고, 시작된 자살 기도는 3년 정도에 걸쳐 수차례나 시도되었다.

오빠가 군 생활을 하는 동안에, 내 육신의 아픔과 정신적 고통에서 많이도 헤매었다. 일도 못 하고 몸도 너무도 힘겹고 정신적인 고통도 심했다. 살고 싶지가 않았다. 죽고 싶었다. 돈이 생기면 약국 문을 열고 들어가 수면제를 사 모았다. 최대 150알 정도를 먹었던 적도 있다. 5일 정도를 자고는 깨어나 있었다.

"술과 함께 먹으면 죽는다."
라는 소리도 들렸다. 포도주 3병과 수면제 수십 알과 먹기도 했다. 소주 2리터와 수면제 백 알 정도를 먹기도 했다. 몸이 아파서 먹던 진통제들과 다른 약들과도 섞어서 술과 함께 먹었다. 또 깨어났다. 몸도 힘들었지만, 마음은 더욱 힘들었다.

세상이 뒤집어졌으면 좋겠다는 생각이 수없이 들었다. 땅덩어리가 폭파되 없으면 좋겠다는 생각도 많이도 들었다. 세상이 뒤집히는 꿈도 많이도 꾸었다. 잠에서 깨면 세상은 그대로였다.

"누구 동생이 자살했단다."
라는 말은 절대로 남기고 싶지 않았다. '그렇게 하면 살아 있는 남매들에게 엄청난 상처를 주며 아프고 힘들게 할 것이다.'라는 생각 때문에 극단적인 자살은 용납이 되지를 않았다.
"저것이 아프다가 죽었다."
라는 말만 남기는 것을 선택했었다.

잠을 못 자면 목구멍 속에서 혀를 끌어당기는 느낌이 들었다. 말소리의 발음이 이상해졌다. 불면증이 심하였다. 일어설 때 어지러워 곧잘 쓰러지곤 했다. 호흡 곤란이 심하게 일어날 때도 있었다. 가슴이 숨을 쉬기 힘들도록 아플 때도 있었다. 두통이 심한 것은 기본이었다. 그 당시 두통, 치통, 생리통엔 사리돈이었다. 나는 사리돈 약을 달고 살았다.

"어떤 이가 죽으려고 약을 먹었는데 불구가 되어서 가족들도 그렇게 힘이 든단다."
라는 말이 나의 귓속으로 들어왔다. '죽지는 않고 몸이 더 쇠약해진다면? 가족에게 더 큰 폐를 끼치게 될 것 같다.'라는 두려움이 생겼다.

대구 시내를 돌고 도는 버스를 타고 하염없이 다니기도 했다. 내 눈에 들어온 병원 간판이 있었다. 정신 신경과였다. 저 병원을 가보고 싶었다. 조심스럽게 병원 문을 열고 들어갔다. 내 마음의 얘기를 들어주시고 약을 주셨다. 정신 신경과에서 받아온 약은 약방에서 샀던 수면제보다는 잠을 더 푹 자게 해주었다. 또 다른 정신 신경과를 찾았다. 이야기를 조금 듣고 약을 주셨다.

'나의 마음을 특별히 들어주시며 어루만져 주실 색다른 선생님이 계실까?'라는 생각이 들었다. 대구 시내 정신 신경과란 병원을 찾고 찾아다녔다.

어느 날 '마음'이라는 책자가 내 손에 들어왔다. 내 마음을 편안하게 해주는 글귀가 들어 있었다. 그 책 뒷면에 ○○정신 신경과의 약도도 그려진 광고가 눈에 들어왔다. 전화를 해보고 약도를 보며 찾아가게 되었다. 장애인들이 있고, 가톨릭 재단에서 후원하는 대구 희망원과 연결되어있는 병원이었다. 나를 진료하시며,

"종교를 가져보시면 많은 도움이 될 것 같습니다."
라고 하셨다. 그러시는 선생님의 말씀이 귀에 색다르게 들렸다. 성당을 찾게 되었다. 성서 말씀은 너무 어려웠다. 아버지는 집에 계시는데, 보이지도 않는 그 무엇을 아버지란다. 눈을 뜨고 있는데 '눈을 뜨게 해주소서.'라고 노래를 한다. 이해가 되지 않으니 재미가 없었다.

수녀님께서
"희망원에 가는데 따라가 보실래요?"
라고 하시어 따라가게 되었다. 장애인 한 분이 몸을 비틀며 이상한 모습으로 나를 보며 웃어주었다. 내 몸도 비틀어지는 느낌이 들며 살짝 으스스 무섭기도 했다. 식당에 가서 장애인분들이 해주는 밥도 먹었다. 수녀님을 따라 희망원에 여러 번 가서 청소도 했다. 희망원의 여러 장애인을 만나게 되면서, 나의 마음이 바뀌고 있었다.

삶의 싹이 새롭게 피어나고 있었다.

제 2 장

행복하고 싶었다

관심은 정성이다.
정성은 사랑이다.

사랑은 관심과 정성으로
가꾸는 것이다.

1

*인생아
고마웠다*

육신으로 일을 할 때는, 일에 정신을 쏟으며 일에 대한 생각을 하며 살았다. 몸이 말을 안 들어 돈 버는 일을 하지 못하고 있으니, 머릿속에서 생각들이 일어나서 일을 하고 있었다.

'내가 왜 죽으려고 했을까?'

'일을 못 하니?'

'다른 사람에게 도움을 줄 수 없으니?'

'다른 사람에게 도움이 되지 않으니~!'

라는 생각이 들면서 세상에 도움이 되지 못하는 사람이 내 마음의 눈 속으로 들어오고 있었다.

첫째는 아버지였다. 둘째는 나를 성폭행하려던 그놈이었다.

우리 집에 『노트르담의 꼽추』 소설책이 있었다. 읽어보았다. 책 속의 뜻은 거의 이해가 되지는 않았다. 그랬지만 '사람을 죽였다'라는 것은 기억에 남아 있었다. 책 속의 기운을 받았던 것일까? '아버지도 죽이고, 그놈도 죽이고 나도 죽는다.'라는 생각을 했다. 또 생각하고 생각을 했다. '내가 그렇게 한다면 살아남아 있는 형제들에게 엄청난 아픔과 고통을 주게 될 것이다.'라는 생각이 마음의 눈에 보이고 보였다.

완전 범죄는, 내 머리로는 도무지 실행할 수 있는 방법이 떠오르지를 않았다. 머리가 나빠서였을까? 좋아서였을까? 아마도 가족을 사랑하는 마음의 농도와 부피가 더 큰 이유였다고 본다.

인간 세상이 싫었다. 어른이 되고 싶지를 않았다. 악함이 많은 것 같은 어른들의 세상이 내 마음의 눈에 너무도 많이 보였다.

사람들과 이야기를 하면 내 가슴은 더 답답하였다. 길을 걷다가 힘이 들면 고목 나무 아래에 곧잘 앉게 되었다. 고목 나무와 얘기를 나누곤 했다. 그리고 내가 살던 집 아래는 바로 들판이었다. 들길을 걸었다. 길을 걸으며 길과 얘기를 했다. 들판의 곡식들과 채소와 풀들과 얘기를 했다. 하늘의 빛과 구름과 별들과 얘기를 했다.

깨달음. 이 세상의 많은 것이 나를 위해 존재하고 있었다. 그리고 '내 것으로 가꾸어 세상을 위해 내어주는 것이, 바로 나의 삶인 것이다.'라는 세상의 이치를 보게 되었다. 자연과 대화를 나누며 깨닫는 것들이 참으로 많았다. 인간관계에서도 깨닫는 것이 생겨났다. 30세를 넘어서면서 내 마음의 눈에 인간 속의 아름다움도 보이기 시작했다.

미스 시절에 약 6년에 걸쳐 절망 속에서 헤매었다.
서른 살 전후로 또 7년 이상에 걸쳐 죽음을 받아들이며 살았다. 13년 이상 생명을 내어준 삶을 살면서 겪어본 후였다.

2023년 만 예순네 살이었다.
트롯 경연 TV 프로에서 〈인생아 고마웠다〉 노래를 듣게 되었다. 처음 듣는 노래인데, 노래 가사가 가슴으로 선연히 스며들었다. 유튜브에서 노래를 찾아 들으며 노트에 가사도 적었다.

인생아 고마웠다. 사람이 나를 떠나도
세상이 나를 속여도 내 곁에 있어 주어서

인생아 고마웠다. 사랑이 나를 떠나도
그것은 내 몫이라고 나에게 말해주어서

인생아 나 부탁을 한다. 나 두 눈 감는 날에는
잘 살았다고 훌륭했다고 그 말만 해주라

눈물이 많은 삶이어서 고생했다 말해주라
배운 게 많은 삶이어서 아름답다 말해주라

…

인생아 고마웠다. 인생아 내 인생아
참 고마웠다 인생아 사랑한다. 인생아 사랑한다~

한 시간 듣기를 터치해 놓고 듣고 또 들었다. 눈물이 많은 나의 삶이어서 고생했다 말해주었다. 내가 나에게 토닥토닥 토닥거려 주고 있었다. 배운 게 많은 삶이어서 아름답다 말해주었다. 배움에 목말라하며 배웠던 내가 나에게, 아름답다 쓰담쓰담 해주고 있었다.

노래를 듣고 있으니 내 속의 내가 나를 위로하고 아름다웠다고 속삭여 주었다.

제2장 행복하고 싶었다 **69**

이렇게 기쁘고 좋은 노래를 만들어주신, 작사 작곡가님, 감동스럽게 불러
주신 가수님~

고맙습니다.
감사합니다.
행복하십시오.

2

그래서의
깨달음

'세상의 불행이란 불행은 다 짊어진 것 같다.'
라는 생각이 온몸을 가득 싸매고 있는 듯한 시절이 있었다.
〈샘터〉라는 월간 책이 내 손에 들어왔다. 읽고 또 읽었다. 독자란에 실린 내 마음을 파고드는 시가 한 편 있었다. 주소와 이름이 있어 편지를 보냈다. 답장이 왔고 편지를 주고받았다.

6개월 정도의 주고받는 편지에 의해서였을까? 내가 살고 있는 대구의 앞산 공원 충혼탑 앞에서 어떤 색의 옷을 입고 책을 들고, 그렇게 우리는 만났다.
"세상의 불행이란 불행은 다 짊어진 것 같아요."
라고 내가 말을 했다. 그 말에 그녀는,
"나는 인간으로 태어나 사는 것만으로도 행복해요. 유 씨로 살고 있지만, 김 씨인지, 정 씨인지, 박 씨인지, 저는 정말 몰라요."라고 했다.

몇 달 후, 그녀가 부산에서 대구에 있는 어느 공장 기숙사로 이사를 했다. 그녀가 그 회사에 머문 지 8개월 정도 되었을 때, 그 회사 경리에게서 전화가 왔다. 요 며칠 사이에 그녀를 만났는지 물었다. 그러고는 그녀가 물건 갖다주고, 수금을 해서 들어오던 일을 했었는데, 돈을 받아 회사로 돌아오지를 않았단다. '혼자 먹는 것도 못 먹고 살아서 절도를 한 걸까?'라는 생각이 며칠 동안 머리에서 떠나지 않아 계속 곱씹게 되었다. '아~ 혼자이기에~ 가족이 없기에~ 쉽게 범죄를 행할 수가 있었구나~!'라는 생각이 떠올랐다.

나도 범죄를 범하고 싶은 충동을 느꼈던 적이 여러 번 있었다. '내가 범죄를 하면 가족들에게 두고두고 폐를 끼친다.'라는 생각이 범죄를 행하는 것을 가로막았었다.

그녀와의 만남에서 나를 거듭나게 한 사연이 되었다. 나를 너무나도 지치고 고통스럽게 하던 밉고 싫은 아버지를, 미워하지 않도록 해준 커다란 사건이 되었다.

밉고 싫던 아버지가 불쌍하게 느껴지기 시작하였다. 나를 아무리 힘들게 하여도 아버지가 계시고 형제들이 있는 것이 고마웠다. 그녀에게는 가족이 있는 내가 미안했다. 가족에 대한 사랑을 더 갖게 되도록 해준 계기가 되었다.

좀 더 행복해지는 걸음을 한 걸음 더 내딛고 있었다. 그렇게 하며 또 하나의 큰 깨달음을 얻었다.

3

*헌혈을
할 수 있음이 축복*

　　서울역 광장이었다. 대구로 내려갈 기차표를 끊었다. 기차를 타려면 약 두 시간을 기다려야 했다. 그때 내 나이 만 16세 초가을이었다. 소녀에서 아가씨로 자라나는 때였다. 절망 속에서 겨우 기어 나가볼까 하는 정신적 상태에 있을 때였다. 마음의 기운도 잃고 몸의 기운도 없었다. 서울역 광장 벤치 위에 앉아 있다가 눕게 되었다. 옆으로 쪼그리고 누워 있었다.

　　"당신의 피 한 방울이 생명을 살립니다."

　　라는 문구가 내 눈으로 들어왔다. 서울역 광장에서 헌혈을 구하는 대형 버스 헌혈 차였다. 그 문구를 본 내 눈은 반짝하였고, 내 몸은 일어나 움직이고 있었다. 헌혈 차를 중심에 두고 두 바퀴를 살금살금 걸으며 돌았다. 처음 만난 나는 헌혈 차에 대하여 탐색하는 행동이었을까? 어색한 몸짓으로 열려 있는 헌혈차 문손잡이를 잡고, 계단을 밟으며 낯선 버스 안 내부를 조심히 살피며 올라섰다.

　　나는 키가 크다. 몸무게가 있고 나이도 좋았다. 헌혈을 할 수 있는 몸으로 합격을 받았다. 팔에 주사기를 꽂아 헌혈 봉지를 달고 헌혈을 하면서, 내 마음과 몸에서는 기쁨의 생기가 소곤소곤 소곤거리고 있었다.

몸무게 50kg가 안 되고, 생리 직후에는 헌혈 조건이 안 된다는 것을, 헌혈을 자꾸 하게 되면서 알게 되었다.

처음 헌혈 차에 올라갔던 날, 만약에 내 몸의 조건이 되지 않았더라면, 나는 실망에 실망을 또 거듭했을지도 모른다.

'내 피로서 내가 생명을 살린단다. 나의 헌혈이 누군가의 생명을 살린단다~' 헌혈을 할 수 있음은 눈물 나게 기쁜 나의 현실이었다.

서울에 간 것은, 무언가 새로운 희망을 찾아간 걸음이었다. 고모님의 자녀인 사촌 오빠 댁도 찾아갔다. 아버지의 둘째 부인에게서 태어난 셋째 언니에게도 찾아갔다. 언니 오빠들의 냉정함에 밀려 조금이라도 정이 남아 있는 대구로 돌아오는 길이었다.

대구에서 살고 있는 사촌 언니, 오빠 집에도 찾아갔었다. 나에게 따뜻함을 주는 언니 오빠 집에는 여러 번을 찾게 되었다. 지나고 보니 나는 그렇게 사랑이 그리웠기에, 어떤 따뜻함을 찾아 친척 집을 찾아다녔던 것이었다.

직물공장 현장에서 쓰러지고 쓰러지며, 일을 제대로 하지를 못했다. 서울에 가면, '오빠 언니의 인연으로 어디 색다른 일자리를 찾을 수 있으려나.' 하는 생각을 희미하게 가지고 갔었다. 희미한 희망의 끈이 닿으려나 하는 꿈같은 꿈을 가지고 언니 오빠를 찾아갔던 것이었다. 이는 잠을 잘 때 꾸는 허망한 꿈처럼 되어, 나는 서울역 광장에 쪼그리고 눕게 되었던 것이었다.

"당신의 피 한 방울이 생명을 살립니다."라는 문구에 이끌려 간 내 몸과 마음은 헌혈을 하게 되었고, 그것을 계기로 헌혈을 할 수 있는 기회를 얻었다. 내 몸과 마음이 살아갈 수 있게 해주는 연결고리였다. 삶의 커넥션이었다.

그렇게 시작된 헌혈은 내가 결혼을 한 후에도 계속되고 있었다. 누군가에게 도움을 주면, 부메랑이 되어 돌아올 수 있을 것 같은 희망의 끈이었다. 헌혈을 할 수 있음은 나에게 커다란 기쁨의 생명줄이기도 했었다.

나의 딸도 헌혈하는 기쁨과 즐거움을 즐기며 살고 있다. 헌혈 유공장을 두 개나 받아 두었다.

지금은 "레드 커넥트"라는 헌혈과 관련되는 앱도 있다. 헌혈을 하면 피검사도 다양하게 해서 자신의 건강 정보를 앱에서 올려주고 있다. 세상이 정말 좋아졌다.

4

세상의
이상한 미치

지금은 개발되어 없어진 대구시 대천동 마을, 내가 살던 집은 마을 아래쪽의 마지막 집이었다. 우리 집 아래로 돌아서면 짚이 조금 쌓인 헛간이 있었다. 그 헛간에서 20대로 보이는 미친 여자 한 사람이 잠을 자기도 하고 자주 머물고 있었다. '저렇게 미쳐 있으면 고통이 없을까?'라는 궁금증이 생겼다. 빵을 사서 주기도 하고, 밥을 챙겨 주기도 했다. 말을 살금살금 걸어갔고 질문을 하게 되었다.

고향이 상주란다.
"부모님은 상주에서 살고 계셔요."
그러다가
"오빠, 오빠!"
오빠란 말을 하면, 벌벌 기어나가 들판으로 휘청휘청 휘청거리며 걸어갔다. 음식을 또 챙겨주게 되었는데, 역시,

"오빠, 오빠!"
오빠가 떠오르면 벌벌거리며 휘청거리며 들길을 그냥 마구 걸어갔었다. '미친다고 고통이 없는 것이 아니구나!' 사랑을 받으면 웃을 줄도 알았다. 음

식을 주면 좋아도 했었다.

　트라우마. 자신에게 고통을 덮어버린 그 어떤 사건이 머릿속에서 일어나면, 그 무서운 트라우마를 피해 정신없이 휘청거리며 걷게 된다. '저 여성은 오빠와 관계되는 엄청난 충격에서 저렇게 되었나 보다.'라는 생각이 들었다. 사실 나는 그 당시 사는 것이 너무도 힘들고 혼란스러웠다. 괴롭고 고통스러운 현실 속에서 미친 사람은 아무것도 모르는 것 같아서 부럽기까지 했었다.

　미친 사람과의 대화. 미친 사람을 만나 대화 아닌 대화를 할 수 있게 되었다는 사실은 그분에게는 아주 미안했지만, 나에게는 큰 행운이고 축복이었다. 그분을 통하여 '미쳐도 고통이 있다.'라는 사실을 알아본 기회를 얻은 것이었다. 알아보았더니 미친다고 고통이 없는 것이 아니었다. 무척 괴롭다는 사실을 알았다. 나보다 고통이 심한 것을 보았다. 내가 만 17세 때 또 하나의 커다란 깨달음을 얻게 된 이야기이다.

　그 후에 그 여성의 뱃속에 아기가 들어있는 모습을 보았다. 아기가 나올 때가 다 되어가는 배를 안고 걷고 있는 모습을 보았다. 어이없는 세상이기도 했다. 우리 집에 명언집 책이 있었다. 책 속에 이런 말씀이 있었다.

"세상을 아는 것만큼 세상에 타락된다."
　처음 말씀을 읽었을 적에는 도무지 이해가 가지를 않았다. 이해가 가지를 않아 머리에 걸려 있었다. 세상을 살다 보니 그 말씀이 이해되었다.

　그때 그 여성은 지금도 어딘가에서 살고 계실까? 나보다 나이가 몇 살 위였던 것 같은데, 뱃속에 있던 아기는? 아기의 아빠는 누구?
　이 글을 쓰면서 **세상의 이상한 이치**에 가슴이 답답하다.

5

*자연은
나를 위해 존재하고*

나는 열다섯 살 여름부터 직물공장 생산 현장에서 쓰러지기 시작했다. 현장에서 일을 하다가 쓰러지고 또 쓰러지고~

사람들과 얘기를 하면 갑갑한 내 가슴은 더욱 답답해졌다. 그래서 풀과 나무들과 벌레들과 대화를 나누고 있었다.

여름날 오후 걸음을 걷다가 힘이 들어 논 언덕에 주저앉았다. 나는 곧잘 그러곤 했었다. 그날도 들판 언덕에 앉게 되었다. 얼마를 앉아 있었을까? 들판에서 자라고 있는 벼들도 눈에 보이고, 멀리 산들도 내 눈 안에 들어왔다. 그리고 벼보다 키가 작은 풀들이 보이고, 풀 위를 볼볼~ 기는 벌레가 보였다.

움직이는 벌레를 보는 내 얼굴의 입가에서 미소가 지어졌다. 그렇게 미소를 지으며 신기하게 바라보고 있는 나의 눈으로 커다란 개구리 한 마리가, 엉금엉금 벌레를 보며 기어 들어왔다. 벌레와 개구리의 간격이 약 15cm 정도였다. 개구리의 입속에서 검은 실낱같은 것이,

'창_'

하고 깜빡했는데 벌레가 없어져 버렸다. 찰나 개구리가 미웠다. 또 찰나 개구리의 뱃속으로 들어간 벌레의 마음에 이입이 되면서, '개구리님! 제 몸 먹

고 잘 살아주세요.'라는 기도가 나왔다.

　기억. 그러면서 내가 어릴 때 우리 집에서 양계업을 했던 기억이 떠올랐다. 여름이면 닭들의 기운이 빠져 알도 적게 낳고 폐사도 당했다. 영양 보충으로 기운 차려서 알도 더 낳고, 죽지 않기를 바라시는 부모님의 마음이 있었다. 나는 개구리를 잡으러 다녔다. 낭창낭창한 대나무 둥지를 갈라 개구리 잡는 채를 만들었었다. 낡은 신발 앞바닥을 잘라 철사로 엮어 매단 개구리 잡는 채는 개구리가 아주 잘 잡혔었다. 개구리를 잡아 삶아서 닭들에게 주었다. 벌레에게 이입된 기도에서 개구리를 잡아 닭들에게 주었던 옛 기억이 떠오르더니

　'창 창 창~ 아~ 아~ 아~ 아~'
　하늘에서 빛이 선을 이루며 땅을 비추었다. 들판에 핀 풀잎들과 나무들이 반짝반짝 춤을 추며 환호하는 모습들이 보였다. 환성을 지르는 소리도 들렸다.

　환희. 그러니까 내 가슴속에서의 그 무엇들도 환성을 지르며 두 팔을 벌려 하늘의 빛을 받으며 내 몸 밖으로까지 뻗는 긴 팔들이 보였다. 온 들판의 산천초목과 내 안의 내가 하늘의 빛을 받으며 찬양하고 찬송하는 것이었음을 나중에 알게 되었다. 내가 교회와 성당을 다니며 성경 말씀을 듣고, 다른 사람의 경험을 들으며 알게 되었다.

　먹이사슬. 나는 정식으로 다닌 학교는 당시에 겨우 국민학교였다. 먹이사슬에 관계되는 공부를 한 적이 없었다. 먹이사슬의 이치를 모르고 있었다. '나는 닭과 달걀을 먹었다. 닭은 개구리를 먹었고 개구리는 벌레를 먹었으며 벌레는 풀잎을 먹었다. 풀은 하늘의 빛 받아 땅의 영양 먹고 자라났으니 내 몸은 하늘과 땅으로 이루어져 있구나! 내 몸이 하늘과 땅이구나!'

감동과 감격의 물결이 내 머리에서 봇물 되어 쏟아져 나왔다. 아주 작은 내 몸이 땅 위에서 웅크리고 앉아 있었는데, 넓고 깊은 하늘과 땅이 나를 온통 감싸주며 안아주고 있었다.

내가 신앙생활을 하면서 그리고 기공 수련을 하며 공부한 여러 가지 경험 속에서 소우주인 나에게 그렇게 환희로운 경험을 하게 한 것은, 엄청난 은혜와 축복이었다는 사실을 알게 되었다.
그 환희는 나에게 쏟아졌던 사랑님의 사랑이었다는 사실을 나는 알게 되었다.

그 이후부터 배추를 보면 배추가, 벼를 보면 벼가, 숲을 보면 숲들이 나를 보며
"님의 몸이 되어주려 살고 있어요~"
라고 얘기를 해주기 시작했다.
방에 누워 생각만 해도, 바닷속의 물고기들도 내 몸이 되어주려 살고 있음이 느껴졌다. 모든 먹거리가 반짝반짝하며 내 몸이 되어주려 살고 있었다.

음식을 먹으려고 하면 나에게로 온 먹거리들이 내 몸이 되어 주겠다며 반짝거렸다. 그렇게 반짝거리는 음식들을 먹고 나는 살고 있었다. 숲은 내가 숨을 쉴 수 있도록 산소를 내어준다.
이 세상의 수많은 것이 내 몸이 되기 위해 살고 있었다. 그리고 내 것이 된 순간부터 누군가를 위해 주는 것이 내 것이고, 내 몸이라는 사실을 보았다. 그렇게 깨달으며 자연의 섭리와 진리를 보기 시작했다.

지금도 그들은 나에게 이렇게 속삭여 주고 있다.
"당신을 위해서 살고 있어요~"

그때 내 나이 만 17세의 여름이었다. 벼가 초록 물결로 싱그럽게 잎이 무성하고 벼꽃이 피어나는 들에서였다. 내 마음도 초록으로 채워지고 있었다.

대자연이여~ 사랑의 님이시여~ 감사합니다.

6

천사 같은 옷을
입고 계신 아버지

만 17세 때였다. 나는 비장한 마음으로 아버지가 누워계시는 방엘 들어섰다.
"아버지! 아버지는 늘, 부모는 하늘이고 자녀는 땅이라고 하셨는데요. 우리 집 하늘은 왜 이렇습니까? 내가 보기에 하늘은 땅을 품에 안고 있으면서, 햇살도 뿌려주고, 적당히 단비도 내려주고, 밤도 만들어 쉬게도 해주는데, 우리 집 하늘은 왜 이래요? 천날 맨날 먹구름이고, 폭풍우고, 태풍이 몰아치고! 그러면서도 아버지는! 자식들이 잘~ 되기를 바라십니까~? 어떻게 이러한 하늘인 아버지 아래서 우리가 잘 자랄 수가 있겠습니까?"

아버지에게 나는, 그렇게 30분 이상을 나의 깨달음으로서 얻은 생각과 감정들을 쏟아부었다. 이튿날도 또 이튿날도, 나는 아버지에게 나의 감정들을 쏟아내었다. 딱 세 번을 그렇게 하였다. 그렇게 한 후부터 아버지는 나의 눈빛을 피하셨다. 나를 의식하며 마주치지 않으려고 피하며 다니셨다.

내가 결혼을 하고, 큰오빠도 결혼을 했다. 아버지의 술에 취한 추태들의 모습이 나의 귀에 들어왔다. 이전부터 아버지를 겪어 온 나는 듣는 것만으로도 눈앞에 훤하게 그려졌다. 올케언니가 고맙고 걱정도 되었다. '행여 올케언니가 못 살겠다고 가버리면 어쩌나.'라는 생각과 마음이 오래도록 들어있었다.

내가 분식집을 하고 있을 때. 하루에 한 번 정도 우리 집에 오셨다. 소주를 사 놓고 딱 한 잔, 술기운이 전혀 없으실 땐 두 잔을 드렸다. 용돈을 몇 푼 드리고 싶어도 드릴 수가 없었다. 나의 아버지! 젊었을 땐 인물도 좋았고, 옷도 잘 차려입고, 신사다운 면모도 조금은 있었다고 보여지는데 아버지의 노후는 참으로 초라하고 소외된 삶이었다. 보여주지 않았으면 좋았을 이상한 모습을 많이도 보이셨다.

저세상으로 가실 때에는 좋은 모습을 보여주시며 가셨다.
"내 병은 내가 안다. 병원에 데려갈 생각은 하지 마라. 내가 밥 달라고 하면 주고, 달라는 소리 없으면 챙겨 오지 마라. 내 머리맡에 두유는 떨어지지 않게 갖다 놓아라."
그렇게 자리에 누우신지 20여 일 만에 저세상으로 가셨다.

"돌아가셨다."라는 통보를 받고 오빠 집에 갔을 때, 아버지는 긴 직사각 관 속에 뽀얀 날개옷을 입으시고 잠들어 계셨다. 다섯 살 소년이 편안하게 잠을 자는 듯한 모습이었다. 뽀얀 날개옷 덕분이었는지, 날개가 달린 다섯 살짜리 천사 같았다. 그렇게 아버지는 하늘나라로 가셨다.

마지막 가실 때에 좋은 모습을 보여주셨다.
그렇다고 내 속의 상처가 다 치유되는 것은 아니었다. 아직도 내 마음속에서 아버지는 미소도 짓지 못하고 계신다. 고개를 푹 수그리고 나의 눈빛을 피하시려는 모습이다.

죄송합니다, 아버지~ 제 마음이 이러하여서.

7

복이 무엇인가?

내가 만 17세 무렵이었다. "쟤는 복이 정말 없다."라는 말이 내 귀에 들어왔다. 그 말이 내 마음에 걸렸다. 마음에 걸리면 그것에 대하여 생각하는 습관이 있었다. 생각을 했다. 생각의 답이 떨어졌다.

'복이란 무엇인가?'
굴러들어 오는 개복과 가꾸는 참 복, 두 가지로 보였다.
나는 부모 복이 없다. 부모 복이 없으니 그것에 따라서 다른 복들도 없다. 그것을 굴러들어 오는 개복이라고 생각을 했다. '어차피 나에게 개복은 없다. 그러니 참 복을 가꾸자.'

국민학교 5학년 선생님께서 해주신 말씀이 생각이 났다.
"소크라테스 성인은 어린이들이 뛰어노는 마당의 돌들을 어린이들이 다칠세라 항상 주워서 밖으로 옮기셨다."라고 하셨다.

좋은 일. 나는 **'사람을 돕는 일을 하는 것이 가꾸는 참 복이다.'**라는 생각을 하게 되었다. 그러한 생각을 하게 되면서, 아침이면 대나무 빗자루를 들고 마을 골목길을 쓸었다. 길을 가다가 길가에 유리 조각이나 유리병이 있으면 주워서 치웠다.

내가 결혼을 하고 분식 장사를 하면서도, 배고픈 자에겐 서비스를 잘도 해 주었다. 특히 내 마음이 불편할 때면 더욱 밝고 싱낭히게 서비스를 더하여 주 었다. **'가꾸는 복을 짓다가 보면 나에게 참 복이 들어올 거야!'** 라는 마음을 수 없이 다졌다. 그래서인지 내가 하는 분식집을 찾아주시는 손님이 넘치게 많 았다. 처음에는 혼자 시작했는데, 남편도 함께했다. 언니 오빠도 도왔다. 어 머님도 도우셨다.

작은 도움. 불우한 어린이를 도와주는 어린이 재단에 다달이 도움의 손길 을 보냈다. 수해복구 등 따뜻한 손길이 필요한 곳에 기부금을 기쁜 마음으로 보냈다.

"당신의 피 한 방울이 생명을 구합니다."
라고, 적힌 헌혈차의 글귀가 반가워 시작한 헌혈은 수십 번을 하였다. 만17 세 즈음에 나는 내 나름대로 깨달음을 많이 얻었던 것이었다. 상대를 이해하 고 사랑하는 마음이 생겨났다. 상대를 배려하는 마음들로 기쁘고 즐거운 시 간이 많아졌다.

인내의 사랑. 결혼하여 애들 아빠도 **'내가 이해하고 사랑을 해주다 보면, 알 게 될 것이다. 알게 되면 달라질 것이다.'** 라는 생각으로 길게 인내할 수가 있 었다. 인내로 버텼다. 이혼녀가 되는 것보다 남편을 사랑하는 것이 곧 나를 가 꾸는 것이었다. '이혼하는 것보다는 남편을 사랑하는 것이 자녀들에게 엄마 아빠의 사랑을 더 줄 수 있게 된다.'라는 나의 생각이었다. 딸도~ 아들도~

"엄마, 아빠와 이혼하세요."

라는 말을 해주기까지 나는 무던히도 인내하며 사랑을 하였다. 두 자녀가 어긋나지 않는 삶을 살아가는데 나의 인내가 힘이 되었다고 생각을 한다. **'나는 나를 가꾸는 복을 많이 지었다'**라고 나 스스로 느끼고 있다. 잘 살아왔다고 내가 나에게 박수를 보낸다.

감사합니다.

8
죄는 무지에서

내게 책을 엮어보기를 권하신 남사친, 신상대 박사가 계신다. 내가 꽤 많이 존경하는 분이시다. 몇 년 전에 이런 말을 하셨다.

"불교에선 '무지가 죄를 일으킨다.'라는 말씀이 있어요."

내가 30대에 성당에 다니면서 성령 세미나를 갔다. 작은 쪽지 책자가 있었다. 이런 글이 적혀 있었다.

죄는
무지와
게으름과
무관심의 소산이다.
이 글귀를 만나며 내 마음의 손이 무릎을 탁! 치고 있었다.

내가 만 17세 때였다.
'모르기 때문에 고통을 주고, 모르기 때문에 고통을 받는다.'
라는 깨달음을 얻었다. 가깝거나 만나는 사람에게 무지에 대한 얘기를 하면 "아는 척한다. 잘난 척한다."라는 말과 눈빛들을 많이도 받았다.

성령 세미나에서 만난, 작은 쪽지가 나에게 너무도 큰 힘이 되었다. 인쇄를 하여 필요한 사람에게 전달도 했다.

무관심하면 게을러지고, 관심을 가지면 부지런해진다.
관심을 가지고 부지런해지면 알게 된다.
알게 되면 무지에서 벗어나 죄를 적게 지을 수가 있다.

사람과 사람 사이에는 마음을 열고 대화를 많이 하여야 좋다. 대화를 하면 알게 된다. 알게 되면 상대에게 알맞은 것을 주고받을 수가 있다. 서로 사랑을 할 수가 있다. 일방적인 사랑은 문제를 낳고 사건을 만들게도 한다.

상대를 모르면서 자기 방식으로 "사랑한다."라면서 상대를 무시하고 학대하는 사람들도 꽤 있더라!

무지이다.
상대에 대한 무관심이다.
상대에 대한 게으름이라고도 말할 수 있겠다.

서로 사랑해야만 된다. 자녀에게도 부모의 마음을 전하며 서로 사랑하는 방법을 나누어야 한다. 그래야만 상대의 마음을 알게 된다. 그러면 서로 상대에게 맞는 사랑을 주고받을 수가 있다.

그러지 않으면 오해가 생긴다.
오해가 생기면 쉽게 상처를 주고받게 된다.

그것이 죄의 싹을 틔우게 되는 경우가 너무도 많다.

농장주의 발걸음 소리에 열매가 영근다고 한다. 화초를 키우는 것도 관심을 가져야 한다. 화초에 대한 생리를 알아야 한다. 각각의 화초의 생리에 맞추어 물을 주어야 한다. 햇볕도 쬐게 할 것은 쬐게 하고, 그늘에서 키울 것은 그늘에서 가꿔야 한다.

죄는 무지와 무관심에서

부지런하게
관심을 가져야
무지에서 벗어나며
서로를 잘 가꿀 수가 있다.

관심은 정성이다.
정성은 사랑이다.
사랑은 관심과 정성으로
가꾸는 것이다.

"사랑한다. 사랑하자."
라며 쉽게 말들을 하는데!
현실은 그렇지 못하는 경우가 생각 외로 많다.

죄는 무지와 무관심과 게으름에서 온다.

제2장 행복하고 싶었다

9

행복하고
싶었다

하루는 24시간 1,440분으로 정해져 있다.

만 15세 즈음. '세상의 불행이란 불행은 다 짊어진 것 같다.'라는 느낌이 내 마음 가득히 채워져 있었다.

행복을 찾아서

너무도 간절히 집 나가서 돌아오지 않는
엄마를 기다리듯 행복하고 싶었다

하늘의 해, 달, 별을 보며 동그마니 앉아
행복이 무언지 생각하고 생각했다

'하루에 단 2분씩만이라도
행복할 수 있는 좋은 생각을 하자.'
라며 생각을 하자고
마음을, 정성을, 관심을 가졌다

1년은 365일 365 × 2분=730분
하루 2분씩을 못 챙기더라도
1분씩만 챙기더라도
1년이면 365분이 된다
십 년이면 3,650분!

하루에 2분씩인데
그것! 기하급수적이었다
행복해지는 시간이
2배 4배 8배 16배, 32배… 이렇게 늘어났다

만17세 즈음부터 행복하고 싶다
좋은 쪽으로 생각하자 긍정적으로 생각하자며
실천하고 노력을 했다

그렇게 벌써 50여 년이다
그동안 많이 행복해졌다
지금은 더 많이 행복하다
행복은 내 안에 있다
내가 의미 있고, 보람되게 살았다고 느껴지는
나를 둘러싸고 있는 기쁘고 좋은 기운 속에서
하늘을 우러러 보는 내 속에 있다

나에게는 그렇다
사람마다 행복의 가치나 척도는 다르겠지만
나는 그렇다

감사합니다.

10

사랑은
가꾸는 것

사랑은 가꾸는 것

사랑은 먼저 세상을 잘 받아들이는 것
세상을 잘 받아들여 나를 가꾸는 것
나를 가꾸어 맛나는 내가 되어진다면

내가 상대에게 잘 줄 수 있다면
내가 상대에게 알맞게 줄 수 있다면
내가 주면서 상대를 가꿀 수 있다면~

그것이 사랑이라고 말하고 싶다

내 입에 맛있다고 생각 없이 먹고
내 몸과 마음을 가꾸지 않는다면

나는 그것을 사랑이라고 말하고 싶지 않다

내가 맛있다고 존중 없이 예의 없이 나를 함부로 대한다면
자기식대로 먹으려 한다면

나는 그것을 결코 사랑이라고 말하고 싶지 않다

맛나는 나를 먹고~ 맛나는 나를 먹은 님께서~
누군가에게로~ 맛나는 향기와 맛으로 스며 들어가는 모습~
그것을 사랑이라고 말하고 싶다
그것이 사랑이다.
사랑은 진행(~ing)형 계속되는 생명력

그 모습을 보고 듣고 느낄 때~ 나는 젤로 행복하다
사랑의 모습이기에 사랑을 보고 듣고 느끼고 있기에~

매일 먹는 식탁 위의 음식들이 나에게 끊임없이 속삭여 준다.
자신은 사랑이고 싶다고~

사랑이라고~ 매 순간 먹는 음식들이 말을 해준다.
선조님들의 속삭임이다.
이 세상의 이루어짐은 사랑이라고

대자연이여 당신께서는 제게 가르침을 주셨습니다.
이 세상의 이루어짐은 오직 사랑이라고~

사랑은 가꾸는 것
잘 받아들이는 것

11

하나밖에 없는
아빠 아닌가

오빠의 아들인 나의 조카가 나에게 이런 말을 했다. 조카가 국민학교 4학년 때였다. 조카가 42세이니 약 30년 전에 주고받은 대화이다.

"고모~ 아빠가 그러셨는데요~ 고모님한테는 병이 있대요."

"그래~ 병이 있겠지~ 근데 무슨 병이 있다던데?"

라고 내가 물었다.

"예를 들면요~ 여기 꽃병에 꽃이 꽂혀 있잖아요. 다른 사람들은 그냥 꽃이라고 하는데요~ 고모님은~ 이 꽃이 어떻게 하여 피어났으며~ 어떻게 이곳까지 왔으며~ 이 꽃이 어떤 영향을 주며 사라져 가는가? 그런 생각을 하는 것이 병이래요."

4학년의 조카가 설명도 예를 들어 아주 잘해주었었다.

"그래~ 아빠가 느끼기엔 그게 병인가 보다. 세상엔 여러 가지 병이 많아~"

라고 나는 말을 했었다.

나는 오빠에게서 나에게 맞는 사랑을 받고 싶었다. 여러 가지 방법으로 설명하며 다가갔었다. 권위 의식이 심한 오빠는 그런 동생의 말에 자존심이 아주 심하게 손상이 되었나 보다. 오히려 그것을 병이라고까지 생각하고 걱정했나 보다. '꼰대, 라떼, 라테'라는 말들이 언제부터 유행했었나? 이 말이 오빠의 가슴에 좀 더 일찍 새겨졌더라면 나의 오빠도 달라졌을까?

내가 소녀 시절에 집안이 풍비박산이 났다. 나에게 오빠가 이런 말을 했었다.
"공부를 잘하던 동기가 있었다. 집에서 고등학교를 못 보내주었는데 정신 이상자가 되었다. 동생 네가 행여 그렇게 될까 봐, 걱정이 된다."
그래서였을까?
오빠는 나를 조금은 정신이상자 취급을 한 것도 같다. 또 어느 날은 이런 말을 한 적이 있다.

"장하게 살아주는 네가 자랑스럽다."
나를 인정도 해주었다. 그러면서 오빠는 내가 더 잘하기를 바라고, 더 장하게 살기를 바라며 희생을 강요했다고도 본다.

내가 요가원을 차리고 내 아들이 군대를 갔다. 집에서는 사고가 일어날 것 같아 딸과 나는 요가원에서 생활하게 되었다. 애들 아빠가 집에 혼자 있고 방도 한 칸 비어 있었다. 작은오빠가 김 서방과 함께 살게 되었다. 작은오빠가 김 서방과 함께 생활하게 된 지 두 달쯤 되었을 때, 작은오빠와 드라이브 대화를 갖게 되었다. 나는 운전석에 앉아 있었고, 작은오빠는 옆자리에 앉아 있었다.

"야~ 진짜~ 김 서방~ 성격! 성격이 정말 이상하데~ 손위 처남인 나한테도 그러한데~ 동생인 너한테는 우째 했겠노~! 네가 그렇게 힘들다고 한 이유를 같이 생활해 보니~ 알게 되었다~"
이렇게 말을 해주는 작은오빠의 마음에 나를 누르고 있던 어떤 무거운 기운이 작은오빠와 가까운 오른쪽 어깨를 통하여 연기처럼 훌훌 빠져나가는 느낌이 들었다. 친정 식구들은 내가 문제라고, 나 보고 더 잘하라고 강요하는 것이 이제는 줄어들 것 같은 느낌이 들기도 했었다. 그랬는데 큰오빠는 여전히 김 서방과 잘 살아주기를 원하였다.

딸은 별거 전부터 이혼하라고 했었고, 아들도 군 제대를 하고 와서 아빠와 둘이 살아보더니,
"엄마~ 아빠와 이혼하는 것이 더 낫겠네요. 저를 위해서 더는 아빠와 노력하지 않아도 돼요."
라는 말을 하였다. 성당의 신부님께서도 "가정법원으로 가셔요." 라는 말씀을 오래전부터 해주셨다. 별거 8여 년 만에 이혼을 했다.

이혼을 하고 몇 년이 지났다. 오빠가 "김 서방과 함께 살면 안 되겠냐!"라고 은근히 합쳐 살기를 요구했다. 오빠로서는 동생을 사랑하는 마음이었는지는 모른다. 하지만 남들의 눈을 의식하는 오빠의 체면과 자존심이었다는 생각이 왜 자꾸만 드는 것이었을까?

오빠는, 오빠의 책임감에 의해서였는지, 오빠 마음에 드는 남자와 언니를 결혼이란 인연으로 맺어놓고 군대를 갔다. 오빠가 휴가를 왔을 때, 언니의 신랑인 매제가 대문 밖에 있는 우물에 가서 양동이에 물을 길어오는 모습을 보았다. 오빠는,
"남자가 새끼야! 뭔 물을 길어다 주고 그러나? 그 고추 떼~ 내뿌리라!"
라고 하더란다. 언니가 나에게 해준 말이었다. 나의 전 형부라는 인간은 의처증이 심했다. 언니에게 무지막지하게 폭언과 폭행을 가했다.

"나에게 귀한 동생이네. 자네에게도 하나밖에 없는 귀한 아내 아닌가?"
라는 말을 해줄 수 있는 오빠였더라면 얼마나 좋았을까?

내가 결혼하고, 육신과 정신적 고통을 심하게 받고 있을 때였다. 내가 가진

것이 아픔과 고통이었으니 당연히 가까운 가족들에게 아픔과 고통을 주고 있었을 것이다. 오빠는, 단순한 오빠의 생각으로 '신이 나를 아프게 한다.'라고 생각을 했던 것도 같다.

"신을 받아 놓고 편하게 사는 사람이 있더라. 너도 그래라!"
라는 말을 했었다. 나의 아픈 몸과 마음에 필요한 것은 따뜻한 사랑이었는데 말이다. 오빠의 말은 동생인 나에게 따뜻한 사랑이 되지를 못했다. 그것이 그럴 수밖에 없는 이유가 있었다. 왜냐하면? 그릇도 어디에 어떻게 사용하면 좋을 것인가를 보고, 제대로 알고 사용하면 제격이 된다. 그런데 오빠는 동생이 어떤 그릇인가를 전혀 보지를 못하고 있었다. 오빠 자기식대로 써먹으려고 했다.

요가원 회원인 한 언니가 "원장님~ 이 노래가 정말 좋습니다."라시며 노사연의 〈바램〉 노래를 들려주셨다. 그 노래가 뜨기 시작할 무렵이었다.

바램

내 손에 잡은 것이 많아서 손이 아픕니다.
등에 짊어진 삶의 무게가 온몸을 아프게 하고,
매일 해결해야 하는 일 때문에
내 시간도 없이 살다가 평생 바쁘게 걸어왔으니
다리도 아픕니다.
내가 힘들고 외로워질 때 내 얘길 조금만 들어 준다면
어느 날 갑자기 세월의 한복판에 덩그러니 혼자 있진 않겠죠
큰 것도 아니고 아주 작은 한마디 지친 나를 안아주면서,
사랑한다. 정말 사랑한다는 그 말을 해준다면

가사가 나를 닮았다. 가사의 시작부터가 아픈 내 몸과 마음을 더 아프게 했다. 들을 수가 없었다. 십 년 이상 노사연의 〈바램〉 노래를 눈물이 앞을 가려서 듣지를 못했다.

삶의 무게. 오빠는 나에게 사랑을 준다고 주었겠지만, 항상 내 손에 들고 있는 것이 너무도 많았다. 내 등에 짊어진 삶의 무게에 나는 지치고 지치며 힘겨웠었다. 다리도 아프고 허리도 아프고 어깨도 아팠다. 온몸과 마음이 소통이 안 되어 숨이 막히게 아프고 아팠다.

오빠가 나에게 주는 사랑을 예를 들어본다. 내 팔이 아파서 내가 받아 들 수가 없는데 커다란 냄비에 든 뜨거운 호박죽을 주는 것 같았다. 팔이 아파서 호박죽을 떨어뜨려 내 몸에 부어버리는 느낌이었다. 내 몸은 뜨거운 호박죽에 데여서, 따갑고 아리고 쓰라리는 느낌이 너무도 많았다.

나는 "내 얘기를 좀 들어 달라."고, 수없이 말을 건네어 갔다. 그럴 때마다 오빠는

"어디 가수 나가! 어디 동생이!"
라는 언행으로 내 마음을 아주 세차게 밟고 차 버렸다. 연약한 내 마음은 나뒹굴어졌다. 또 일어나 말을 하면 오빠가 군화로 나를 밟고 짓이겨 버리는 느낌이 들었다. 군화 아래 자근자근 짓밟히고 짓이겨지는 느낌이 들 때가 너무도 많았다. 너무도 오랫동안 억압을 당하니 동생인 내 입장에서는 그러하였다. 꼬맹이 때부터 내 나이 만 62세가 될 때까지 큰오빠의 억압을 벗어나질 못했다. 오빠가 우리 4남매 중에서 언제나 제일 큰 힘을 갖고 있었다.

오빠에 대한 글을 이렇게 적어서 죄송합니다. 지금도 아픕니다. 오빠에게

어이 귀한 동생이 되지 못했을까요?

12

*옛 얘기 하면서도
웃을 수 있는 상대*

내 나이 50대 후반이었다.
"우리 형제들은 엄마가 일찍 죽어서 고생을 너무 많이 했어~!"
오빠가 몇 번이나 나에게 이렇게 말을 했다. 두 번 세 번을 거듭해서 듣게 되면서 내 속에서는 분노가 일어나고 있었다.

"엄마가 어째서 죽었는데! 엄마가 어떻게 해서 죽었는데~?"
분노가 자꾸만 끓어오르고 올랐다. 앞에서 잠시 언급한 바가 있다. 나를 낳으신 엄마는 아버지에게서 맞고 맞다가 죽어갔다고! 오빠에게, 대놓고 말하지를 못했다. 문자를 보냈다.

마음의 글. 아버지의 남존여비 사상으로 엄마를 학대한 아버지를 되새김질하기를 바라는 마음으로 글을 적어 보냈다. 오빠 역시 아버지의 남존여비 사상을 대물림받았다는 내용도 적어서 보냈다. 그래서 동생인 나에게 가혹하게 해온 오빠인 것을 알아차리기를 바라는 마음에서 글을 적어 보냈다.

2017년 3월이었다.
"생각해 보니까 너에게 내가 따뜻하게 해주지 못했더라."

라는 글을 딱 한 번! 문자로 보내주었다. 그 한마디에 내 맘속의 상처가 다 아물고, 끓고 있던 분노가 소멸했다면 얼마나 좋았으랴!!!

그런데 그렇게 말을 해주었는데 분노는 오히려 더욱 일어나고 있었다. 내 속에서 일어나는 분노의 감정이 가라앉기를 기도하면 기도할수록 더욱 끓어 올랐다. 오빠가 요가원에 있는 나에게 찾아왔다. 나에게 이렇게 말했다.
"니가~ 정말로 나한테! 바라는 게 뭐꼬!?"
좋지 않은 감정이 실려 있음이 느껴졌다.

"옛 얘기 하면서도 웃을 수 있는 상태요."
라는 말이 내 입에서 나가고 있었다. 나는 참으로 오랫동안 옛 얘기 하면서 웃을 수 있는 우리 남매가 되기를 기도하고 또 기도하고 있었다. 그렇게 기도를 해왔기에 큰오빠의 물음에 여지없이 "옛 얘기 하면서도 웃을 수 있는 상태요."라는 답이 나갔던 것이다.
"그게~ 되겠나~?"
오빠가 고개를 갸웃하면서 이렇게 말하고는 요가원 문을 열고 나가 버렸다.

'오빠는 아직도 엄마가 어떻게 죽어갔는지를 모르는 것일까? 동생인 내가 이토록 고통스러워하며 오빠 자신을 괴롭혔는데도?' 오빠에 대한 분노가 일어나면 일어날수록, 그 이상으로 오빠에 대한 바람은 커지고 있었다.

"동생아~ 네가 나에게 그러는 이유가 뭐니~?"
라고 따뜻하고 부드럽게 한 번도 물어본 적이 없다. 언니에게서 들었다. "오빠 자신이 동생인 나에게 사과를 했는데도~ 내가 사과를 받아주지를 않는다."라고 하더란다.

"너에게 따뜻하게 해주지 못했더라."

그 말 한마디로 사과를 다 했다고 생각하는 것이었을까? 그 한마디로 동생 속의 상처가 치유되고, 분노가 "전멸되어야 한다."라고 생각하는 것도 같았다.

"사과는 상대가 그만하라고 할 때까지 하는 것이 정석이다."

라는 말도 있던데, 내가 생각해도 그렇게 한다면 상대의 상처가 어느 정도 아문다고 보인다. 나의 욕심일까?

지금도 나는 오빠와, "옛 얘기 하면서도 웃을 수 있는 상태."가 오기를 기도하고 있다.

제 3 장

인현이 되려니

조용히
보고 들은 것을 생각하는 것
그것이 나무가 자라듯 내 마음이 자라는 것

1

인연이 되려니

"아무것도 안 해와도 된다 하더라. 너 그렇게 고생하지 말고 시집이나 가거라."
 내 사정을 너무도 잘 알고, 나에게 따뜻하게 대해주셨던 기성복 옷 장사를 하고 계시는 엄마 같은 아주머니의 말씀이었다.

맞선을 보았다. 맞선을 본 이틀 뒤에 시누 남편이,
"제 처남댁이 되어주세요."
라는 말을 해 왔다. 남편 될 사람에게,
"집에 가서 편지를 보내주세요."
라고 말을 하게 되었다. 편지글을 보면 어떤 사람인지 조금은 파악할 수도 있을 것도 같았다. 편지는 오지 않고 한 달 정도 지난 어느 날 어머님께서 오셨다.

"이번에 아들이 대구 와서 세 아가씨와 선을 봤어요. 그중에 아가씨를 제일 마음에 들어 하네요."
라고 말씀을 하셨다. 하시는 말씀이 아주 편안하고 구수하게 느껴졌다. 외로움에 지쳐있던 나였기에 그렇게 느껴졌던 것인지도 모른다.
"오빠가 결혼할 때까지 친정을 돌봐줘야 됩니더예~ 돈이 전혀 없으니, 혼수는 아무것도 못합니더~"

그러는 나를 너무도 따뜻하게 응대해 주셨다. 그래서인지 나는 친정엄마보다 더 푸근함을 느꼈다. 친정엄마의 따뜻한 품도 모르면서 말이다. 나는 그냥 그랬었다. 어머님과 함께 함양 서상이라는 남편 될 고향 집에 가 보기로 했다.

"기며 들어가고 기며 나오는 집인데, 아가씨가 우리 집 보고 시집 안 오겠다 하면 우짤꼬~?"

그러시는 말씀도 너무도 좋게만 느껴졌다. 대구에서 함양으로 가는 버스를 타고 창밖 풍경을 보며 갔다. 안의 계곡을 지나서 서상면으로 가고 있었다.

계곡, 나무숲과 바위들 사이를 흐르는 물길을 따라 펼쳐진 그림 같은 풍광이 고향보다 더 좋은 고향으로 가는 느낌이 들었다. 자연과 대화를 나누며 살아온 나는, 길게도 뻗어있는 계곡 길을 덜컹거리며 가는 버스 안에서 환희의 감탄사를 끊임없이 내뱉고 있었다. 인연이 되려니 그랬었나 보다. 마을에 들어서니 남편 될 사람이 경운기를 몰고, 우리가 차에서 내린 마을회관 쪽으로 내려오고 있었다. 나중에 알게 되었지만, 우리 집엔 경운기도 없었다. 나를 붙잡기 위한 설정이었었다.

남편 될 사람과 대구로 와서 오빠에게 소개를 시켰다. 오빠는 별로 마음에 안 들어 하는 말을 했다. 나는 오빠에게 꼬인 마음이 있었다. 그래서인지 '오빠도 결혼을 안 하고 있는데, 내가 결혼을 한다 하니, 나의 결혼 자체를 못마땅해한다.'라는 생각이 들었다. 그래서 날을 잡았다. 사주도 봐주고 결혼 날짜도 잡아주는 철학원에 가서 제일 빠른 날을 잡아달라고 부탁을 드렸다. 그날이 월요일이었는데, 다가오는 일요일 1시에 결혼식을 올리는 것을 선택하였다.

남편 될 사람이,

"자기가 존경하는 사람이 있는데 절에서 조촐하게 결혼식을 올렸어요~"
라며 말을 해 왔다. "그러면 우리도 그럽시다요." 라며 사진 찍는 비용으로 사진관을 예식장으로 계약을 했다. 철학원 선생님을 주례사로 모시고 그 시대의 스몰 웨딩을 하였던 것이다.

나의 친정 식구도 많이 모시지는 않았지만, 시댁 식구는 어머님도 안 오셨고, 대구에 계시는 여섯 분만 참석하였다. 남편 위의 작은 시숙님 부부가 결혼식을 안 올리고 살고 있었단다. 우리 부부가 1시에 결혼식을 올리니, 시골에서 부랴부랴 12시에 예식을 올렸던 것이었다. 그랬는데도 나는 섭섭함이 조금도 없었다.

어머님은 아가씨 세 명을 선을 보았다고 하셨는데, 사실은 나 한 명이었었다. 나는 진짜로 세 명의 아가씨와 맞선을 본 줄 알았다. 어리석도록 순진무구한 나였었다. 어찌 그토록 무엇을 모르고 몰랐었던지 요즘 젊은이들은 쉽게 이해가 되지 않을 이야기이지만, 그때는 여자는 한국 나이로 스물세 살을 넘기면 "혼기를 놓쳤다."라는 딱지가 붙었다. 남자는 스물일곱 살을 넘기면 "아직 장가도 안 가고 뭐 했는고?"라는 수식어가 따랐었다. 이혼은 아주 나쁜(?) 것으로 말들을 하고 있었다.

세월이 흐르고 내가 많이 아팠다. 아프면서 대체의학 공부를 했다. 대체의학을 배운 재능으로 봉사를 다녔다. 나를 조금 알게 되신 들꽃마을 신부님이 내 남편을 보셨다.
"어떻게 저 사람과 결혼을 하게 되었죠? 수렁 속에서 옆에 사람까지 수렁으로 끌고 들어가는 사람인데요?"
라는 말씀을 하셨다. 내 속에서는 이렇게 대답하고 있었다.
"무엇인가 일치했던 것이 있었겠죠. 만났을 때는요~"

우리 부부는 그때 내가 느꼈던 어머님의 푸근함으로, 그렇게 부부가 되었던 것일까?

나는 엄청난 갖가지의 아픔과 숨 막히는 고통을 겪었다. 유체 이탈도 경험했다. 무속인이 되지 않으려고 생명을 내어놓고 시린 아픔을 옹골지게 견디며 사랑을 가꾸었다.

어머님은 70세 중반에 저세상으로 가셨다. 어머님의 막내아들인 나의 전 남편도 만 70세를 넘겼다. 함양군 안의 계곡을 따라 올라가 덕유산 아래 고향 서상면에서, 홀로서기를 하며 살고 있다고 아들이 종종 전해주고 있다.

2
자전거 페달을
신바람 나게

"직물공장 현장에서는 호흡곤란증이 와서 일을 제대로 못 한다."
라는 나의 건강 상태를 알게 된 우유 배달을 하시는 아저씨가 계셨다. 그분이 나에게 우유 배달을 권하신 적이 있었다. 나는 가진 게 없어 나를 믿고 재정보증서를 떼어 줄 사람이 필요했다.

결혼 전에 그 말을 남편 될 사람에게 흘렸다. 결혼 14일 만에 대구로 오는 이삿짐을 실은 후였다. 어머님께서 나를 방으로 불러 앉아보라고 하시고는, 준비해 두신 서류를 나에게 건네어 주셨다. 남편의 논 몇 마지기와 시숙님의 논 몇 마지기의 재산 서류였다.

재정보증서. 내가 우유 대금을 회사로 입금하지 않을 경우, 시숙님과 남편의 재정보증서로 책임을 져야 한다. 내가 마음을 나쁘게 이용한다면 두 형제의 재산인 논이 차압 당하고, 남의 손에 넘어가 버릴 수도 있다. 그렇게 인연을 맺은 나를 믿고 재산을 맡기신 것이었다. 시댁 가족의 마음이 너무도 고마웠다.

우유 배달. 1981년 3월 22일에 결혼식을 올렸다. 그리고 4월 16일부터 우유를 받아 자전거 페달을 밟으며 가게 문을 두드렸다. 결혼 한 달이 되지 않은 새댁인 나였다. "우유 좀 받아서 팔아 주세요."라고 부탁을 드리며 우유를 상점에 진열했다. 그날 받은 우유를 거의 다 상점에 진열해 두고, 몇 개를 남겨 가정을 방문하며 판촉을 하였다.

새롭게 희망의 날개를 달았다. 직물공장에서는 일을 제대로 할 수가 없었는데 좋은 공기 마시며 일을 할 수가 있게 된 것이었다. 새로운 일을 할 수 있게 된 나는 진정 날개가 달린 생활이었다. 길에서든 어디서도 만나는 사람에게 상냥스럽게 인사를 드렸다. '그러면 우유를 한 개라도 더 팔 수 있다.'라는 나의 생각에서였다. 가정 판촉도 부지런히 했다.

"우유를 매일 받아 잡수시게 되면 어떤 점이 어떻게 좋아요~"
라며, 열심히 설명하며 다녔다. 매일 받아 잡수시게 되는 가정 배달이 늘어날 때마다 너무도 즐겁고 기분이 좋았다. 가게에 진열하는 것은 재고도 나오지만, 직접 받으시면 재고도 없고 가격도 조금 더 받을 수가 있다. 그렇게 해도 소비자는 가게에서 사 먹는 것보다 가격이 싸고 신선한 것을 먹는다. 직접 배달을 좋아하시는 분들이 자꾸만 늘어났다. 그때 요구르트로 가정 배달을 하는 사람은 있었지만, 우유로서 가정 배달을 판촉한 것은 내가 그 지역에서는 처음이었다.

시댁의 사랑. 직물공장 현장의 탁한 공기 속에서 자꾸만 쓰러지던 나였다. 그런 나에게 좋은 공기 마시며 일할 수 있게 해준 시댁의 사랑은 나에게 천군만마를 얻은 것이었다. 내 나이 만 22세였다. 새댁인 나는, 시댁의 힘을 입고 날개가 달린 새로운 마음을 얻었다. 억척스럽게도 돈 버는 일을 하고 있었다.

돈 버는 일을 할 수 있게 된 것이, 기쁘고 즐거워서 신바람이 났다.

3

그렇게
살고 싶었나 보다

　새신랑 남편은, 대구 서문시장 과자 도매 상회에 취직이 되었다. 3일을 가고는 가지를 않았다. 앉아 있었다거나 누워 있었다거나 한 후에 일어서는 모습이 마치 바닷게 걸음 같았다. 벽이나 가구들을 붙잡고 옆으로 걸으면서 겨우 일어나곤 했다.

　"왜 그런대요~?"
　라고 물었지만 절대로 어떤 대답을 해 주지를 않았다. 결혼하신 어른들께 "제 남편이 이러이러해요~"라는 얘기를 하게 되었다. 그랬더니
　"그것은 부부관계를 하면 더 심하여지는데~"
　라는 말을 들었다. 남편의 팔베개로 신랑 품에 안기면, 나는 너무도 신기하고 황홀하기까지 했었다. 그랬는데 나는 "피곤하다."라며 남편의 팔베개를 하지 않았다.
　"당신 허리가 안 좋은 것은 부부관계를 하면 더 심하여진대요."
　라는 말을 할 수가 없었다. '남편의 자존심을 살려줘야 된다.'라는 마음에서였다. 그랬는데 그것이 남편의 입장에선 오해가 더 생겨난 것이 되었는지도 모르겠다. 남편은 나를 의심을 하였다. 스스로 여러 가지가 불안했던 것도 같다.

남편은 온갖 트집을 잡았다. 뻑 하면
"죽겠다!"
"죽어 없어지겠다."
라는 말을 했다. 나는 외로웠던 결혼 전의 얘기를 수없이 하면서 남편을 달래었다.
"당신이 곁에 있는 것만으로도 행복해요~"
라는 말을 수없이 했다. 남편의 마음에 힘을 실어주고자 정성과 마음을 끊임없이 모았다.

남편은 "속이 답답하다."라며 식소다를 먹었다. 식소다를 먹으면 속이 시원해진다며 즐겨 먹고 있었다. 어느 날 외사촌 동생이 우리 집에 와 있을 때였다. 남편이 식소다를 먹는 것을 외사촌 동생이 보았다. 형부가 식소다를 먹는 것을 보고 외사촌 동생이 심하게 놀랐다.

"언니야~ 아부지가 속이 답답하시다며 식소다를 즐겨 먹었어~ 쓰러져서 병원에 갔는데 의사 선생님이 식소다를 너무 많이 먹어 간이 다 녹아 버렸다고 했어! 손을 쓸 수도 없이 며칠 후에 저세상으로 가셨다. 언니야!"
라고 하는 것이었다. 나에게 외삼촌이고, 외사촌 동생에겐 아버지의 이야기였다.

"죽겠다."라고 뻑 하면 말하던 남편이었다. 처제에게서 식소다가 몸에 미치는 영향을 들은 후 남편은 식소다를 멀리하였다. 아내인 나에겐 수없이 "죽고 없어져 주겠다."라고 말을 했었는데 남편은 그렇게 살고 싶었나 보다. 말과 마음이 너무도 다른 사람이었다.

4

찰~싹!
불똥이

남편은 돈 버는 일을 하지 않고 있었다. 결혼한 여동생이 평리동에서 살고 있었다. 여동생 집엘 거의 매일 갔다. 하루는 내가
"1시경에 우유 배달을 마칠 테니 점심을 함께 먹어요."
라며 남편에게 전화를 걸었다. 우유 배달을 마쳐가는 시간에 직물공장에서 같이 일했던 친구를 만났다. 회사의 다른 친구들도 우유를 받아먹도록 말해줄 테니 기숙사로 들어가자고 하여 공장으로 들어갔다. 매일 받아먹는 우유를 5개나 따내었다. 매우 기쁜 마음이 되어 집으로 달려왔다. 친구를 만나 우유 판촉을 하느라 시간이 약 30분 정도 늦었다. 부엌으로 들어가 부엌에서 방으로 들어가는 작은 쪽문이 있었다. 방 안으로 얼굴을 들이밀며,
"돌아오는 길에 친구를 만나~"
라고 말을 하려는데 방 안에서 등을 보이고 서 있던 남편이 돌아서며 나의 뺨을 아주 세차게 쳤다. "찰~싹~"
큰 소리가 나고 눈앞에선 짧은 번개가 쳤다.
"머~엉"

말을 잃어버렸다. 나는 어이없는 소리를 듣는다거나 일을 당하면 일단 멍청해져 버린다. 열흘 이상을 남편에게 어떤 말도 할 수 있는 마음이 열리지를

않았다. 말을 하지 않는다고 트집을 잡았다. 말을 하니 또 그 말을 이상하게 생각하며 트집을 잡았다. 이래도 트집이고 저래도 트집이었다. 음식 트집도 끝도 한도 없었다. 자신의 마음에 들지 않는 나의 무엇이 그리도 많았을까?
"너그 집에 가서 너그 엄마 젖 더 묵고 와라!"
라는 말을 자꾸만 했다. 죽고 없는 엄마를 욕되지 않게 하려고 남편 마음에 채워지는 내가 되기 위해 심혈을 기울였다.

"남편 알기를 발가락 새 때만큼도 안 알아준다."
"너그 집구석이 어떻고!"
"너그 집구석이 어떻다!"
"니가 어떻고!"
"니가 어떻다!"
라는 말들을 끊임없이 했다.

심한 트집들, 이러면 이런다고 트집이고, 저러면 저런다고 트집이고 종잡을 수가 없었다. 너무도 트집을 많이 잡히다 보니 초긴장이 되며 "깜짝깜짝" 놀라는 내가 되어 있었다.
"니가 딴 생각을 하니 놀라제?!"
"어디에서 인사했던 그 남자는 누군데?"
아내를 의심하는 말도 쉽게도 했다. '내가 조금만 언행을 잘못 한다면 심한 의처증 환자가 되어 버릴 수 있겠다.'라는 생각이 강하게 들고 있었다. 철저하고 솔직하게, 확실하게 행동을 했다.

가을이 되었다. 우유 배달을 하면서는 아기를 낳을 수가 없다며 분식 가게를 하기로 했다. 지금 시대는 결혼을 안 해도 흉도 아니다. 하지만 그때 나는 결혼을 하면 당연히 아기를 낳는 것을 의무와 책임처럼 생각했었다. 아기를 얻기 위해 내가 하던 우유 배달은 남편이 하도록 해주었다. 그리고 골목 어귀에 방 하나 달린 가게를 얻어 분식 장사를 시작하였다.

그런 후 나의 배 속에는 새 생명의 아기가 들어왔다.

5
결혼 책임감

시골의 가을 농사가 끝이 났다. 시골에서는 할 일이 없으시다며 어머님께서 분식 장사를 하는 우리 집으로 오셨다.

어머님의 배려. 어머님은 분식 장사 일도 거들어주시며 방 한 칸에서 우리 부부와 함께 생활했다. 연탄불을 태우며 방을 따뜻하게 하는 온돌방이었다. 내가 누운 아랫목만 따뜻하였다. 어머님은 춥지 않으시다며 윗목 자리에서 두꺼운 옷을 입고 잠을 주무셨다. 새벽이면 어머님은 일어나 밖으로 나가셨다. 아들과 며느리에게 배려를 아주 많이 해주시는 어머님이라고 생각했었다. 너무도 순진했던 나는 그때, 이렇게 생각했다. '내 마음이 어쩜 이토록 예쁜 모습으로 어머님께 다가갔을까?' 그러나 산전수전 공중전 심리전을 심하게 앓은 후에야 내 스스로가 멍에를 껴안아 버린 것이었다는 사실을 알게 되었더라.

입덧, 결혼하고 첫 구정을 지내고 있는데 입덧이 시작되었다. 음식 냄새가 역겹게 싫고 머리도 심하게 아팠다. 기운도 없었다. 남편이 우유 배달을 마치고 돌아와도 나는 눈도 뜨지 못하고 누워 있었다. 남편은 태아가 들어온 걸 매우 싫어했다. 지우기를 요구하고 강요를 했다. 아기를 없애기로 했다. 우유를 받아먹는 약방 약사에게 가서 얘기했더니 약을 주셨다. 소식이 없었다. 약사에게 가서 또 얘기했더니 3일분을 더 주셨다. 약사님은 태아에게 더 좋은 약을 주셨는지도 모르겠다.

아기를 낳기로 했다. 남편이 우유 배달로 버는 돈으로 생활하기에는 수입이 너무 적었다. 과자나 음료 등을 받아서 파는 구멍가게 장사를 하기로 했다. 남편이 거들어주고 내가 일을 적게 해도 되었다. 분식 장사보다 냄새도 적으니 그렇게 하기로 했다. 우리에게 알맞다는 가게를 얻어 이사를 했다.

"입덧을 많이 하는 태아가 영특한 자녀로 태어난다!"
라는 말도 있더라. 그래서인지 입덧을 많이 했던 나의 자녀는 영특하기도 하다.

어머님이 오셨다. 구정 설 전에 시골 가셨던 어머님이 시골집과 농사일까지 모두 정리를 하고 오셨단다. 나와 의논 같은 건 한마디도 없었다. 그 시대는 다들 그랬었는가? 나의 친정아버지도 오빠도 그랬으니 나는 그것이 기본인 줄 알았다.

어머님이 계시니, 입덧이 심한 나로서는 여러 가지로 좋았다. 어머님께서 밥도 지으시고 반찬도 하시고 장사도 하셨다. 나에게 위로도 해주셨다.
"내가 예전에 입덧했을 때는 먹을 것이 부족했는데 먹고 싶지 않으니 입덧하는 것이 배고픔을 몰라서 더 좋기도 했데이~"
그렇게 말씀하시는 어머님의 말뜻이 이해가 되었다. 내가 고향 시골에서 대구로 와 직물공장에서 일을 할 때였다. 적은 월급으로 조금이라도 돈을 모으기 위해 반 이상을 굶었었다. 배고픔을 이겨내는 사연도 여간 고역 아닌 고역이었다.

주야 12시간 근무로 야간 일을 하고 있었다. 물 먹으러 가서 김장하려고 식당 바닥에 쌓아놓은 배추를 뜯어 먹고 뜯어 먹었다. 무가 있으면 반갑게 씹어 먹었다. 어느 날은 작은 오이 하나가 있었는데 얼마나 맛이 있던지! 그러면서 행여 누군가에게 들킬까! 두렵고 무서웠다.

어머님은 입덧에 좋은 한약도 지어 주셨다. 그 아까운 한약을 많이도 토하였지만 말이다. 엄마의 사랑을 받아보지 못한 나로서는 어머님의 사랑은 그저 고마웠고 감사했었다.

6

통통한 여자

　분식 장사를 할 때도 한방에서 잤다. 과자 등을 파는 구멍가게도 방은 한 칸이었다. 방 한 칸에서 어머님과 남편과 셋이 함께 잠을 잤다. 82년 3월 22일, 결혼 1주년이었다. 어머님께서 둘만의 시간을 가지라고 시누이 집으로 자리를 피해주셨다.

　통통한 한 여자가, 그날 오전 10시경에 나를 찾아왔다.
　"태아를 없애려고 약을 먹었다면서요~ 아기를 지우세요~"
　라는 말도 하며 여러 가지 질문들을 했다. '처음 보는 여자가 참 별별 소리를 하네~'라는 생각이 들었다. 그러면서 남편이 했던 말이 생각이 났다.

　남편에게서 들은 얘기가 있었다. 남편이 20대 초반이었을 때, 대구시 신천동에서 구멍가게를 하고 있었단다. 한 아가씨가 자기가 자는 방에 자꾸 들어와 잠을 잤더란다. "배 속에 아기가 생겼다." 하여, 자기는 장사를 그만두고 도망을 가버렸다고 했었다. 그 뒤 소문에 의하면, "아기를 가졌던 여자는 아들을 낳아 입양을 보냈다."라고 하더란다. 남편이 딱 한 번 이 얘기를 해준 적이 있었다. 직감적으로 '남편의 아기를 낳았다는 사람이구나.'라는 생각이 들었다.

나의 오지랖, 내 몸이 심하게 아파지기 전까지는 그 아이가 아빠를 찾아오면 나는 아들로 받아 줄 것이라는 생각을 종종 했었다. 무슨 오지랖의 마음이었을까? 내가 엄마 없는 설움을 겪지 않았어도 그런 마음이 들었을까? 그 아이는 어떻게 행복하게 살았을까?

"죽어주겠다."
스스로 미안하기도 하였을 것이다. 자존심도 꼬부라졌을 것이다. 그러나 미안하다고 자신을 굽힐 줄 모르는 자존심이 센 남편이었다. 협박 아닌 협박으로 살아남기 위한 남편의 전략 아닌 전략이었다. 그날 저녁 남편은 연탄불을 방에 들여놓았다.
"나만 죽으면 된다. 너는 나가라."
라며 자꾸만 내 몸을 발끝으로 찌르며 밀어내었다.

그 시대는 어찌 남자들이, 여자를 발끝으로 찌르며 방에서 나가기를 강요했을까? 결혼 전에 큰오빠도 나에게 그랬었는데 요즘도 그러는 사람이 있는가? '남편이 죽는데 내가 살 이유가 없다'라는 생각만이 들었었다. 아버지에게서 그리고 세상으로부터 받아온 교육이 나에게는 그랬었다. 이불을 덮고 가만히 누워, 움직이지 않고 숨만 쉬고 있었다. 한 시간 반 정도 지나 남편은 연탄불을 밖으로 내어놓았다.

우리는 하나가 된 부부가 아니었다. 남편의 말은 항상 나를 적대시하는 말들이었다. 말은 마음에서 나오는 것인데 남편은 나를 편안히 아내로 여기지를 못한 것이었다. 능력도 없고, 아는 것도 적고, 건강도 좋지 않아 아주 좁은 마음이었다. 소갈딱지 마음이었다. 나를 그 좁은 가슴에 가두려고만 했다. 나를 틀어쥐고 억눌렀다. 남편에게 누군가가

"자네 부인 참 괜찮게 생겼다."
"자네 마누라 일도 잘하며 음식도 맛있게 한다."
"사네 부인 성격도 좋은 사람이야."
 등의 말을 듣게 되면 남편은 기분이 나빠졌다. 술을 만취하도록 마시고, 밤새도록 소변 보러도 못 나가게 나의 멱살을 틀어쥐었다. 기분이 조금만 안 좋으면 종종 그랬다.

"남편 알기를 발가락 새 때만큼도 생각하지 않는다."
"우리 집 식구를, 개돼지 취급을 한다."
 라는 말 등으로 내 가슴을 마구 찔렀다. 수십 년 동안 내 가슴에 심어진 상처에서 뿌리내린 고름이 지금도 눈물이 찔끔거려지게 하며 빠져나가고 있는 것 같다.

 그 통통한 여자, 그가 낳은 아들은 지금도 잘 살고 있을까?

7

우리 가족은
빡짝빡짝

임신 4개월이 지났다. 입덧이 조금 가라앉았다. 구멍가게는 어머님께 맡기고, 나는 다시 분식 장사를 시작했다. 분식 장사가 잘되었다. 남편이 하던 우유 배달을 나의 작은 오빠가 할 수 있도록 해주고, 남편도 나와 분식 장사를 함께 하게 되었다. 남편은 상대의 마음은 전혀 헤아릴 줄 몰랐다. 돈을 세어 보는 것을 아주 즐겼다. 하루에 적게는 일곱 번을, 많게는 열 번 이상을 더 헤아렸다. 그러면서

"손님이 제법 왔다 갔는데~ 돈이 얼마 안 되네?"
라는 말을 지극히도 똑같은 멘트로 하였다.
"당신아~ 그렇게 말하면 내 마음이 불편해진다~"
라는 말을 수없이 했지만, 아내의 마음 따위는 생각해 주지를 않았다.
"너는 너그 식구들한테는 특별히 맛있는 거 해주고, 우리 집 식구는 개돼지 취급을 한다."
라는 말도 쉽게도 했다. 시댁 식구들에게 더 잘해주려고 몸과 마음과 정성을 모았다.

우리 가족은 빡짝빡짝, 빡짝거리며 살고 있었다. 우리 집에서 밥을 먹는 사

람은 나의 자녀 둘과 시숙, 시숙의 자녀 둘, 어머님과 남편, 그리고 나도 있었다. 때로는 시누이 아들도 있었다. 평균 9명이었다. 쉬는 날이면 가끔 애들 다섯 명을 데리고 달성 공원이나 화원동산 등 유원지에 갔었다. 산아 제한으로 셋도 많았는데, 다섯 명의 자녀 아닌 자녀들과 함께 지냈다.

그렇게 뽁짝뽁짝 뽁짝거리며 살고 있었다.

8

남편의 뇌 모양

남편은
"너는 나를 유치원 어린애 가르치듯 한다."
라는 말을 종종 했다. 사실 나는 그러고 있었다. 무엇이든 너무도 이해를 못 하는 남편이었다. 이해를 못 하는 남편을 돕고자 그렇게 어린아이 가르치듯 갖가지 방법으로 설명을 해주고 있었다.

부부는 평행선이라는 말도 들었다. '부부는 티키타카~ 주고받고~ 부족한 점 서로 채워주고~ 그래야만 평생을 잘 살아갈 수 있다.'라는 것이 지금 나의 생각이다. 그런데 나는
"저는 남편을 구심점에 두고 360도를 몇 바퀴나 돌았는지 모르겠습니다."
라는 말을 하고 있었다. 오랫동안 생각해 보아도 정말 그렇게 살았더라. 그랬던 세월 속에 익혀진 것들이 나름대로, 상대의 눈높이에 맞추어 대화하는 방법도 조금은 얻게 된 듯하다. 제대로 받은 교육이 없어 지금도 매끄럽지 못하고 서툴기는 하지만 말이다.

남편이 45세 때 뇌 사진을 찍게 되었다. 보통 사람들의 뇌는 호두 알처럼 양면이 둥글다. 그런데 남편의 한쪽 뇌는 반쪽이 안 되는 사선 모양이었다.

남편의 뇌는 자라지를 못했던 것이었다. 아직도 남편의 뇌를 닮은 뇌는 본 적이 없다. 많은 뇌 사진을 보지 못했기 때문일 수도 있다. 하지만 남편의 뇌를 닮은 뇌가 있다는 말도 들어본 적이 없다.

애들 아빠에 대한 뇌 이야기는 뒤에 다시 하겠다. 오늘은 날씨가 참 쾌청하다. 이렇게 글을 적으면서 탁했던 내 마음이 정화되고 있으니 쾌청함을 느끼는 듯하다. 감사합니다.

9

새로움과 희망

 1981년 3월에 결혼을 했다. 가을에 분식집을 시작했고, 이듬해 9월에 딸을 낳았다.

 "천장의 형광등 불빛이 안 보여야 아기가 나온다."
 하시는 어머님의 말씀만 믿고 산통을 참고 있었다. 돈을 아끼기 위해 집에서 낳으려고 준비를 해놓고, 3일째 아픔을 겪고 있었다. 나의 산통을 전해 들은 외 팔촌 언니가 찾아왔다.
 "김 서방! 이러다가 아 죽일라 카나~?"
 초주검이 된 내 모습을 보고, 외 팔촌 언니의 어이없어하는 목소리의 말이었다. 난산이었다. 돈을 절약하기 위해 보건소로 갔다.

 "이곳에선 받을 수가 없습니다. 임신 중독증에 혈압도 높습니다."
 보건소 선생님의 말씀이었다. 임신 후, 두 번 가 본 적이 있는 시누이 집 가까운 산부인과로 갔다. 여러 가지 주사도 맞았다. 주사를 맞은 지 몇 시간 후, 의사 선생님과 간호사님 중심에서 태아 탄생이 시작되었다. 아기 울음소리가 들리고 너무도 시원하며, 쏟아지는 잠에 솔솔 빨려들고 있었다. 그러고 있는데~

"딸입니다."

라는 선생님 목소리가 들렸다. 천장에서, 어이없어 하며 바라보는 어머님과 남편의 얼굴이 커다랗게 보였다. 실제 모습의 열 배 이상의 얼굴이었다. 실망에 찬 모습이 보이면서 정신이 번쩍 들었다. 내 마음도 물에 젖은 솜뭉치처럼 눅눅해지고 있었다. 어머님이 꾸신 태몽도 아들 꿈이라 했다. 내가 꾼 태몽도 아주 훌륭해질 아들 꿈이라고들 했다. 여러 가지 모습도 99.99퍼센트 아들이라고들 하여 당연히 그렇게 믿고 있었다. 그랬는데 딸이란다.

산통의 보호자로 있던 시누이가 가고 조금 후에 남편이 왔다. 딸아기와 나를 제대로 보지도 않고,

"하나 더 우째 낳을래~?"

라고는 나와 아기를 등 뒤로하여 자리에 누웠다. 그렇게 누운 채 한 번도 돌아눕지를 않고 밤을 새웠다. 이튿날, 나와 아기를 집에 데려다 놓고 그날 밤 외박을 했다.

"어이구 가수나야~ 돈 삼백만 원 내뿌릿데이~ 돈 삼백만 원 내뿌릿데이~"

외박을 하고 돌아온 남편이, 누워있는 아기를 두 팔 사이에 두고 엎드려 바라보며 하는 말이었다. 하루에 세 번, 네 번씩 들여다보았다. 들여다볼 때마다 단어 하나 다르지 않게 똑같은 말을 했다.

"어이구 가수나야~ 돈 삼백만 원 내뿌릿데이~ 돈 삼백만 원 내뿌릿데이~"

아들이 아닌 딸이 태어난 것이 그토록 섭섭했나 보다.

돈 삼백만 원은, 1982년 그 당시에 결혼 자금으로 300만 원 정도 들어갔었다. 내가 '삼백만 원도 들이지 않고 시집을 왔다.'라는 것을 트집 잡는 것처럼 들리기도 했다. 딸을 낳은 지 7일째 되던 날이었다. 역시 남편은 딸아기를 들여다보며,

"어이구 가수나야~ 돈 삼백만 원 내뿌릿데이~"
라고 서운함을 말로써 토하고 있었다. 그 소리를 듣고 있던 내가 어디에서 무슨 용기가 나왔는지,

"가수나! 가수나 할 것 같으면 쳐다보지도 마!"
나 자신도 깜짝 놀랄 만큼 큰소리를 질렀다. 그러고는 엉~엉~ 소리 내어 울었다. 어머님도 부엌에 계셨는데 말이다.
"엉~엉~ 엉~엉, 엉~엉~ 엉, 엉~엉~"
서럽고 서러워서 서럽게도 울었다. 그런 후 남편은 딸아이를 초등학교 졸업 때까지는 예뻐했었다.

딸이 중학교를 가고, 대학에 갈 꿈을 꾸었다. 돈 버는 일을 잘 못하는 아빠는 딸의 대학 자금이 너무도 짐이 되었나 보다. 그래서인지 딸이 고등학교만 하고, 돈을 벌어서 살림에 보태어 주기를 바라는 말을 자주 했었다. 그러니 딸과는 대화가 없어져 버렸다. 오히려 딸에게 트집을 잡았다.

딸이 대학을 갔다. 아빠는 대학에 간 딸 자체를 싫어했다. 딸을 그렇게 키웠다고, 그렇게 키운다고 나에게 불평과 트집을 수없이 잡았다. 딸에게도 쉽게 트집을 잡았다.

딸은 알바를 하여 아빠에게 선물 공세도 했다. 그랬지만 아빠는 딸에게 상처를 주는 말들을 쉽게도 하고 있었다. 상대방에 대한 배려 없이 말을 하면, 상대는 가슴이 답답하고 마음의 문이 닫히는 경우가 많다. 아니면 서로 자기 입장을 내세우면 피 터지게 싸우게도 된다. 어느 쪽이 좋은 건지 많은 사람들이 자신이 한 것을 잘했다고 생각을 한다. 나중에 자신이 소외당하기 전까지는.

아들이 군대를 갔다. 아빠와 한집에서 사는 게 너무나 무서워, 요가원에서 나와 함께 잠을 자며 생활을 했다. 그렇게 아빠와 별거를 하게 되었다. 딸은, 내가 아빠에 대해 말하면 잘 들어주었다. 실컷 들어주다가,

"엄마~ 엄마는 그러고 싶나~?"

라는 말만 했다. 아빠는 밴댕이 소갈딱지 가슴인데, 딸은 너무 어른스럽다. 어른스러운 딸이 엄마인 나는 고맙고 좋기도 하지만, 너무 참는 딸의 성격이 병이 되어 아프지는 않을까? 엄마인 내 마음은 못내 미안하고 아프기도 하다.

아빠와 멀리하고 살아온 지 20년이 넘었다. 20년을 지나는 동안 딸은, 아빠에 대한 말은 나에게 한 번도 한 적이 없다. '아빠에 대한 상처가 얼마나 깊으면 저럴까?'라는 생각이 들 때도 있다. 이것도 나의 오지랖일까?

10

*김가 버리고
같이 살자*

우리나라의 젊은 일꾼들이, 사우디에 근로자로 가서 돈을 벌어오던 시대가 있었다. 시누 남편도 그곳에 가서 돈을 벌어와 수많은 사람이 가져 보고 싶은 귀한 집을 샀다. 조금이나마 국가의 이익을 이룬 사람이기도 했다.

내가 첫딸을 낳은 지 40일 정도 되는 새벽이었다. 남편은 일찍 일어나 우유 배달을 하러 나갔고, 나는 아직도 꿀잠에 취해 있었다. 누군가 방문을 열면서 뭐라고 하는 소리에 잠에서 깨어 일어나 앉았다. 술에 취한 시누 남편이었다.
"처남댁, 처남댁!"
얼굴과 옷에는 피들이 묻어 있었다. 윗도리 안주머니에 있는 칼의 손잡이가 내 눈으로 들어왔다.
"처남댁, 처남댁 내가 사람을 죽였어요. 사람을 죽였다구요."

아직도 핏덩이인 딸아기의 머리맡에서, 두 손으로 양쪽 문을 잡고 서서 "사람을 죽였다."라고 말을 하는데, 나는 너무나 겁이 났다. 손으로 딸아기의 목을 잡아버리면 당할 것도 같았다. '어떻게 해야 될까?' 내 머리에서는 찬찬히 생각을 하고 있었다. 나는 이러한 상황 앞에서 속에서는 겁이 나지만 겉으로는 상당히 담담한 성격이었다.

"어쩌다가 그러셨어요?"
 부드럽게 말을 건넸다. 시누 남편은 가게 바닥으로 털썩 주저앉으며 울기 시작했다.

 딸기를 품에 안고, 울고 있는 시누 남편의 안주머니에 든 칼을 뽑아내었다. 날이 서지 않은 어설픈 칼이었다. 분식집에 있는 칼들을 모두 챙겨서 가게 문을 나왔다. 문이 열려있는 옆집 가게에 칼들을 부탁드리고, 헐레헐레 어머님이 계시는 구멍가게로 왔다.

 "약 15일 전에 부부싸움이 났는데 시누이가 집을 나가버렸단다. 새벽에 우리 분식집에 쳐들어온 것은 시누이가 우리 집에 숨어 있는지! 그것을 알아보려고 그랬을 거다." 하시는 어머님의 말씀이었다.
 시누 남편에게 어디에서 어떻게 피를 묻혔는지 물어본 적은 없다. 형사가 온다거나 그러지를 않았다.

 시누 남편은 시누이와 싸우고 나면, 어머님 집이나 내가 살고 있는 집에 와서 심하게 이상한 투정을 부렸다. 씻겨달라면 씻겨주고, 담배를 달라면 담배를 주고, 담배에 불을 붙여 달라면 불도 붙여 주었다.

 내가 결혼한 지 6여 년 만에 몸이 심하게 아파졌다. 아픔에서 시달리던 내가 여러 가지 상황 속에서 고통받으며 산 지 4여 년 정도였다. 시누 남편에게 하소연 아닌 하소연을 하게 된 사건이 생겼다. 내가 그런 후 시누 남편은, 과일이랑 떡 등을 사서 누워 있는 나를 자주 찾아왔다.

 "처남댁! 우리 김가들 버리고 둘이 도망가서 삽시다."
 라는 말을 해 왔다. 어이가 없기는 했지만, 그 마음이 이해되지 않은 것은 아니었다. 시누이 남편은 어릴 때부터 따뜻한 사랑을 받아보지 못한 사람이었다고 들었다. 따뜻하게 대해 주게 된 나에게, 도리에 어긋나는 말도 안 되는 말을 해왔던 것이었다.

"너그 집구석은 어떻고!"
어머님도 쉽게 하시던 말이었다.
남편도 빽 하면
"너그 집구석!"
이라는 말을 했었다.
시누이 역시 시누 남편에게
"너그 집구석!"
이라는 말을 쉽게 했었나 보다. '그런 말들은, 시누 남편의 가슴에 화살촉이 되어 꼽혔을 것이다. 아리고 시린 상처를 달래는 방법으로 장모님과 처남댁인 나에게 와서 서툴고 어설프게 위협을 하면서 투정을 부렸다.'라고 생각을 하게 되었다.

사람들이 나이가 들고 어른이 되면서, 마음과 성격도 어른이 된다면 얼마나 좋을까?

11

손님을 부르는 성격

장사가 잘되었다. 핫도그를 구울 때, 비싼 재료를 조금 더 넣어 반죽하여 구웠다. 기름도 좋은 것을 사용했다. 우리 집 핫도그를 먹으려고 고객이 줄을 서서 기다렸다. 내가 조리하는 떡볶이도 맛있다고 손님이 자꾸만 찾아주었다. 손수 만드는 김밥도 맛있다고 소문이 났다. 봄가을 소풍 시절이면 주문 도시락으로 밤새도록 김밥을 말았다. 고향 시골에서 팥을 사와, 팥소를 듬뿍 넣어 만든 찐빵도 많이 팔렸다. 함께 만드는 만두도 잘도 팔려 나갔다. 팥빙수를 먹겠다고 손님이 줄을 이어 기다렸다.

재료비를 60퍼센트 정도 계산하여 음식을 만들었다. '40퍼센트가 남으면 충분하다.'라는 게 그때의 계산이었다. 음식이 아니 맛있을 수가 없는, 가성비가 아주 좋은 우리 집의 음식이었던 것이었다. 세월이 흐르고 나서 보니까 그것도 알게 되었다. 마음이 우울할 땐, 더 밝게 손님을 맞이하는 성격이었다. 기쁘고 즐겁게 추가 서비스도 주는 나였다는 것을.
장사 4년 정도에 집을 샀다. 그리고 1년 정도 지나 점포도 하나 샀다.

방앗간 사장님. 분식 장사를 그만두고 15년 정도의 세월이 흐른 후였다. 분식 장사를 한 때 재료를 많이 샀던 방앗간 사장님을 만났다. 방앗간 사장님이 나에게 이런 말씀을 하셨다.

"여사님~ 여사님이 예전 분식 장사할 때요~ 최고 좋은 재료가 아니면 절대로 안 갖고 간 우리 집의 제일 까다로운 손님이었어요. 그래서 장사 소문나게 했잖아요!"

우리 분식집을 찾아주시는 손님들에게, 좋은 재료로 맛있게 음식을 해주고 싶은 나의 마음이었다. 그랬던 내가, 그렇게 까다로운 소비자였다는 사실을 그분의 말을 듣고서야 알게 되었다.

많은 것들은 왜 세월이 흐른 후에야 알게 되는 것일까? '지금 알고 있는 것을 그때도 알았더라면~'라는 시 구절이 머리에서 돌아다니며 놀 때가 많았다. 그러면 나의 입가에 미소를 짓게 할 때도 많이 있었다. 일찍이 뭔가를 알았더라면 더 좋은 일들이 많이 있었을까?

내가 분식 장사를 할 때 어쩌면, 뭘 모르고 했기에 손님을 많이 끌어들일 수 있었는지도 모른다.

12

수돗물이
밤에만 나와서

　우리 부부는 대구시 진천동에서 분식 장사로 자리를 잡았다. 고향에 계시던 형님네도, 우리 가게와 마주 보는 아래채에 이사를 왔다. 평리동에서 살던 시누이네도 옆 동네에 집을 사서 이사를 했다.

　그렇게 반년 정도 살다가 또 집을 나가버렸다. 남편에겐 형수이고 나에겐 동서인 두 조카의 엄마가, 시골에서 이사 온 지 5일 만에 집을 나가버렸다. 몇 달 후에 집으로 돌아왔는데, 우리 가게 앞을 지나다니는 골목길 안쪽 마을에 방을 얻었다. 두 자녀를 데리고 오며 가며 제일 맛있는 것들을 골라서 먹었다. 그리고 손에 들고도 갔다. 그러면서 음식값을 줄 생각을 하지 않았다. 거의 매일 그렇게 했다. '나는 재고품만 먹고사는데 형님은 어이 마음이 저러실까?'라는 생각이 자꾸만 일어났다. 그랬지만 언짢아질까 봐 말은 못 하고 애간장만 태웠다. 남편에게 그런 형수님의 행동에 대하여 여러 번 말했다. 일언반구의 답이 없었다.

　다시 와서 몇 달 정도 살다가 또 가버렸다. 다시는 집으로 돌아오지 않았다. 시숙 가족은 어머님이 계시는 가게 옆집에 방을 얻었다. 어머님이 밥과 빨래 등 집안일도 하고 손주들도 모두 돌보셨다. 나도 딸을 낳고 2년 정도에 아들을 낳았다. 우리 자녀도 어머님이 돌보셨다.

그때는, 내가 살던 곳이 대구 근교였지만 물이 귀한 동네였다. 정수장 가까운 곳에서 물을 뽑아 쓰는 낮이면 수돗물이 전혀 나오지를 않았다. 밤 1시경이라야 수돗물이 쫄쫄거리며 나왔다. 마당 가운데 수도꼭지가 하나 있었다. 그곳에서만 하수구 길도 하나 있었다. 부엌에는 하수구가 아예 없었다. 세탁기는 더더욱 없던 시절이었다.

어머님은 밤 1시가 넘어서야 빨래를 하셨다. 추운 겨울날 밤에 빨래판에 빨래를 치대시다가 손이 시리면 뜨거운 물에 손을 담그곤 하셨다. 그러시던 어머님의 손에 동상이 심하게 들어와 버린 것이다. 몇 년간, 갖가지의 민간요법들을 하셨다. 어느 날부턴가 어머님은 굵은 바늘을 쥐고 손가락을 찌르며 피를 뽑고 계셨다. 오랫동안 그렇게 하시더니 동상이 나았다.

내가 너무도 힘들고 지쳐도, 어머님을 생각하면 피곤하다는 말조차 할 수가 없었다. 어머님의 삶을 생각하면, 내 피곤함 따위는 그냥 휴식이 되었다. 남편으로 하여 마음이 힘들 때 어머님 곁에 와서 어머님의 마음을 생각하다 보면, 내 마음은 자연스럽게 힐링이 되었다.

어머님은 그렇게 자식들을 위해 헌신만을 하셨다.

13

대문을 붙잡고
시숙님은

결혼 4년이 지나며, 우리는 축제의 마음을 일으키는 집을 샀다. 방 하나에 부엌이 달린 세 칸에 세 가족이 살고 있었다. 우리 가족이 살도록 방 두 칸을 더 지었다. 그때는 건축법이 그래도 되었었다. 어머님이 구멍가게를 그만두고, 사 둔 집으로 이사를 하기로 했다. 시숙네도 한집에 들어오려고 하는 것이었다. 어머님도, 시숙도, 남편도 그것을 당연한 것으로 생각하는 듯했다. '이건 아니다.'라는 생각이 일어나 마음에 걸렸다. 마음에 걸려 있는 내 생각을 남편에게 말로 꺼냈더니~

"그게 무슨 문젠데!"

라고 하였다. 나는 말문이 막혔다. 남편에게 얘기해선 통할 수가 없다는 것을 느꼈다. 용기를 내어 어머님께 말씀드리기로 했다.

"어머님! 제 성격을 아시죠? 아주버님과 한집에서 살게 되면 제가 말없이 이 집을 떠나버릴 것 같습니다."

라는 말을 하게 되었다. 내가 생각한 것은, '방을 구하는 데 돈을 드리고, 다달이 생활비를 보태어 주는 것이 더 좋은 방법이다.'라는 마음이었다.

시숙네가 새로 얻은 집에 살림 짐을 옮긴 저녁이었다. 밤 12시경에 시숙은 술에 잔뜩 취하여 우리 집 대문을 붙잡고 서서 한 시간 이상을 어머님과 한집에서 살지 못하게 된 울분을 토해내었다.

어머님은 아침저녁으로 밥을 챙겨 시숙 집으로 배달을 가셨다. 매일 같이 그렇게 하셨다. 계속 그렇게 하셨다.
"어머님! 아주버님네와 함께 사시도록 집을 챙겨 드릴까요?"
라고 말씀드리게도 되었다. 여러 가지 방법들을 어머님께 말씀드렸었다. 그랬더니 어머님께서 하시는 말이

"아침에 밥 갖고 가서 뭐라 캤더니 나한테 이러더라! 재수 없게 아침마다 여자가 잔소리야! 그러는데 내가 어떻게 걔하고 사노?"
내 속에서는 '그러니 더 안 챙겨드려야지요?'라는 말이 떠올랐지만, 어머님의 성격에 불을 지를 말이라 참아야 했었다. '자식이 성인이 된 지가 어느 세월인데 자꾸만 챙겨 주니 끝없이 바라고 오히려 탓을 하는 것!'이라는 사실이 내 눈에는 보이고 있었다.

결국 나는
"어머님~! 아주버님 식구들~ 집에 와서 밥 먹으라고 하세요."
라는 말을 하게 되었다. 시누이 아들도 거의 우리 집에 와서 지냈다. 어머님은 결혼한 아들 둘과 손주 5명을 그렇게 껴안으시며, 시중을 들며 사셨다.

술에 만취해 밤중에 대문을 붙잡고 울분을 터트렸던 시숙님은 50대 초반에 하늘나라로 가셨다.

14

참아왔던
감정의 폭발

 삼 형제 막내며느리였지만, 앞에서 적었듯이 그렇게 어머님과 함께 살게 되었다. 어머님은 남편을 일찍 여의셨단다. 참으로 모질게 살아오신 분이셨다는 것을 느꼈다. 너무도 강하게 사신 분이라서 그런지 당신 기준이 너무 세기도 하셨다. 내가 당신 아들인 내 남편에게 내 마음의 말을 하려고 하면,
 "날 봐서라도 치워래이!"
 라고 하셨다. 어머님의 어떤 강한 기운에 내 마음은 오그라들고, 나는 그냥 입이 다물어졌다.

 골목 장사보다 시장 장사가 더 잘될 길이 보였다. 골목 가게에서 시장 난전으로 분식 장사 자리를 옮겼다. 어머님이 하시는 구멍가게 귀퉁이에 남편과 내가 몸을 눕혀 잠을 잘 수 있는 작은 방을 만들었다.

 시장에서의 분식 장사는 정말 잘되었다. 아침에 일어나 장사 일을 시작하면 소변보러 갈 시간도 없었다. 마치고 집에 오면 항상 밤 열두 시 경이었다. 어느 날이었다. 어머님과 나의 자녀 둘이 바로 옆방에서 자고, 우리 부부는 구멍가게 귀퉁이의 아주 작은 방에서 살고 있었다. 남편의 불만이 나의 멱살을 들이쥐는 사고를 일으켰다. 사고였다고 굳이 말하고 싶은데, 그런 것만이

아니었다.

　결혼 초부터 남편은, 나에게 불만이 생기면 술을 만취하게 마시고, 아내인 나의 멱살을 틀어쥐고 트집을 잡았다. 자신에게서 일어나는 어떤 속상함을 무조건 아내인 나에게 쏟고 퍼붓고 틀어쥐었다. 손의 힘이 풀리면 내 멱살을 잡고 있던 손을 놓게 되었다. 밖으로 나가고 싶어 고개를 들면 사정없이 다시 내 멱살을 잡았다. "소변이 마렵다."라며 고개를 들어도, 내 머리를 자리에서 떼지 못하게 바닥으로 눌렀었다.

　내가 우유 배달을 할 때부터 그랬었다. 초저녁부터 시작해도 새벽 4시 경이라야 잠에 들며 끝이 났다. 처음엔 너무도 어이가 없었다. 내가 어떤 말을 하면 더 꼬여지고 상처도 더 많이 받았다. 여러 이유가 내 발목을 잡아 도망을 갈 수가 없었다. 어떤 방법으로 생각을 해보아도 남편의 마음을 편안하게 해주는 것이 내가 살아갈 길이었다. 내 마음의 눈에는 그렇게만 보이고 보였다.

　어머님의 귀에 아니 들렸을까? 밤 열두 시경부터 새벽 4시경까지, 네 시간 동안이나 말이 안 되는 말과 행동으로 나의 남편인 당신의 아들이 며늘아기를 억압하고 학대하는 장면이. 4시경이 되니 남편이 잠에 들었다. 남편이 잠에 드니 나는 밖으로 나올 수가 있었다. 집에서 2km 정도에 있는 임휴사 절을 향하여 나는 걷고 있었다. 어머님이 내가 절에 갔다는 것에는 트집을 적게 잡을 것이기에 절 쪽으로 몸이 갔던 것이다.

　법당 입구에서 잠시 서 있었다. 불법에 대하여 전혀 모르는 나였던지라, 멍청히 서 있는 내 모습이 덩그러니, 세워 놓은 가지도 없는 나무 둥지 같았다. 잠시 후 정신이 가다듬어졌다. 법당 입구를 벗어나 살금살금 걸었다. 절 옆에 있는 넓은 바위가 보였다. 바위 위에 앉아 고개를 드니 숲을 이룬 나무들이 눈으로 들어왔다.

　어릴 때부터 나는 나무와 풀들과 대화를 했다. 인간들은 나에게 이상하게 트집을 잡고 탓을 했지만 나무들은 나에게 탓을 하지 않았다. 오히려 나에게 편안함을 주었다. 미소를 지으며 인내하고 기쁨과 즐거움을 주며 살아가는 법을 가르쳐 주었다.

　나무

　다리가 묶여진 채
　비가 오나 눈이 오나 바람이 부나

　묵묵히
　살랑대는 바람 따라 손을 흔들며
　산소를 내어주며
　살아가는 모습

　나의 얼굴에 미소가 번졌다.
　보고 듣는 것이 가르침이다.

　조용히
　보고 들은 것을 생각하는 것
　그것이 나무가 자라듯 내 마음이 자라는 것

　집으로 오는 길에 시장을 스치며 지나왔다. 일찍 상추를 팔러 나오신 할머니가 계셨다. 상추 한 단을 사서 집으로 왔다. 남편은 영덕에 있는 작은 시누이 집에 갔다고 했다. 그날은 한 달에 한 번 쉬는 시장의 정기 휴일이었다.

어머님의 무관심(?). 밤사이 네 시간 정도를 당신의 아들이 며느리를 잡는 소리를 못 들었을까? 아니 들릴 수가 없는 거리이며 공간이었다. 방문은 서로 종이 방문이었다. 방문 한 번 열어보지 않으셨다. 헛기침 한 번도 없으셨다.
나는 투명 인간(?). 아침밥을 어머님과 둘이 앉아 먹었다. 어머님은 나에게 어떤 말 한마디도 없으셨다. 그때가 결혼한 지 4년 3개월 정도였다.

어머님의 침묵으로 나는, 집에 머무는 것이 매우 불편했다. 가까운 곳에 언니 집이 있었다. 언니 집에 가서 잠도 자고 그냥 쉬었다. 해 질 무렵이 되어 집으로 돌아와 저녁밥을 준비했다. '장사를 한다.'라는 핑계로 내 자녀 둘까지 어머님께 맡기고 있었으니, 한 달에 한 번 쉬는 날은 가족들을 더 챙겼다. '그렇게 하는 것이 책망이 적게 잡히고, 탓을 적게 들을 수 있다. 그래야 내 마음이 편하다.'라는 나의 생각이었다.

어머님은 방에 앉아 계셨다. 나는 방에서 훤히 내다보이는 부엌에서 저녁밥을 준비하고 있었다. 연탄불 위의 프라이팬 안에 감자를 썰어 넣어 감자볶음도 만들었다. 어머님이 가끔 피우시는 담배를 여러 개비 태우셨다. 여러 가지 고민을 하시는 듯도 하였다. 그러시더니 방 한쪽 구석에 담아둔 칡 술병을 두 다리를 펴서 안고 앉아, 컵으로 여러 잔을 퍼서 들이키셨다. 그러시고는

"그래~ 이년아! 내가! 니 서방 술 한 잔 맥였다 그래! 그랬따꼬 니년이~ 날 갈블라 카나!"
악을 쓰시며, 20kg이 다 되는 술로 가득 찬 술 병을 가볍게 들어서 나를 향해 던지셨다. 나는 몸을 피하여 살짝 스쳐 맞았다. 담금주병이 유리였으므로 박살이 나며 깨어졌다.

참아왔던 감정들이 유리병이 깨어지며 폭파되듯 어머님의 감정도 폭발하고 있었다. 나는 부엌문 밖에 나가 서있었다. 솟아나는 활화산처럼 어머님의 화는 계속되었다. 나는 가게 옥상으로 올라가 주저앉았다. 어머님이 그동안 얼마나 어떻게 참고 살아오셨길래, 저토록 가슴에 맺힌 한이 많았던 것일까?

"니년이 어떻고!"
"니년이 어떻고!
"너그 집구석이 어떻고!"
"너그 집구석이 어떻고!"
"누가 어떻고 어떻더라!"
"내가 어떻게~ 살아~왔는데!"
"내가~ 어떻게~ 살아~왔는데~!"
"내가~ 어떻게~ 살아~왔는데~!!!"
"…."
"…."

큰며느리를 소개한 중매 할머니까지 소환시켰다. 큰며느리와 살아야 하는데 막내며느리하고 살고 있다. 집을 떠나버린 두 번째 며느리가 남기고 간 손주 둘도 돌보고 있다. 둘째 아들이 말했듯이 식모보다 더한 고생하랴 막내며느리 눈치를 보랴~ 고되게 살아오셨고, 살고 계신다.

어머님의 한 서린 목소리를 듣고 있던 나는 바다의 해삼이 물 밖에서 죽어가며 녹듯이 내 몸과 마음이 녹고 있었다. 옥상 시멘트 바닥에 앉아있던 내 몸은 쓰러지듯 엎드려져 눕게 되었다. 어머님의 악(?) 소리를 듣고 듣는 내 몸과 마음이 천리만리 블랙홀이 되는 땅속으로 빨려 들어가는 느낌이었다.

어머님의 몸부림과 목소리가 잦아들었다. 한 시간 이상을 그렇게 하셨던 것 같다. 어머님께서 너무도 참으며 억누르며 살아왔던 감정들이 일어나며 폭파하는, 어마어마한 장면이었다는 생각이 들었다. 활화산의 분출과 비유해도 될까? 땅속의 인내함, 어머니 가슴의 인내함.

 어머님이 약주도 많이 잡수셨다. 가슴에 눌러 놓았던 화를 폭발하시느라 몸부림을 치고 소리를 내어 질렀다. '몸과 마음이 만신창이가 되셨을 것이다.'라는 생각이 들었다. 약국에 가서 어머님께 도움이 될 수 있는 약이 있으면 달라고 말씀드렸더니 물약 한 병과 알약을 주셨다.

 물 약병의 마개를 따고 어머님께 잡수시게 드리려고 했다. 입을 오히려 꼭 다물면서 손으로 약병을 내치셨다. 어머님의 아들인 내 남편도 그랬었다.
 후~
 그때의 기운이 전이되며 지금도 내 가슴이 답답하여라!

 후일에 어머님의 첫째 며느리인 동서 형님에게서 들었다.
 "동서가 결혼하기 전에 동서가 겪은 그러한 사연이 여러 번 있었다~! 그래서 어머님과 도무지 함께 살 수가 없더라."
 라고 얘기를 해주었다.

 어머님께 드리려던 약을 방 한쪽에 두고, 난장판이 되어있는 물건들을 정리하고 있었다. 어머님은 늘어져 누워 힘에 겨운 숨소리만 내뱉고 계셨다. 남편이 가게로 들어왔다. 방을 정리하고 있는 나의 팔을 잡고 끌다시피 하며, 집을 짓는 공사장이 있는 곳으로 데려갔다. 건물을 짓는 도구로 사용하는 몽둥이 하나를 두 손으로 잡고 들고는,
 "니년! 오늘! 죽여버리겠다! 죽여버리고 치우겠어~!"
 끓어오르는 분을 어찌지 못해 펄떡펄떡 뛰며 날뛰었다.

내가 옥상에서 어머님의 감정 분출 소리를 들으며 천리만리 마음이 블랙홀로 빨려 들어가고 있었을 때, 남편은 영덕 동생에게 갔다 돌아와 어머님의 몸부림과 말소리들을 듣고 본 모양이었다. 그리고 나의 언니, 처형 집에도 갔다 온 것이었다.

'죽이고 싶으면 죽이던지~'라는 마음뿐이었다. 그저 침묵으로 서있었다. 들고 있는 몽둥이로 공사장의 물건들을 이리 치고 저리 치며, 어디서 어떻게 시작된 어떤 감정인지 혼자서 난리법석을 쳤다. 한참을 그러고 나서 나에게,
"어머님께 잘못했다."
라고 빌란다. 한참을 생각했다. 이 가족들과 안 살 거라면 모르지만 아직 자녀들이 어리다. 그래서 나는
"빌겠다."
라고 대답을 했다.
내가 빌어야 할 것이 무엇인지 아무리 생각해도 어떤 생각도 나지를 않았다. 어쨌거나 빌기로 했다.

이튿날 아침 방안에서 담배를 물고 계시는 어머님 앞에 무릎을 꿇고 앉았다.
"어머님 잘못했습니다. 어머님 잘못했습니다~"
라며 계속 그 말만 했다. 한참을 그러고 있는데,
"술 먹었다고~! 그러면 안 된데이~!"
라시며, 나를 누르는 큰소리로 강하게 내 마음도 내려치셨다.

"술 먹었다고 그러면 안 된데이~!"
나는 너무도 어이없는 일을 겪어버렸다. 남편이 숨이 막히도록 내 가슴을 답답하게 했어도 어머님의 삶을 보며 위로를 받았었다. 그랬었는데 말이 안 되는 어머님의 억지에 마음 문이 닫히고, 가슴에 못질까지 박히었다.

말문이 닫혀버렸다. 남편은 아침에 일어나 여느 때와 같이 장사 준비를 하러 나갔다. 남편은 바늘이고 나는 실이었다. 마음이 힘들면 더 상냥스럽게 손님을 맞이하던 나였었다. 그랬는데 기쁘고 즐겁게 음식을 만들며 손님을 맞이하던 내가 거기에 없었다. 말을 잃어버린 채 슬픈 로봇이 되어 장사 일을 하고 있었다.

내 가슴에는 생채기가 심하게 생겼다. 그 생채기가 덧나며 상처는 깊어지고 가슴속 깊숙하게 아픔의 덩어리가 고름이 되며 뭉쳐지고 있었다.

15

그리고 싶었다

내일은 쉬는 날. 내일은 시장이 한 달에 한 번 정기적으로 쉬는 날이었다. 마음들이 여유가 생겨 시장 사람들과 나도 포장마차에 앉아 있었다. 조금 후 남편도 왔다. 남편이 술을 먹었다. 나는 술을 마셨다. 나는 소주잔으로는 부족하여 음료수 잔에 부어 마셨다.

친정 남매 모임에서 술을 마셔 보았는데, 같은 양을 마시면 남편은 취하고 나는 멀쩡했었다. 그랬었기에 나는 '내가 남편보다 더 취해야 한다.'라는 생각이 마음 가득히 차올랐기 때문이었다.

시장의 많은 분이 모였다. 춤추며 노는 회관으로 가자는 제의가 나왔다. 우리는 가까운 회관을 향해 걸어가고 있었다. 불빛이 번쩍거리는 회관 문 앞에 닿았다. 계단을 밟으며 지하 1층으로 들어서니 신나는 음악이 우리들을 흡수했다. 홀 내를 가득 메운 번쩍거리는 불빛 속에 사람들이 신나게 춤도 추고 있었다.

우리 팀이 앉은 탁자 위에도 맥주 몇 병씩이 올려졌다. 춤을 추러 앞으로 나가는 일행도 있었고, 맥주를 마시며 앉아 계시는 분도 계셨다. 나는 앉아서 맥주를 시원하게 들이켰다. 내가 소주를 음료수 잔에 부어 먹었는데, 맥주를 또 퍼부어 마셨으니 심하게 취하였다.

그동안 남편이 술에 만취하여 밤새도록 나를 괴롭혔다. 그러고는 그랬던 것을 전혀 모른다며, 오히려 나에게 뒤집어씌워 탓을 했었다. 이제는 나도 같은 방법을 써 봐야겠다는 마음이 생겨났다. 남편도 취하였고 나는 더 취해 있었다. 함께 가신 일행들이 우리 부부를 택시에 태워 우리 집 마루까지 데려다 주었다. 마루에 누워 있는데, 술에 관대하신 어머님이 생각이 났다. 어머님 방안으로 기며 들어갔다.

"어머님! 어머님 저 오늘 술 많이 먹었습니다. 술 먹으니까 기분이 정말 좋으네요. 호호호 호호호… 진짜 좋으네요. 이제 술 좀 자주 마셔야겠습니다~"
주저리주저리 술에 취하니 정말 기분이 좋다며, 이제 술 좀 자주 마셔야 되겠다고 내 마음을 그렇게 표현하고 있었다.
"어머님 다리~ 호호 어머님 다리, 베게, 호호 어머님 다리 베고 있으니 진짜 좋네요~ 호호호 호호호~ 우리 어머님 진짜 멋지시다. 일도 잘하시지~ 성격도 좋으시지~ 손주들도 잘 키우시지~ 얏! 호! 우리 어머님 최고~ 최고! 따봉, 따봉! 따봉이여요. 호호호호 호호호호~"

어머님께 어리광도 부리고 애교도 부렸다. 어머님 다리를 베고 누워 깔깔 거리며 호호거렸다. 누가 봐도 시어머님께 별짓을 다 했다고 할 만큼이었다. 별소리, 달 소리, 해 소리, 사람 소리, 알을 낳는 암탉 소리까지 하며 술 주정을 하였다. 내가 생각해도 너무 찰싹거리게 잘도 지껄였다. 내가 나를 믿기 어려울 만큼 내 입에서 나오는 말들이 말이 되는 말들로 소리를 하고 하였다. '할 만큼 했구나~'라는 생각이 들었다.
"어 여기는 내 방이 아니네, 내 방에 가서 자야지~ 어머님 잠도 못 주무시게 했네~"
 그러고는 내 방으로 와서 잠을 잤다.

 나는 그러고 싶었다. 어머님은 한 마디도 나를 책망하지 않으셨다. 어떤 말로도 물어보지도 않으셨다.

 그리고 또 남편이 술을 마셨다. 나는 더 많이 부어 들이켰다. 잠을 자다가 소변이 보고 싶었다. 옷을 걸어둔 장롱문을 열고 장롱 안으로 들어갔다. 우리 집은 그때 푸세식 화장실이었다. 푸세식 화장실에 쪼그리고 앉아 오줌을 누듯, 방 쪽으로 보고 앉아 소변을 보았다.

 나는 그러고 싶었다. 술 먹고 온갖 이상한 짓을 수없이 해 온 남편의 그림을 따라 나도 좀 해보기로 했던 것이었다.
 "어~어~어~어~!"
 남편은, 방에 있는 걸레 담아두는 대야로 내가 누는 오줌을 받으려고 이 방향 저 방향으로 허둥대었다. 내가 누는 오줌을 받는 것이 그리 쉽지 않았을 테다.
 "어휴 시원해! 어휴 시원해! 오줌~ 오줌~ 오줌을 눈다는 게 이렇게 시원하네~! 시원해~!"
 그러고는 꼬꾸라지듯 굴러 누웠다. 남편 역시 한마디의 말이 없었다. 오히려 술에 만취가 되도록 마시고 나면, 남편은 나에게 잘해 주었다. 싱글싱글 웃으며 술국도 챙겨 주었다. 인간미가 느껴진다고 했다. 내 남편이 생각하는 인간미는 자신과 닮은 모습이었나 보다.

 그때 그럴 수 있었던 용기는~ 어떻게 일어났을까?

제 4 장

나는 사랑이다, 사랑이다

분명히 세상의 이루어짐은 사랑이었다.
내 마음의 눈에는 그렇게 보였다.

이 세상의 이루어짐은 오직 사랑이라고!
나는 그렇게 생각하고 싶었다.
그렇게 생각하고 있었다.

1

그 누나는
엄마를

한번은 시숙이 자기 자녀 둘의 신발을 사주었다. 나의 자녀 신발이 헌 신발이 되어 나의 자녀 것만 사주게 되었다. 그랬더니, 초등학교 저학년인 질녀의 마음이 너무도 속상했나 보다. 자기 아빠가 사준 신발을 칼로 갈기갈기 찢어 버렸다.

또 한번은 이런 사연도 있었다. 나의 딸은 초등학교 2학년이고 질녀는 4학년 여름이었다. 내 딸에게 면 치마바지 하나를 사주었다. 며칠간은 내 딸이 입고 있었는데, 며칠 후부터 질녀가 입고 있었다. 때가 꼬장꼬장하더니 탈색이 되어도 벗지를 않았다. 찢어질 때까지 입고는 버렸다.

그때 질녀의 마음은 어떠하였을까? 숙모가 너무도 밉지 않았을까? 시숙네와 함께 사는 우리는 서로에게 마음의 상처가 되는 사연들이 많기도 했었다. 나는 나대로 몸도 마음도 힘겹고 아팠다.

결혼한 내 아들이 몇 년 전에,
"그 누나와 가끔 만나서 술도 한 잔씩 한다."
라고 하길래,

"그 누나~ 보고 싶다."
라고 했더니
"그 누나는 엄마 싫어한다."
라고 말했다.

그래서 "검은 머리 짐승은 거두는 게 아니다."라는 말도 있나 보다.
세상이 참 헛헛하게 느껴진다.

그 질녀도, 그 질녀와 비슷하게 살아온 사람도, 나 같은 입장이 되어 살아보고 나면 나 같은 입장에서 살아온 사람의 심정을 알게도 될까?
아니면 불혹의 나이 사십을 지나고, 하늘의 명을 깨닫는 나이 오십을 지나면 상대방의 마음을 헤아릴 줄 아는 사람이 될까?
상대의 입장이 되어보고~ 이해되면서 감사의 마음이 생긴다면! 본인이 진정으로 행복해진다. 많은 사람들이~ 진정으로 감사하는 마음이 생겨나! 진정으로 행복해진다면 정말 좋겠다. 그렇게 된다면 너무도 좋겠다.

귀가 순해져 모든 말을 객관적으로 듣고 이해할 수 있는 나이 육십을 지났는데 나는 아직도 못 알아듣는 말들이 많기도 하다. 고개가 수그러진다. 익어서가 아니라 부끄러워서다.

책을 더 많이 읽어야겠다. 귀를 쫑긋하여 듣는 것은 더 많이 듣고, 머리를 밝혀 그 뜻은 밝혀 보아야겠다.

"그 누나는 엄마를 싫어한다."
라는 말을 해준 아들 덕분에, 나는 나를 살펴보는 시간을 가졌다.

감사합니다.

2

어머님을
따라가며

가족들 챙기랴 가게 챙기랴 바쁘게 살아온 나는 몸도 자꾸만 아파지고 있었다. 심하게 아파졌다. 그런 나에게 남편은
"집 사고 가게도 사 놓으니, 시어머니 모시기 싫어 꾀병 부린다."
"연극을 한다."
라는 말을 하기 시작했다.

서서 일을 하는 것이 다리가 너무 아팠다. 서 있을 기운까지 빠지기도 했다. 그렇게 되면 나를 따뜻하게 대해주시는 시장 안에 있는 언니의 이불 가게에 가서 누워 있다가 오기도 했다. 내가 이불집 언니 가게에서 쉬고 있는 시간에 어머님이 다녀가신 적이 있으셨나 보다.
"너는 장사를 서방한테 맡겨 놓고 어디를 그렇게 싸돌아 다니노~?"
하시는 것이었다.
"어머님 제 몸이 좀 많이 아픕니다. 이불집에 가서 쉬고 있었습니다."
라는 말을 내가 하게 되었다. 어머님은 대꾸하는 나를 더욱 못마땅해 하셨다.

주변 사람들이 "물리치료를 받아보라."라는 말씀을 하셨다. 정형외과에 물리치료를 받으러 다녔다. 아픈 부위에 핫팩을 붙이고 누워서 쉴 수가 있었다.

내가 병원에서 쉬는 동안, 남편이 분식 가게를 지켜야 했다. 남편은 내가 병원에 가는 것이 몹시도 싫었나 보다.

"그 병원에 좋은 놈 있으니까 가제?"
"좋은 놈 있으니까 자꾸 가는 거 아이가~?"
입에 담지 말아야 할 심한 말들을 쉽게도 했다. 물리치료를 받으러 갈 수가 없었다.

남편의 폭행. 하루는 장사를 마치고, 남편이 여관에 가기를 원하여 따라갔다.
"시어머니 몰아내려고 연극하는 거 아이가~"
라며 따귀를 때리기 시작했다.
"엄마 몰아내려고 꾀병 부리는 것 아이면 뭐꼬? 자백해라, 자백해!"
심한 폭언을 들으면서 꽤 많은 폭행을 당했다. 새벽 4시경이 되어 남편은 잠에 들었다.

나는 일어나 임휴사 절을 향해 걷고 있었다. '산다는 것이~ 이렇게 힘들고 아프며 막막한 건지? 불상 앞에 앉아 부처님께 여쭤보아도 부처님도 내 마음만큼이나 멍~하신 듯했다. 내가 불경 말씀을 공부했더라면 나에게 뭐라고 해주시는 말씀을 들을 수 있었을까? 나는 불교에도 아주 까막눈이었다.
무릎이 부어있고 아프니 절을 하고 싶다는 생각은 전혀 들지 않았다. 잠시 법당에 앉았다가 그냥 나왔다. 바윗돌 위에 앉아 나무들을 바라보았다. 불평이 없는 나무들을 보면서 평안을 얻었다.

귓속의 고막이 탈이 났다. 하루 이틀 사흘 장사 일을 하고 있는데, 왼쪽 귀가 이상한 느낌이 들었다. 귀가 그렇다며
"이비인후과를 좀 다녀와야겠어요."

라고 남편에게 말했다. 갔다 오라는 답을 얻었다. 의사 선생님께서
"귀의 고막이 터졌습니다. 수술해야 합니다."
라고 하셨다. 남편에게 전화를 걸었다. 의사 선생님의 말씀을 듣더니 수술하란다.

수술을 받았다. 수술을 받고 나니 초가을이었는데 몸이 몹시도 추웠다. 오들오들 덜 덜 덜 떨리고 있었다. 집에 가서 따뜻한 방에 몸을 눕혀야만 견딜 수 있을 것 같아 집으로 왔다. 웅크려서 떨며 집으로 들어서는 나의 모습을 어머님이 보셨다.

"또 아프냐?"
"예. 제가 좀 많이 아프네요."
"니는 천날 맨날 아프다 카노~?"
어머님은 내 모습도 싫고, 나의 대답은 더욱 못마땅하셨나 보다.

"니는 천날 맨날 아프다 카노!"
라시며 역정을 내시는 어머님의 소리에, 참아왔던 내 속의 내가 와락! 일어나 맞대응을 했다. 그동안 억눌러 온 내 감정들이 폭발하고 있었다.
"그래요! 저는 천날 맨날 아파요! 어머님 아들이 며칠 전에 나를 여관에 끌고 가서 심하게 때렸어요. 귀의 고막이 터졌어요! 수술받고 왔어요!"

어머님은 내 말이 듣기가 싫어서인지 마루에서 방으로, 방에서 부엌으로 나가셨다. 그리고 또 부엌에서 마당으로 가셨다. 나는 어머님을 따라가며 '할 말을 좀 해야겠다.'라는 생각이 강하게 일어나고 있었다. 어머님이 듣지 않으시려 피하시니, 내 목소리는 자꾸만 더 커져갔다. 그동안 당신 아들이 나한테 어떻게 하여 살아왔는지를! 소리 소리 지르며 따라다녔다. 어머님은 대문 밖

으로 나가셨다. 나도 골목길을 따라가며 내 속에 쌓여있는 감정들을 쏟아내고 있었다.
"동네가 창피하나."
하시며 집으로 들어가셨다. 나도 집으로 따라 들어왔다. 입장이 그렇게 되니 나도 그렇게 되더라.

내 몸은 자꾸만 아파져 갔다.

3

쓰레기와 오수

내 몸은 조금씩 죽어가고 있다고 느껴졌다. 나만 믿고 그냥 살고 있는 것 같은 남편에게 이렇게 물었다.

"당신아~ 당신은 내가 죽고 없으면 어떻게 살아갈 것인지 생각해 본 적이 있나?"

"그런 걸 왜 생각하노?"

생각 없이 아주 편하게 대답했다.

"사람이~ 혹시라도 있고, 어느 날 갑자기 사고도 있잖아?"

라고 했더니

"재수 없게~ 그런 소리 하지 마라!"

남편의 말에 나는 말문이 막혀 버렸다.

내 몸은 자꾸만 아파져 갔다. 약방에서 몸살약이라며, 진통제가 든 약을 하루 세 번 먹으라는 것을 하루에 네 봉씩 먹는 날이 많아졌다. 약을 먹으면 진통 효과가 있었고 잠도 좀 잘 수가 있었다. 급기야 약을 먹어도 아픈 것은 계속 아프고, 통증 때문에 잠을 자지 못하는 밤이 많아졌다. 한의원엘 갔다. 염증이 생겼는데 염증에서 곰팡이가 피었다며 약침을 놓아주셨다. 침을 맞고 왔는데 아픈 어깨는 더욱 뜨겁게 아프고 도무지 잠에 들지를 못했다.

무릎도 벌겋게 부어올랐다. 일어서지 못하는 날도 많아졌다. 밥숟가락 드는 것도 팔이 덜덜 떨렸다. 장사 일을 못 하게 된 지도 한 달이 넘어갔다. 남편은
"엄마 모시기 싫어서 연극한다."
라는 말만 계속했다. 우리가 어떻게 살아가야 할 것인가? 어떤 대책과 방법들을 수없이 말하려 했지만, 전혀 소통이 되지를 않았다.

서서 걷는 것도 힘들어 누워 있는 시간이 많아졌다. 어떻게 일어서게 되면 방문을 열고 밖으로 나왔다. 살금살금 걸었다. 걷다가 힘이 들어 건물 벽을 붙잡고 서있다가 앉았다. 길 모서리에 과자봉지 등 쓰레기들이 내 눈으로 들어왔다. 거리에서 뒹굴고 있는 쓰레기들의 모습이 내 마음의 눈에 보였다.

쓰레기와 오수

쓰레기들
저들이 자기의 할 일을 다 하고 저렇게 있구나!
할 일들을 다 한 저들이 아름답다.

살금살금 걷다가 걷는 게 힘겨워 앉게 되었다.
하수구로 흐르는 물이 내 눈에 보인다.

하수구를 흐르는 물
인간들이 병들지 않게
자기의 온몸과 속살까지 내어주며
씻어주고 닦아주고 그렇게 흘러가고 있다.
아름답고 고마운 오수다.

나는 무얼 하며 어떻게 살아왔는가?
바르게 산다고 살았는데, 착하게 산다고 살았는데,
열심히 일하며 자녀도 잘 키워보고 싶었는데…

난 참 바보처럼 살았군요~
난 참 바보처럼 살았군요~

바보처럼 살았다는 노래가 마음속에서 자꾸만 흐르고 있었다. 눈물도 함께 흐르고 있었다.

어머님의 정성이었지만, 민간요법으로 관절에 좋다는 음식을 많이 챙겨 주셨다. 돼지 족발에 약초를 넣어 삶아 주시고, 고양이를 사오시어 삶아 약으로 만들어 주셨다. 쥐새끼로 담은 약주도 구해 주시고, 뱀술도 구하여 주셨다. 몸속에 막힘이 많아 소통이 안 되니 체중은 먹는 대로 불어났다. 내 몸은 더 붓고 몸무게만 늘어났다. 피부색은 푸르르니 죽어가는 색이 되어졌다.

한 친구가 가끔 와 주었는데,
"다 죽어가는 그 여자한테 왜 자꾸 가노?"
라고 자기 남편이 말한다고 나에게 말해주었다. '어떻게 해야 할까?' 머리에서 일어나는 생각 때문에 더욱 잠을 못 잤다. 끝없이 일어나는 생각을 글이라도 적고 나면 잠에 들곤 했었다. 남편은 내가 글을 적는 것을 매우 싫어했다.

"안 좋은 것을, 두고두고 새겨 놓으려고 글을 적는다."
라며 나의 노트들을 찢었었다. 하루는 산책을 하고 집으로 들어서는데 그동안 적어 온 노트들이 마당 구석 시멘트 바닥 위에서 수북이 타며 재가 되고 있었다. 결혼 전의 노트까지 태우고 있었다. 얇은 노트 두꺼운 노트 수십 권이었다. 그 모습을 보게 된 나는 다리의 힘이 풀려 주저앉았다. 겨우 기면서 방으로 들어왔다. 내 마음은 연기가 되어 날아가고 있었고, 내 몸은 땅속으로 빨려 들어가는 것만 같았다.

그랬지만 내 육신이 살아 있었다. 육신이 살아 있으니 내 머릿속에서 생각들은 더욱 태어나며 자라고 자라났다. 일어나는 생각 때문에 잠에 들지를 못했다. 남편이 잠에 들면 불은 켜지도 못한 채 이불을 뒤집어쓰고 생각나는 것을 노트에 적었다. 생각이 생각의 꼬리를 물고 끊임없이 일어났다. 일어나는 생각을 글로 적고 나면 그나마 잠시라도 잠을 잘 수가 있었다.

그렇게 나는 살아있었다. 생명의 본성으로 그렇게 살고 있었다. 나란 인간은 왜 그렇게 머릿속에서 생각들이 태어나고 자라고 있었을까?
걱정거리 없이 일을 할 때면 일에 몰두했었다. 소녀 시절 채소 장사를 할 때는 고객들과 미소와 즐거움을 주고받았다. 미스 시절 직물공장 일을 하면서도 나는 일을 잘한다고 칭찬을 받았다. 새댁 때 우유 판매를 할 때도 우유를 많이 팔 수 있어 기쁨도 많았다. 분식 장사도 소문나게 하여 집도 사고 가게도 샀다.

몸이 아파서 일을 못 하게 되니, 머릿속에서 생각들이 그렇게 일들을 하는 것이었다. 남편이 나에게 이런 말을 한 적이 있다.
"분식 장사 일로 손님이 밀려들 때, 음식 만들고 손님맞이 하며 계산까지 잘도 하는 아내인 내가 '신인가? 인간인가?'라는 생각이 든 적도 있다."
라고 했었다. 일을 잘하는 아내가 좋기도 했지만, 자격지심과 열등감은 아내에게 폭언과 폭력으로 억누르고 강요하며, 끝없이 바라며 트집을 잡았다. 그랬지만 아내의 몸과 마음이 '아플 수도 있다.'라는 생각은 전혀 하지를 못했다.

숨 막히는 현실 속에서 나는 죽음을 받아들이고 있었다.

4

유체 이탈

"어느 약방의 약이 좋다더라."

라는 말을 듣고 먼 곳까지 가서 약을 사 와서 먹었다. 약 기운이 너무 세다는 느낌이 들면서 더욱 고통스럽고 잠에도 들지를 못했다. 몸의 통증을 줄이는 신약을 너무 많이 먹었다는 느낌과 생각이 들었다.

잠을 거의 못 잔 지 석 달이 지났다. 음식도 제대로 먹지를 못했다. 아픈 것만이 아니라 시린 것이 더 심할 때가 많아졌다. 어깨가 시리고, 손목, 발목, 팔다리가 시리고, 허리도 골반도 시리며 아팠다. 견디기 힘들 만큼 심하게 시리고도 아파졌다.

어느 날 오후였다. 시리고 아픈 몸으로 방에 누워있다가 일어나 앉았다. 허리 아래 꼬리뼈에서 시작하여 척추 속의 척수를 타고 시린 것이 올라왔다. 무진장하게 시리고 아픈 것이 허리뼈인 요추를 타고 흉추를 지나 목뼈로 올라왔다. 목뼈인 경추에 닿으니, 온몸이 그토록 시리고 아프던 것이 사르르 사라졌다.

유체 이탈. 내 마음속에서 '아~ 편하구나. 이렇게 편하구나. 이렇게 편한

걸~' 너무도 편안하여 '아~ 좋다~'만 말하고 있었다. 그러는 순간 내 속의 나 하나가 쑤~욱~ 빠져나갔다. 내가 앉은 지붕을 뚫고 나가 지붕 위에서 앉아 있는 나의 육신을 빤히 보았다. 이웃집 지붕 위로 날아가서 앉아 있는 나를 보고 있었다. 이웃집들 지붕 위를 휘~휘~ 돌며 또 앉아 있는 나를 보았다. 여러 채의 지붕 위를 휘휘 돌고 돌며 또 앉아 있는 나를 보고는 어디론가 날아갔다.

무엇이 나를 깨우고 있었던 것일까?
'난~~~ 할~~~ 일이~~~ 남~~ 았어~~~'
'난~ 할 일~ 이 남았어~~'
'난할일이남았어!'
'난할일이남았어!'
처음 소리는 아주 굵은 소리로 처언~처언~히 들리더니, 큰 울림의 소리는 자꾸만 빨라지고 빨라지며 크게 들렸다. 어마어마한 큰 울림의 소리는 무슨 기운인지 내가 바늘을 찾아 손끝 발끝, 손가락 발가락을 마구마구 찌르고 있었다. 피가 나기 전에는 찌르는 것이 전혀 아프지를 않았다. 피가 올라오니 또 몸이 시려지고 아파지고 있었다.

그리고~
'아무리 바르게 살아도 반은 잘못이야!
아무리 착하게 산다고 살아도 반은 안 착한 거야!
너무 열심히 일하는 거~
그것은 몸을 병들게 하는 거야!
아무리! 아무리! 아무리!
어떻게 살아도! 어떻게 살아도~ 반은~
반은~ 반은 잘못이야!'라는 소리가 강하게 들리고 들렸다.

들으면서 가만히 앉아 있었다. 너무도 시리고 아픈 것이 또 척수를 타고 올
라왔다. 경추에 올라오니 또 시리고 아픈 것이 사라졌다.
'아~ 난 죽어간다. 이렇게 편한걸~ 이렇게 편한걸~ 이렇게 편한설~'
조금 후 또 내 속에서 내 하나가 쑤~욱 빠져나갔다.

이웃집 지붕 위에서도 추~욱 처져 앉아 있는 나의 육신을 보았다.
그러고는 휘~익 어디론가 날아갔다. 얼마를 지났을까?!
'난~~~ 할~~~ 일이~~~ 남~~ 았어~~~'
'난~ 할 일이 남았어~'
'난할일이남았어!'

처음 소리는 아주 굵은 소리로 처언~처언~히 들렸다. 그러고는 자꾸만 빨
라지며 강한 소리가 되며 내 육신을 깨웠다. 나는 또 바늘을 찾아 발끝, 손가
락 발가락을 마구마구 찌르고 있었다. 피가 올라오니 또 몸이 시려지고 아파
졌다.

그리고 내 귀에는 울림의 소리가 더 크게 울리고 강하게 들려졌다.
'아무리 바르게 살아도 반은 잘못이야!
아무리 착하게 살아도 반은 안 착한 것이야!
너무 열심히 일하는 거,
그것은 몸을 병들게 하는 거야!
아무리! 아무리! 아무리! 어떻게 살아도!
아무리 어떻게 살아도~!'

울림소리에 대한 대답을 나는 하고 있었다.
"그래~! 그래~! 그래~!"

제4장 나는 사랑이다. 사랑이다

"아무리 바르게 살아도 반은 잘못이야~!
그래~ 반은 잘못이야~! 반은 잘못이라고~!"
울림으로 들리는 소리를 따라 입 밖으로 소리를 내며 대답하고 있었다.

내 몸이 흔들거리며 방문을 열고 나왔다.
신발도 신지 않은 채 골목으로 나와 걷고 있었다. 발걸음은 휘청거려져 이쪽 벽에 부딪히고 저쪽 벽에 부딪혔다. 울림에서 하는 말을 따라 큰 소리로
"그래~! 그래~! 그래~!"
"어떻게 살아도 반은 잘못이야!"
라고 맞장구를 쳤다. 입 밖으로 소리를 내며 대답을 하면 몸이 적게 휘청거렸다. 울림으로 지르는 소리에 맞장구를 쳐주지 않으면 몸은 더욱 휘청거렸다. '그래~ 그래~ 맞아~ 맞아~ 어떻게 살아도 반은 잘못이야!' 말소리가 밖으로 나오지 않게 속에서 맞장구를 쳐주면, 몸이 좀 더 휘청거렸다.

내가 살고 있는 진천동에, 8차선 넓은 도로가 만들어진 지 얼마 되지 않은 때였다. 차가 엄청나게 속도를 내며 지나가고 있었다. '나도 이제는 헛짓도 하며 살아야 돼! 나는 그동안 너무 도덕군자였어! 신호등! 횡단보도?'
"하하~ 하하~"
크게 웃기도 하였다. 오른팔을 들고 8차선 도로를 맨발로 휘청거리며 건너갔다. 남들이 볼 때 나는 완전히 미친 인간이 되어 있었다.

울림의 소리에 대답으로 중얼거리며 임휴사 절 아래까지 왔다. 무슨 기운으로 갔는지를 모르겠다. 힘도 없고 지쳐서 숲속 바위 위에 누워 있었다. 숲들머리 위로 하늘이 보였다. 등판이 시원하고 손목 발목 어깨가 시리며 아프고 무릎도 아팠다. 일어날 기운이 없어서 한참을 그렇게 누워 있었다. 집으로 돌아왔다. 그날은 잠을 좀 잤다. 자고 일어나니 무릎이 전혀 움직여지지 않았다.

유체 이탈은 또 일어나고 일어났다. 남편이 옆에 있을 때였다. 나에게만 들리는 울림의 소리에 대답해 주는 내 모습을 보았다. 남편이 밖에 나가더니 굵은 각목 한 개를 들고 들어왔다.

"이년 오늘 죽이고 치워버리겠다."

라고 했다.

"당신아~ 정말 나 좀 죽여줘! 나! 너무 고통스러워서 못 살겠어! 나! 너무 고통스러워~! 근데 당신아~ 당신이 나를 죽이면 내가 사랑하는 애들 아빠가 살인자가 되잖아~? 내가 스스로 죽어줄게~ 근데~ 그것도~! 우리 애들에게, 쟤들 엄마 자살했다. 라는 누명을 씌우게 된다. 그러니 나를 어디 휴양을 좀 보내주라, 휴양을 좀 보내주라~"

그러는 나를 각목으로 내려치지는 않았다. 푹신한 이불 위에 밀쳐놓고 남편은 밖으로 나갔다.

그날은 잠을 좀 잤다. 할 말을 좀 한 덕분에 잠을 잘 수 있었던 것이다. 어떻게라도 하고 싶은 말을 하고 나면, 생각은 휴식을 취하는 것이었다.

바르게 산다고 살았는데~ 착하게 산다고 살았는데~ 열심히 살아왔는데~ 스물여덟 살에 죽음을 받아들이고 있었으니, 잘못 살아왔다고 느껴지고 있었다.

자녀 둘을 낳았다. 네 살, 여섯 살이다. 어린 자녀를 두고 하늘나라로 가는 것을 받아들이고 있었다. 적당히 일하며 내 몸도 챙겼더라면, 이 나이에 죽음을 받아들이지 않을 수도 있지 않았을까?

그렇게 나는 살아갈 길이 보이지 않았다. '내 아이 둘은 그래도 돌봐 줄 할머니가 있다. 내 나이 다섯 살 때 엄마 저세상으로 가시고 나를 돌봐 준 사람이 누구였던가?! 그런 환경에서도 나는 이만큼 살아왔다. 나의 자녀 둘은 힐

머니도 계시고~ 시대도 살기 좋은 시대로 바뀌었으니~ 나보다는 더 잘 살겠지~?'

'나는 여름에 핀 코스모스 같다.'라는 생각이 들었다. 그런데 남편은 꽃도 피우지 못하고 쭉정이로 살다가 생을 마감할 것 같은 느낌이었다. 어린 자녀 둘보다도 남편이 더 불쌍하다는 생각이 들었다. 어찌하여 나는 남편을 그토록 사랑했을까? 전생에 남편이 나의 어머니였을까?

유교 사상. 남존여비가 심한 아버지와 오빠, 그리고 남편과 어머님이셨다. 내 마음을 표현하며 말을 꺼내면, 내 마음 따위는 그들의 자존심과 권위 의식에 무참히도 억눌리며 짓밟혀져 버렸다. 그럴 때마다 나는, 내 마음을 누르며 가슴속으로 삼켰다.

"나는 할 일이 남았어~!"
어릴 때부터 가슴으로 다져 넣어진 내 속의 내 마음이 일어나며 울림소리로 말하는 것도 같았다. 나를 둘러싸고 있는 어떤 기운이 나에게 울림으로 말을 해주는 것도 같았다. 어떤 신들이 나에게 그렇게 말을 해준다고도 느껴졌다.

유체 이탈은 계속 일어났다. 유체 이탈을 겪으면서 나는, '몸은 죽어도 영혼은 죽지 않는다.'라는 사실을 확실하고 명확하게 알게 되었다.

5

천사 아닌
천사들

    미친 여자, 신들린 여자라는 말이 들려왔다. 서부 시외버스 정류장 앞 건너 길가에 앉아서 사주도 봐주시며 상담을 해주시는 스님 한 분이 계셨다. 사는 것이 막연하며 몸과 마음이 흔들거리고 있었으니 그 스님을 자주 찾고 있었다.

    그 스님을 만나고 집으로 돌아오는 길이었다. 나의 머리 위와 눈앞에서 칼을 든 천사 아닌 작은 천사들이 싸움질을 하고 있었다. 내 머릿속으로 들어오려고 서로 싸움질을 하는 천사 아닌 천사가 다치며 바닥으로 뚝뚝 떨어지는 모습도 보였다. 바닥으로 떨어지는 기운에 의해서인지 내 눈이 자꾸만 감기고 아래로 쳐지며 고개가 꼬꾸라졌다. 서있을 수가 없었다. 금방이라도 차 속에서 쓰러져 버릴 것만 같았다. 일단 차에서 내렸다.

    들판이 가깝게 있었다. 들판 쪽으로 걸어갔다. 앉으려고 하니 그냥 쓰러져 버렸다. 내 머리 위와 눈앞에서 싸움질하던 천사아닌 천사들이 누워서 눈을 감고 있으니 사라져갔다. 들판 언덕 아래에서 한참을 그렇게 눈을 감고 편안하게 누워 있었다. 눈을 뜨니 하늘의 별들이 반짝반짝 반짝거리고 있었다.

    뻐 하면 머리 위와 눈앞에서 천사 아닌 천사들이 싸움질을 해댔다. '이리다간 죽지도 않고 미쳐서 돌아다닌다면 어쩌나? 미쳐서 돌아다니는 것보다는 무속인이 되는 것이 낫겠다.'라는 생각이 들었다.

스님께 내가 겪고 보고 느끼는 것들을 말씀드렸다.
"미쳐서 돌아다닐 수도 있습니다."
라는 말씀을 하셨다.
"그러면 어떻게 하면 될까요?"
라고 여쭈었더니,
"오늘 저녁에 큰스님께 가서 말씀드리며 여쭙겠습니다."
라고 하셨다.

이튿날 스님과 함께, 큰스님이 계신다는 곳으로 가고 있었다. 성당 시장에서 삼각 로터리로 가는 중간쯤, 왼쪽 마을로 들어가서 올라갔다. 숲들이 있는 길도 한참을 걸어 들어갔다. 대구 도심에 이런 숲이 있고, 이렇게 커다란 절이 있다는 것이 의아하기도 하였다.

큰스님이시라는 분이 나를 맞이하셨다. 절 마당에 서서 몇 가지를 여쭈셨다.
"저는 무속인이 되는 것보다는 죽음을 선택하겠습니다. 계속 죽음을 받아들였지만 죽지는 않고, 이렇게 미친 인간이 되고 있으니 미쳐서 돌아다니는 것보다는 무속인이 되는 것이 낫겠다는 생각이 듭니다."
라고 나는 말씀을 드렸다.
"네 알겠습니다. 다급한 상항이 되거든 이 번호로 전화를 주십시오."
하시며 명함 하나를 주셨다.

집으로 돌아오니 저녁때가 되었다. 어머님과 남편이 함께 저녁을 먹었다. 큰스님에게서 받아온 명함을 어머님께 드리며

"어머님! 저는 죽음을 받아들이고 있습니다. 어머님께선 제가 무속인이 되기를 바라신다는 것 압니다. 지금 제가 계속 미쳐서 돌아다니게도 되고, 길에서 쓰러지게도 되며~"

한참을 나의 증세와 마음을 진지하게 말씀드렸다. 어머님도 나의 진심을 받아들이시는 느낌이었다.

"제가 죽고 살고는 어머님께 맡깁니다."
이런 얘기를 듣고 있던 남편이 자리에서 벌떡 일어서더니,
"그래! 정신병원에 가둬 줄게!"
라며 몸을 가만히 있지 못하며 씩씩거렸다.
"그래요. 내 몸은 너무 춥고 시리며 아프니까! 따뜻한 내의와 이불과 함께 병원에 넣어주세요."
라며 나는 대답을 하고 있었다.

그날 저녁엔 남편 옆에서 잠을 자기가 싫었다. 어머님 방에서 잠을 자려고 누웠다. 몸은 아프고 시려서 사시나무 떨듯 떨리고 있었다. 그런 나를 보신 어머님은 방의 연탄불 구멍을 헐겁게 하여 방이 더 따끈따끈하도록 해주셨다. 이불도 장롱에서 두 개를 더 꺼내어 내 몸 위에 덮어 주셨다. 땀은 이불이 축축하도록 흘렸지만, 몸은 더 시리며 아팠다.

어머님은 밤사이 자리에 눕지도 않으셨다. 줄담배로 고민을 풀어가시는 듯도 하였다.

아침밥을 함께 먹었다. 내가 남편에게 이렇게 말했다.
"당신아, 나 정신병원에 몇 달 입원시켜 놓는 돈이면, 내 몸 건강검진은 충분히 할 수 있을 거다. 내가 건강검진을 받도록 좀 해주라~"

제4장 나는 사랑이다. 사랑이다

나의 말을 들은 어머님이 한참 후에,
"아~ 데리고 병원에 가 봐라."
당신의 아들에게, 이렇게 말씀하셨다.

"아 데리고 병원에 가 봐라."
이 말씀은 그동안 나를 억누르고 계시던 어머님 영의 힘이, 나의 숨통을 조금 열어주시는 것이었다.

내 눈앞과 머리 위에서 내 머릿속으로 들어오려던 천사 아닌 천사들의 활동을 수년 동안 겪으며 보고 보았다. 그들은 선의의 천사는 아니었다.

6

*어머님이
절의 공양주로*

"아 데리고 병원에 가 봐라."
 어머님의 말씀이 있었기에 남편이 나를 데리고 병원을 갈 수가 있었다. 남편은 아주 심한 마마보이이기도 했던 것이다.

 그동안의 설움이 올라와서 발음도 제대로 되지 않는 울음의 말로 얘기를 하고 있었다.
 "보호자님! 이 환자 데리고 정신 신경과에 가보셔야 하겠습니다. 우리 병원에는 정신과가 없고요, 저쪽 어디에 가면 있으니까 그곳으로 가보셔요."
 라는 말씀을 하셨다.

 정신 신경과 병원으로 갔다. 정신과 선생님께서는 긴 시간 동안 나의 설움을 들어주시고 약을 주셨다. 병원을 나와서 남편에게 침을 좀 맞고 싶다고 했더니, 그러자고 했다. 마침, 길 건너에 침술원 간판이 보였다. 문을 열고 들어서니
 "어서 오세요~"
 라며 시각장애인이 우리 부부를 맞이했다. 방으로 들어가 앉으니 편안하게 누우라고 하셨다. 손으로 나의 팔, 다리, 어깨를 살짝살짝 지압하셨다. 너

무도 아파서 소리를 질렀다. 이쪽도 아프고 저쪽도 아프고, 손이 닿는 곳마다 엄청나게 아팠다. 눈물이 찔끔찔끔 나왔다. 어디를 만져도 입이 쩍쩍 벌어지도록 아팠다.

"지금 제일 침을 맞고 싶은 곳이 어디입니까?"
라고 여쭈셨다.
"무릎입니다."
라고 대답을 드렸다.
"만지는 것은 너무 아파하니 할 수가 없습니다. 무릎에 침을 놓아 드리겠습니다."
하시고는 무릎과 몸 전체적으로도 침을 꽂아 주셨다.

침을 40분 정도 꽂아 두었다가 뽑았다. 일어서려고 무릎을 접으려니 무릎이 움직여지지를 않았다. 침을 놓으신 선생님께서 무릎을 부드럽게 만져 주셨지만, 도무지 무릎이 움직이지를 않았다. 선생님이 방의 온도를 높이고 이불을 덮어 주시며 한숨 주무시라고 하셨다. 두 시간이 지났는데도 무릎 가동이 되지를 않았다.

침을 맞지 않았을 때도 그럴 때가 있었다. 몸을 무리하면 무릎이 움직여지지 않을 때가 여러 번 있었다. 남편에게 진통제와 소주를 한 병 사 오라고 부탁했다. 침술원에서 마냥 누워 있어선 될 일이 아니지 않는가? 어떻게 하든 집으로 가야 했다.

무릎이 접히지 않을 때. 진통제를 먹고 소주도 반병 정도 먹으면 움직일 수 있었던 그런 적이 여러 번 있었다. 진통제를 먹고 소주도 먹었다. 약기운이 돌도록 기다렸다가 문을 잡고 다리를 끌며 밖으로 나왔다. 택시를 잡아타서 집으로 왔다. 남편의 부축을 받아서 내 방으로 들어왔다. 남편의 부축을 받았다는 것은 엄청난 큰 사랑을 받는 것이었다.

 남편의 사랑도 받았다. 어머님의 사랑도 받았다. 정신과에서 받은 약도 먹었다. 잠도 푹 잤다. 자고 일어났는데 다리는 역시 움직여지지를 않았다. 침술원 선생님께 전화했다. 침술원 선생님은 내 마음을 잘 이해하셨다. 대화하며 위로도 받았다. 나에게 누군가의 위로는 어머니의 사랑보다 더 편하고 따뜻한 사랑이었다. 며칠 후엔 살금살금 무릎을 움직이며 걸을 수도 있었다.

 수없이 생각했다. 아무리 생각을 해 보아도 무속인이 되어 살아가는 것보다는, 죽는 것이 자녀들의 앞날에도 좋은 기운을 줄 것이라는 답이었다. 드라마에서 본 것도 있었다. 그동안 들은 얘기들도 있었다. '신을 받지 않으면 가까운 사람을 다치게 한다.'라는 말들도 있었다. '그런 기운이 내 주변에서 움직이며 일어나면 어쩌나.' 걱정도 많이 되었다. 다행히 그런 일은 없었다.

"아 데리고 병원에 가 봐라."
라고 말하신 얼마 후였다. 어머님과 남편이 함께 밥을 먹고 있었다. 밥이 잘 넘어가지를 않아 씹은 음식을 물로써 조금씩 넘길 때였다. 내가 내 밥그릇 옆에 있던 물을 다 먹고, 남편에게 물을 좀 부어 달라고 부탁을 했다. 남편이 내 물잔에 물을 부어 주었다. 그 순간, 어머님은 당신의 밥그릇을 들고 획~ 돌아앉으셨다. 당신의 아들이 며느리에게 뭔가 해주는 모습이 그토록 보기 싫으셨나 보다.

 그렇게 얼마 후 구정을 막 지난 때였다. 아침 일찍 어머님이 거칠게 움직이시는 소리가 들렸다. 당신의 셋째 아들인 나의 남편을 깨우시는 목소리도 예전과는 달랐다. 간장 단지와 여러 가지 짐들을 챙겨서 시숙 댁에 필요한 물건들을 리어카에 실어 옮기셨다.

그러시고는~
"나 어느 절에 공양주로 간다. 그래야 너희들이 잘 산단다."
라는 말씀을 남기고, 일어서지 못하고 있는 나의 방문을 열어보지도 않으신 채 집을 떠나셨다.

남매들이 모였다. 어머님이 집을 떠나시고 나니 부산에 살고 계시는 큰 시숙님도 오셨다. 시댁의 4남매가 모여 음식을 차려 얘기를 나누는데도, 나는 일어나 앉을 수가 없어 누워 있었다.

어이없는 말. 그동안 남편과 작은 시숙과 시누이에게서는 어이없는 말들을 이미 많이도 들어 왔었다. 그러나 큰 시숙은 내 편인 줄 알았다. 그랬는데 아니었다. 어머님이 나로 하여 집을 떠나셨다는 말에 동참하고 있었다. 나에 대한 위로의 말은 한마디도 없었다.

"아내가 어머님을 몰아내었다."
라고 남편이 말했다. 형제자매 넷이 모두 그렇게 나를 몰면서 얘기를 하고 있었다. 이것을 두고 '팔은 안으로 굽는다.'라고 하는 것일까? '남매들이 어쩌면 생각들이 모두 저러할까?' 하는 마음과 생각이 들었지만, 나는 누워서 어떤 말을 할 힘이 없었다. 그냥 듣고만 있었다.
"어머님과 셋이 살림을 이룬 것이니 재산의 3분의 1을 어머님 몫으로 떼어 주어야 한다."
라는 말들을 했다. 나도 그것에 대해서는 인정하고 있었다.

어머님은 절의 공양주로 가신 것이 아니었다. 딸 둘과 얘기기 되어 막내딸이 살고 있는 영덕 바닷가에서 오징어를 손질하며 말리는 오징어 덕장 일을 하고 계셨다.

7

나는 사랑이다

내가 아픈 것이 정신적으로도 힘들다는 사실이 소문이 났던 걸까? 나를 찾아주시는 여러 종교인도 계셨다.

그리고 나는 걸을 수만 있으면 교회를 찾아다녔다. 정신적 목마름이 끝이 없었다. 교회란 교회는 그저 찾아다녔다. 전도사님과 목사님, 그리고 얘기를 들어주시는 분이 계시면 시간 가는 줄을 모르고 이야기를 했다. 대화가 되는 분과 만나면 열 시간 이상 대화를 나누기도 했다. 그렇게 대화를 나누고 나면, 내 마음의 갈증에 목을 조금 축인 느낌이 들었다. 교회에 가는 나를 남편은 싫어했다. 그러나 교회엘 다녀오면 나는 기운이 생겨났다. 그러니 심하게 말리지를 못했다.

그러던 1990년 12월 25일 오후였다. 어떤 이야기를 하던 중에 남편이
"성당이라면 몰라도~"
라는 말을 했다. 26일 오후에 나는 아주 기쁜 마음이 되어 과일 바구니를 들고 성당을 찾아갔다. 성당엔 사람이 보이지 않았다. 수녀님의 숙소를 찾아 문을 두드렸다. 수녀님께서 나를 보시고 방으로 모셨다. 수녀님께서 내 얘기를 들으시고 인도를 해주셨다. 그렇게 나는 성당에 다니기 시작하였다.

성당 대문을 들어서면 나를 제일 먼저 반겨 주는 글귀가 있었다.

"나는 사랑이다. 길이요. 진리요. 빛이요. 생명이느니라."
위의 문구가 적힌 커다란 현수막이 걸려 있었다.

대자연이여.

이 세상의 이루어짐은 사랑이군요.
당신께서는 제게 가르침을 주셨습니다.
이 세상의 이루어짐은 오직 사랑이라고…

나는 어떤 깨달음으로 위의 글을 적었다. 어머님이 아무리 이상한 무엇을 하시더라도 어머님 입장에선 사랑이라는 생각이 들었다. 남편의 언행이 나에게 폭언이 되고 폭행이 되지만 남편의 입장에서는 자신을 위한 사랑이었다고 굳이 이해를 해주고 싶었다. 큰오빠가 나에게 아무리 상처를 주었다 하여도 큰오빠의 입장에서는 동생을 사랑하는 방법이었다고 말해주고 싶었다.

분명히 세상의 이루어짐은 사랑이었다. 내 마음의 눈에는 그렇게 보였다. 이 세상의 이루어짐은 오직 사랑이라고! 나는 그렇게 생각하고 싶었다. 그렇게 생각하고 있었다.

"나는 사랑이다."
"길이며, 진리며, 빛이며, 생명이라신다."

'사랑이 뭔지 사실 나는 잘 모르겠다. 사랑이 길이라고 하는데 무수히 많은 인생길 사이에서 헤매며 살아온 나로서 사실 길도 잘 모르겠다.'
'사랑이 진리라고 하는데 진리가 무엇인지 헷갈리고 희미하며 흔들리니~ 정말 나는 잘 모르겠다.'

'빛! 햇볕의 역할을 보고, 불빛의 역할을 보며 생각해 보았지만 그것도 뚜렷하게 이해가 되지 않으니, 나는 정말 잘 모르겠다.'

'생명! 생명은 조금 알 것 같다.' 나무와 풀들과 많은 대화를 나누며 살아온 나였다. 생명은 뚜렷이 내 마음의 눈에 보이고 있었다. 나무는 싹을 틔우고, 줄기가 뻗어간다. 잎을 피우고 꽃을 피운다.

과일나무라면 꽃잎이 떨어진 자리에서 열매가 몸을 키우면서 열매가 된다. 열매가 영글어지면 인간에게 맛있는 먹거리가 된다. 맛있는 과일이 되면 사람들이 먹는다. 내가 먹었다면 내 육신이 된다. 내 육신이 되어 살다가 몸 밖으로 나가서 또 거름이 된다. 나뭇잎들도 꽃잎들도 떨어져 거름이 되며 또 열매가 영글 수 있도록 진행하며 살아간다.

사랑은 진행형

'아~ 사랑은~! 진행형~!
진행형이구나.'

나에게서 너에게로
너에게서 또 누군가에게로
가지를 뻗어가며
누군가에게 좋은 언행을
해주는 것이 바로 사랑이다
길이며 진리며 빛이며 생명이다

어떤 마음들이

나에게서 너에게로
너에게서 또 누군가에게로
누군가에게서 우리에게로
계속 진행되며 살아가는 것

그것이 사랑이었다. 내 마음의 눈에 사랑이 보이고 있었다.

성경책 속의 시편, 잠언, 지혜서, 복음 등을 읽게 되었다. 글을 읽으면서 연신 감탄사를 뿜어내었다. 수많은 내 속의 내가 환호를 외쳤다. 소리 내어 읽을 수 있는 공간에서는 큰 소리로 글을 읽었다. 선조님께서 일찍이 깨달아 적어두신 말씀을 읽고 먹었다. 기쁨이 넘쳐났다. 기쁨 속에서 마음이 춤을 추고 있었다.

내가 뭔가를 깨달았다고. 내가 깨달았다는 생각이 드는 내용을 글로 적어왔다. 성경책을 만나며 나는 글을 쓸 수가 없었다. 수천 년 전에 벌써 선조들은 깨달음을 얻어 너무도 매끄럽고 감동스럽게 이미 적어 놓으셨다. 책으로 엮어 두셨다. 이러한 사실 속에서 나는 선조님들의 글 속으로 마냥 빨려들어갔다.

시간만 되면 성경을 읽었다. '갖가지 모양으로 오시는 주님! 내 이름으로 둘이나 셋이 함께하는 곳이라면 나 항상 거기에 있다.'라는 글귀가 내 마음속에서 계속 살아서 움직이고 있었다.

길이며, 진리며, 빛이며, 생명이며, 사랑이라는 그분은, 나의 느낌과 생각으로 이 세상의 "기준님"이셨다. 그리하여 나는 지금부터는 사랑님으로 적으려 한다.

제4장 나는 사랑이다. 사랑이다 **185**

나는 내 속에, 둘도 셋도, 여럿이 살고 있다고 느껴졌다. '이러면 어떨까? 하나가 얘기를 한다. 이러면 이렇게 되겠지? 또 하나가 얘기를 한다. 그러면 이렇게도 되겠지? 라며 또 하나가 얘기를 한다. 그러면 이렇게 하면 어떨까? 또 하나가 얘기한다.' 나는 내 속에서 아주 여러 명이 의견을 나누고 그런 후에, 선택하여 언행을 하는 경우가 많았다. 나는 어릴 때부터 억눌림을 많이도 받으면서 살아와서인지 이렇게 생각하는 습관이 이미 들어있었다. 그래서인지 나는 사랑님께서 나와 함께 계신다고 느끼게 되었다. '나는 사랑님의 품 안에서 살고 있구나.'라는 생각을 하게도 되었다.

성당에서 일주일에 한 번씩 만나 하는 레지오 모임이 있었다. 그 모임의 한 회원님이 가내공업으로 작은 회사를 하고 계셨다. 그곳엘 자주 갔다. 두 부부가 일을 하고 계셨는데, 내가 하는 얘기를 아주 잘 들어주셨다. 내 얘기를 잘 들어주시어, 하루 종일을 그곳에 머물면서 생각나는 것을 말하기도 했다. 내가 하는 말이,

"아주 진리에 맞는 말을 그리도 하시어요? 자매님과 성령님이 함께 하시는 게 틀림이 없네요."

라는 말을 해주시기도 하셨다.

이 세상의 이루어짐은 오직 사랑이라고! 나는 지금도 말하고 있다.

물론, 사랑 속에는 수많은 무엇들이 있기는 하다. 자신의 욕심, 욕구, 욕망, 권위 의식 등으로, 상대를 고통 속으로 밀어 넣는 이상한 기운이 있다. 하지만 그것들도 사랑으로 안아주는 어머니의 가슴보다 더 큰 사랑의 기운이~ 내 마음의 눈에는 보인다. 그래서 그 무엇들이 사랑 속에 속하여 있다고! 나는 굳이 말하고 싶다.

오직 이 세상의 이루어짐은 사랑! 사랑이라고 말하고 싶다.

이렇게 글을 적고 있는데, 내 얼굴 옆에서 씽긋이 웃으며 내 얼굴을 보는 이가 있다. 모 방송에서 한 〈지옥에서 온 판사〉 드라마를 본 내 속의 나이다.

8

무속신앙의 어머님

시이모님이 어린 두 자녀를 두고 집을 떠났더란다. 나의 시어머님이 제일 큰언니였다. 십수 년이 지나도 어머님의 동생은 돌아오지를 않았다. 무속인에게 묻게 되었는데 물에 빠져 죽었다고 하시더란다. 그리하여 물에 빠진 혼령을 물에서 건져 하늘나라로 보내는 제를 지냈더란다. 그런 후 그 여동생은 살아서 찾아왔다. 그 여동생이 우리 집 아래채에서 살았었고, 옆 동네로 이사해서 살고 계신다. 그 이모님께서 이 글 속에 한 번 등장을 한다.

"아니 저 아가 와 저라노?"
라며 살아계신 모습과 목소리로 등장하신다. 그러셨는데도 어머님은 계속 무속적인 마음에 꽂혀 계셨다.

내가 누워 있는 옆방인 큰 방에서는 어머님과 시숙, 시숙의 두 자녀와 시누이 아들과 나의 자녀 둘과 남편이 밥을 먹었다. 시누이가 내가 결혼하고 시작했던 우유 배달을 하고 있었다. 우리 집에서 우유를 매일 받고 있었기에 시누이는 우리 집에 매일 들렀다. 하루는
"시누가 집에 왔는데도 문 한번 안 열어본다."
라는 소리가 누워 있는 내 귀에 들렸다. 어이도 없고 섭섭도 했다. 하지만

나는 문을 열 수 있는 힘이 없었다. 올케언니가 아파서 누워 있는 방문을 한 번도 두드려 본 적이 없는 시누이였다.

"집 사고 가게 사고 하니 어머님 모시기 싫어서 연극한다."
라는 말을 하기 시작한 남편이었다. 시누이도 시숙도 어머님도 그렇게 생각들 하셨던 것일까? 가족들은 아프다는 나에게 부드럽고 따뜻한 말을 전혀 할 줄을 몰랐다. 그 시대 모두가 그랬던 것은 아니었겠지만, 일하여 돈 벌어서 먹고살기 바쁜 형편이라 많은 사람들이 그랬던 것도 같다.

어머님도
"밥 묵어라."
라는 말을 방문 밖에서 했을 뿐, 방문을 한 번도 열어보시지 않으셨다. 내 다리가 내 마음 같지 않아 일어서지 못하는 날이 많아졌다.
"오늘도 또 밥 묵으로 안 나오나~?"
어머님의 목소리에는 음식을 먹지 않는 며느리에게 대한 불편함이 가득히 들어있었다.

팔도 아프고, 무릎도 굽혀지지를 않았다. 이렇게, 저렇게, 어떻게 몸을 움직여 배를 밀며 방문을 열고 마루를 나와 큰 방으로 들어갔다. 겨우 가구를 잡고 다리를 뻗고 앉았다. 그런 내 모습을 보시는 어머님의 마음이 아주 못마땅하다고 온몸으로 표현하고 계셨다.
"어머님 제가 이러네요. 제가 이렇게 아픕니다."
"어머님 제가 이렇게 아픕니다."
"어머님 제가 이렇게···"
같은 말만 계속하고 있었나.

제4장 나는 사랑이다. 사랑이다

한두 곳이 아픈 것도 아니다. 여러 말을 한다면 어머님은 더 싫어하실 것이다. 서로 더 불편해질 것이다. 그렇게 생각하여 나는, 내 아픈 몸을 이렇게만 말했다. 그러고 있는데 어머님께서,

"니년이 아프면 얼마나 아프노! 나보다 더 아프냐?"

아주 고래고래 소리를 질렀다. 장롱에 기대어 허리를 굽히며 말씀드리던 내 몸이 허리도 뻣뻣해지며 몸이 뻗어 버렸다. 그 모습을 본 남편이 바늘을 가져와서 나의 손과 발을 찔렀다. 그러고 있는데 이웃 동네에 살고 계시는 시이모님이 오셨다.

"아니 저 아가 와 저라노?"

시이모님의 등장에 어머님은

"자가 저러네."

아무렇지도 않게 대답하시고는 밖으로 나가 버리셨다.

어머님은 무속신앙을 밝히시는 분이셨다. 나를 눕혀 신문지를 덮어 놓고, 연탄불 위에 소금과 마른 고추를 태우시며 소금을 내 몸에 뿌리고 뿌리며 뭐라 뭐라고 주문을 하셨다. 나를 아프게 하는 귀신을 몰아내는 행사를 하시는 것이었다. 사실 내 마음은 '이것은 아니다.'라는 생각이 들었지만, 어머님의 명을 거역할 수가 없었다. 세 번을 그렇게 하셨다.

함께 살면서 무슨 날, 무슨 날이면

"물 좋은 계곡에 가서 기도를 드리면 우리 가족이 잘 된단다."

하시며 어딘가를 가시곤 하셨다. 그러셨던 어머님은 결국 나에게 이렇게 말씀하셨다.

"어느 무속인이 니가 신내림을 받으면 너도 안 아프고 집안도 잘 된다고 했다." 라며 신을 받기를 원하셨다.

내 마음 한편에서는 '신을 받아서 나를 힘들게 하는 자들의 기를 꺾어 버릴까?'라는 생각을 한 적도 있었다. 그것은 올바른 사랑이 아니라는 생각이 완강하게 들었다. 아무리 생각을 해 보아도 '신을 받아 무속인으로 사는 것보다는 죽는 것이 자녀들에게도 좋은 기운을 남긴다.'라는 나의 확고한 답이 있었다.

계속 죽음을 받아들였다. 끊임없이 유체 이탈은 일어났다. 미친 사람이 되어 돌아다니기도 했다. 무속인이 되기를 원하시는 어머님께 내 생명을 맡기기도 했다. 이혼서류를 내밀기도 했다. '막내며느리도 잃겠다는 생각이 들어 어머님은 집을 떠나셨다.'라는 생각도 들었다.

집을 떠나신 지 반년 정도 된 여름날이었다. 집 마당 화단에, 음식에 즐겨 넣어 먹는 제피나무 한 그루가 있었다. 시골에서부터 제피나무 잎과 열매로 만든 음식을 좋아하는 가족을 위해, 어머님께서 심으신 나무였다. 내가 침 맞으러 갔다가 오후 두 시경에 집으로 들어서는데 어머님이 제피나무 둥지를 자르고 뿌리까지 뽑으시느라 애를 쓰고 계셨다.
"이 제피나무 때문에~ 니가 아프고 우리 집안이 안 풀린단다."
라고 하시며 땀을 뻘뻘 흘리며 온몸에는 흙투성이가 되어 계셨다.
내가 아픈 것은 사랑을 받지 못하고 돈을 버는 일에 몸과 정신을 너무 심하게 팔고 살았기 때문이다. 가족들의 무지에 어이없는 마음의 상처를 많이도 받았다. 돈 버는 일을 하느라 약방에서 사 온 진통제가 든 약을 너무도 많이 먹었다. 내 몸이 아픈 이유는, 몸과 마음을 지나치게 혹사한 것이었는데 어머님께선 어떤 신이 나를 아프게 한다고 생각하시며 언행을 하시는 것이었다.

내 병은 인성받고 사랑을 받아야 치유가 되는 것이었다. 그런데 나의 현실은 내가 가족을 위해 사랑을 더 주어야 되는 환경이었다. 한쪽 뇌가 반쪽인 지적 장애인 남편은 내 몸이 심하게 아픈 것을 제대로 인지하지 못했다. 여전히 예전처럼 돈 버는 일을 할 거라고 믿고 바라기만 했다.

자녀 둘도 초등학생이었다. 내 몸은 쉽게 낫지를 않았다. 어이없고 숨 막히게 말하는 남편과 시댁 가족들로 하여 내 몸은 더욱 낫지를 않았다. 안 살고 싶었다. 잠에 들기 전에 나는 '자는 잠에 저를 하늘나라로 데려가 주시면 좋겠습니다.'라는 기도를 수없이 했다. 그런 날이 정말 많았었다.

어느 날, 남편 옆에서 벗어나지 못하면 숨이 곧 끊어질 것만 같았다. 친정 오빠에게 전화하여 입원 좀 시켜달라고 부탁을 했다. 입원해 있는 나에게
"입원할 것도 아닌데 입원했다."
라며 남편은 쌍심지를 켜고 나를 노려보며 트집을 잡았다. 병원에서라도 나는 좀 쉬고 싶었다. 의사 선생님께서도 병원에서 더 쉬기를 말씀하셨지만, 그랬다가는 나에게로 닥쳐올 후일의 고통이 더 두려웠다. 퇴원을 했다. 집으로 돌아온 나는 누워서 숨을 쉬기조차 힘이 들었다.

며칠 후에. 어머님, 시누이, 시숙이, 나의 아픈 것을 의논하기 위하여 오후 다섯 시경에 집에 오신다고 하였다. 나를 두고 "신내림 굿을 한다."라는 말도 내 귀에 들렸다. 내가 심하게 아프기 시작한 지 4년이 넘었다. 어머님이 집을 떠나 막내딸 옆에 가신 지는 2년 반이 넘었다. 5시경이 되니 한 사람씩 집으로 오셨다. 어머님과 시숙, 시누, 나와 남편까지 5명이 모였다. 나도 일어나 앉았다. 시누이가 자기의 치아를 어떻게, 이렇게 했다며 지루하게 말하고 있었다. 나는 앉아 있는 것이 힘이 들었다.

"고모야~ 고모 이빨 이야기하자고 모인 자리가 아니잖아?"
소리는 작으나 힘이 실린 나의 말에 애들 고모의 목소리가 뚝 끊어졌다. 다과상으로 방바닥 접시 몇 개 위에 음식 몇 가지가 차려져 있었다. 나의 숨소리가 거칠어지고 있었다. 그동안 나를 누르고 찔러온 가족들이 둘러앉은 속

에 끼어 있으니, 살아남으려는 흥분이 끓어오르고 있었다. 접시 하나를 두 손으로 파악 집어 들었다. 방안 이쪽저쪽 천장을 두리번거리며,

"남편만 있을 때는 귀신도 쪼매~밖에 없더니만! 식구들이 모이니까 귀신이 수두룩 빽빽~하네~!"
라면서 들고 있던 접시를 확! 세차게 내려쳤다. 접시들이 깨어지는 소리와 모습들이 잠시 눈에 들어왔다. 어디에서 어떻게 그런 힘이 나왔는지 나는 아직도 모른다. 가족들이 모인 그 자리가 무섭고 두려웠다. '누가 나를 잡으면 어쩌나.' 하는 마음으로 급하게 신발도 신지 않고 대문 밖으로 달려 나왔다. 우리 집과 담을 하나로 붙어 있는 여관으로 얼른 숨어들었다. 주인아주머니께서 내 모습을 보시고 흔쾌히 받아주셨다. 아주머니의 포근한 사랑으로 따뜻한 방에서 잠을 잤다.

내 바지 호주머니에 오천 원짜리 한 장이 있었다. 여관 아주머니께 신발도 얻어 신었다. 새벽에 시외버스 정류장으로 왔다. 나를 도와줄 수 있을 사람이 있는 시골로 가는 버스에 몸을 실었다.

그때 내 나이 만 서른두 살이었다.

제4장 나는 사랑이다. 사랑이다

9

시누 남편에게 한 하소연

나를 힘들게 했던 가족들에 둘러싸인 나는 무섭고 두려웠다.
"신랑만 있을 때는 귀신도 쪼매에~밖에 없었는데, 가족이 모이니까 귀신이 수두룩 빽빽~액~ 하네~!"
라며 내가 선제 공격을 가했다.

남편의 고향에 있는 시이모님 댁의 동서와 시동생이 생각이 났다. 그곳으로 가면 무언가 도움을 받을 수 있을 것만 같았다. 날이 새는 시간 시골로 가는 버스에 몸을 실었다. 나에게 힘이 되어줄 아군을 찾아가고 있었다. 경남 함양군 서상면, 버스에서 내려 택시를 탔다. 택시비가 없다며 집에 가서 드리겠다고 말씀도 드렸다. 시이모님 댁이 마을 최고 윗집이었다. 택시가 들어가니 시이모님께서 마당에 계셨던지 대문 밖으로 나오셨다. 택시에서 내리는데 다리가 꺾여 주저앉았다. 이모님께서
"아이고~ 저 아가 와 저라노? 아가야~ 아들아~ 너들~ 빨리 밖에 좀 나와 봐라~ 빨리 좀~!"
동서와 시동생의 부축을 받으며 방으로 들어가 누웠다.

며칠간을 그곳에서 머물렀다. 도시에서 많은 걸 겪으며 살았던 동서는 나

이도 나와 같았다. 결혼도 나보다 한 달 전에 했다. 대화가 아주 잘 되었다. 내 남편보다 나이가 한 살 적은 시동생도 마음의 눈이 많이 깨어 있었다. 시동생 부부와 대화하며 많은 힘을 얻었다.

"형님~ 이 동네 누구도 신을 받기를 원하시는 시어머니로 하여 굿을 하였는데, 이겨낸 며느리가 있어요. 정신만 단단히 차리고 있으면 된다고 했어요."

라는 말도 들었다. 굿을 경험했다는 사람을 직접 만나려고도 했었다. 며칠 간을 동서와 대화하고 나니 이겨낼 자신감도 생겼다.

단단하게 마음 준비를 했다. 대구 집으로 돌아가면 어떤 일이 일어날지 모른다. 단단히 마음의 준비를 했다. 나를 찾아 남편에게서 내가 있는 곳으로 전화도 왔다. 돈도 두둑이 빌렸다. 대구행 버스에 몸을 실었다. '내 몸과 마음을 찌르며 누르는 시누이 집을 먼저 쳐 내어야겠다.'라는 생각이 들었다.

시누이 집으로 전화를 걸었다. '시누 남편이 술에 취해 있는지? 애들 고모도 집에 있는지? 제대로 알고 쳐들어가야 한다.'라는 생각이 들었기 때문이었다. 시누가 전화를 받았다. 나는 아무 말을 하지 않았다. 저쪽에서 전화를 끊었다. 내가 다시 전화를 걸었다. 말을 하지 않고 있으니, 시누이가 자기 남편에게 수화기를 건네어 주었다. 시누 남편의 목소리도 들었다. 시누이 부부를 칠 수 있는 때라고 느껴졌다. '시누 남편도 술에 취하지 않고 시누도 집에 있다. 그러면 쳐들어갈 기회다.', '맨정신으로는 도저히 안 되겠다.'라는 생각이 들었다. 소주 한 병을 사서 반 병정도 마셨다. 나의 두 손에 야무지게 잡아서 현관 유리문을 박살 내어버릴 수 있는 몽둥이도 찾아서 손에 쥐었다.

한 발 한 발 시누이 집을 향하여 걸어가고 있었다. 시누이 집이 약 50m 정도 남았을 때 몽둥이는 없어도 될 것 같은 느낌이 들었다. 몽둥이는 내려놓았다. 열려있는 대문을 통과하고, 유리로 된 현관문을 열었다. 열린 문을 양팔로 붙잡고 섰다.

"고모야~ 고모야~"

두 번을 부르니 애들 고모가 나왔다. 나를 보더니.

"이 년이 미쳤나~?"

라고 했다.

"그래~ 나 미쳤지! 나 미친 거 이제 알겠나? 벌써 4년이 넘었다."

라고 했더니,

"이 시베리아 년이~!"

라고 말했다.

"그래~ 이 시베리아 년아! 너그들은 시베리아 짓도 잘도 한다며!"

예전에 나에게 시누이가 자신들의 부부관계를 얘기한 적이 있었다. 생각하지도 못했는데, 아주 찰떡같이 코가 막히고 귀가 뚫어지게 잘 써먹고 있었다. 시누이는 도무지 나를 감당할 재주가 없었던지 대문 밖으로 나가버렸다.

나는 시누 남편이 있는 방으로 기어들어 갔다. 예전에 내가 씻겨도 주고, 담배를 달라면 담배도 주고, 담배에 불을 붙여 달라면 담배에 불을 붙여 준 적도 있었다. 많이도 원하는 것을 해주었다. 그랬었기에 나에게는, 시누 남편에게 부탁하며 요구를 할 수 있는 힘이 길러져 있었다.

"고모부~ 나 병원에~ 입원 좀 시켜 줘요~"

라며 시작된 나의 말은 절절한 하소연이 되며 나갔다. 오래전에 자신을 고모부라고 불러 달라고 하였기에 나는 시누이 남편을 고모부라고 부르고 있었다. 거의 두 시간 이상을 나의 아픈 마음을 하소연하였다.

"고모부~ 나는 김 서방 옆에서는 숨을 쉴 수가 없어요. 나 입원 좀 시켜줘요."

라며 떼를 썼다.

시누 남편이 내 남편에게로 전화를 걸었다. 전화 내용상 남편이 이쪽으로 올 것이다. 남편이 시누 집까지 올 시간이 되기 전에 나는 시누 집에서 나왔다. 흔들리는 몸을 끌며 길을 걸었다. 공중 전화박스가 보였다. 전화를 걸었다. 시누 남편이 받았다. 남편을 바꿔준단다. 끊어버렸다. 그리고 또 걸었다. 걷다가 또 공중 전화박스가 보였다. 시누 집으로 전화를 걸었다. 시누 남편이 전화를 받았다.

"고모부~ 나 입원 좀 시켜 주세요."
"처남이 입원시켜 준답니다. 지금 그곳은 어딥니까?"
또 전화를 끊었다. 그리고 또 걸었다. 공중전화가 보이면 또 전화를 걸었다. 또 끊었다. 걷고 전화 걸고, 걷고 전화 걸고, 또 걸었다. 내가 다니고 있는 성당 옆에 있는 공중 전화박스 속에 서 있었다. 시누 집으로 또 전화를 걸었다.

남편이 전화를 받았다. 남편이 나를 데리러 온다. 이제는 남편이 내 탓을 하며 트집을 잡지 않을 것 같았다. 나는 전화박스 안에서 문을 열어 두 다리를 뻗으며 늘어져 누웠다. 남편이 와서 나를 부축하여 집으로 왔다.
시누이 집을 치며 들어갔던 시간은 여덟 시경이었다. 집에 와서 보니 11시 반이 지나 있었다.

그동안 시누 남편에게서도 많이 시달렸는데 그런 후에는 나를 힘들게 하지 않았다.

10

어쩜 그토록 몰랐을까

"애들 데리고 우리도 외식 좀 하자!"
라는 말을 내가 수없이 했다.
"고상한 척하지 마라!"
라는 말만 돌아왔다.
"식당들이 얼마나 많은데, 그곳에 가는 사람들은 모두 고상한 사람들이겠네! 우리도 고상한 사람 좀 되어보자!"
"요즘 돼지갈비 먹었다는 사람들이 수두룩하더라! 애들하고 당신하고 함께 먹어 보고 싶다. 우리도 고상한 사람 속에 속해보자~"
"우리 집에 음식 먹으러 오는 사람들도 모두 고상한 사람이잖아? 우리도 고상한 사람 속에 좀 속해보자!"

죽음을 받아들이기 시작한 지 벌써 수년이 되었다. 나 죽기 전에 애들 아빠와 자녀 둘과 같이 외식 한 번 하는 것이 소원이 되어 있었다. 외식 한 번 하자고 애원했지만 통하지를 않았다. 남편의 마음엔 도무지 생각의 가지가 뻗어나지를 못했다.

그 당시엔 돼지갈비구이가 한창 유행하던 시절이었다. 돼지갈비를 먹었다는 사람들이 너무도 부러웠다. 유체 이탈도 수없이 일어났고, 언제 죽을지 모르겠다는 느낌 속에서 살고 있었다.

딸과 아들을 데리고 아빠와 함께 가는 것을 더 기다릴 수가 없었다. '나 죽기 전에 애들과 돼지갈비를 먹어야겠다.'라는 생각이 강하게 들었다. 자녀 둘을 데리고 돼지갈비를 먹으러 가고 있었다. 갈비 집을 향해 가고 있는 거리에서 시누이를 만났다. 시누이가
"어디 가노?"
라고 물었다.
"나 죽기 전에 애들하고 갈비 한번 먹으려고 간다~"
라는 말을 하는데 내 말이, 발음이 제대로 되지를 않았다. 눈물은 사정없이 흐르고 꺼이꺼이 흐느끼는 소리가 아무리 참으려 해도 꺽꺽거리고 나왔다. 죽음을 받아들이고 있던 내 마음은 너무도 서러웠다. 길을 걸으면서 울다가 울음이 끊어지지를 않아 앉아서도 통곡을 했다. 애들 손을 잡고 걸으면서도 눈물이 줄줄거리고 나오고 나왔다. 걸어가다가 또 앉아서 울었다. 그렇게 딸과 아들을 데리고 갈빗집엘 갔다.

남편은 정말 남보다도 못했다. 그동안 열심히 일해서 집도 사고 가게도 샀다. 이웃 사람도 밥 한 끼 같이 먹자고 하면 함께 먹어 줄 사람이 분명히 있을 것이다. 그런데 남편은, 그 말을 한다는 자체를 못마땅하게 받아들여 탓을 하며 트집을 잡았다. 남편은 어떻게 그렇게도 변화되지를 못했을까?

그런 중에도 나는 살고 있었다. 수지침을 배웠다. 마사지도 배웠다. 명리학과 성명학 공부도 했다. 집에서 철학원이라는 간판을 달아 걸고 손님을 받았다. 애들 아빠는 단순노동의 일을 하러 다녔다. 나와 곧잘 설 마찰이 일어났다. 애들 아빠와 말씨름을 하고 나면 나는 특식 메뉴를 해서 자녀 둘에게 먹

이며 이러한 얘기들을 해주었다.
"아빠가 돈을 안 벌어오시면 우리는 음식도 제대로 먹을 수가 없다. 따뜻한 방에서 잠도 못 자고 헌 옷이라도 사서 입을 수도 없다."
라는 말들을 해주곤 했다. 두 자녀에게 아빠의 존재가치를 좋게 알려주고 싶었다.

결혼하여 남편은 너무도 알뜰했다. 얼마나 알뜰했냐 하면, 내가 미장원에 가야겠다고 말을 하기 시작하면 6개월 정도는 걸려야 답이 떨어졌다. 자기의 옷을 하나 사와도 옷을 던지며 트집을 잡았다. 내 옷을 하나 사 입는 것은 또 어떠했겠는가?

한번은 화가 난다고. 자신의 결혼 예물 시계를 던졌는데 박살이 나 버렸다. 시계방에 가져갔는데 못 고친다고 했다. '스스로 마음이 얼마나 쓰라릴까?'를 생각하며 비슷한 시계를 사주었다. 시계를 사왔다고 심하게 트집을 잡았다. 시계를 시계방에 도로 주었다. 6개월 정도 지나서,
"진짜 그 시계 시계방에 갔다 줬나?"
라는 말을 했다. 자신의 마음을 솔직하게 표현하는 것이 되지 않는 사람이었다. 무지를 무기로 쓰고 있었다.

"니가 그렇다!"
"니가 어떻다!"
"너 때문이고, 네가 그랬기 때문이고!"
"…."
"너는 알면서 그랬나?! 알면서 그런 니가 더 나쁘다."
남편은 끝도 한도 없이 무지를 무기로 사용하며, 자신의 부족함을 아내인 나에게 뒤집어씌우며 억누르고 틀어쥐었다.

"계속 잘해주게 되면~ 그것을 당연히 여기고~ 권리인 줄 알며(?)~ 안 해주는 것을 오히려 탓하게 된다."
라는 인간의 심리를 이용하는 악의 세력이 있다는 사실을 나는 몰랐다. 자격지심과 열등감이 많은 부족한 사람의 특권 아닌 특권(?)이라는 사실을 나는 몰랐다. 그냥 내 마음처럼 생각했었다. 내가 잘해주면 상대도 잘해줄 거라고 나는 그렇게 믿었다. 그리고 '몰라서 그렇지 알게 되면 달라질 것이다.'라고 나는 생각했었다. 그랬었는데 나는

"믿음이란 내가 상대도 바르게 알고~ 실천하는 것만큼 믿는 것이 믿음이다."라는 말을 하게 되었다.

"부족하고 순한 마음을 마의 세력이 이용을 쉽게도 한다."라는 말이 있었다. 마음공부가 많이 된 후에야 나는 겨우 알게 되었다.

내 남편이, 그렇게 살고 싶었겠는가? 그 어떤 사람도 남자로 태어나 결혼을 하면 아내에게 잘해주고 싶을 것이다. 자식에게도 잘해주며 훌륭하게 키우며 살고 싶을 것이다. 그런데 남편은 그런 능력이 없었다. 교육도 받지 못하고, 부모님의 사랑도 제대로 받지 못했다. 첩첩산중 메마른 골짜기에서 태어나 어린 나이에 뇌 손상도 입었다. 한쪽 뇌가 망가진 채 부모님으로부터 무지를 배웠다. 어릴 때 배운 그대로 남 탓을 하며 살고 있었다. 나의 시댁 식구들은 들어온 며느리는 제대로 된 가족으로 인정을 해주는 방법을 모르고 있었다.

어머님은, 당신의 셋째 아들이, 두 자녀의 아빠가 되고 나이가 마흔 살이 넘었는데도,
"어이구야~ 니는 몬 한데이~ 니는 못 한데이!!!"

라며 어린애 다루듯이 키우고 있었다. 남편은 '나는 할 수 있다.'라는 마음이 너무도 없었다. 자신의 엄마처럼 해주지 않는 아내를 탓하는 버릇만 가득히 들어있었다. 여러 이유가 있었겠지만. 나 남정이도 남편이 아내를 탓하도록 '너무 많이 해주며 살아왔다.'라는 사실을 후일에야 알게 되었다. 나도 참으로 무얼 몰랐다.

모르는 사이에 마의 세력은 쉽게 침투했다.

11

*사랑넘고의
대화*

성주 과천성당에서 하는, 2박 3일간의 성령 세미나에 참여하게 되었다. 오전 일찍 짧은 미사가 있었다. 나에 대한 정보가 있었던지 성령 세미나 회장님과 1대1 면담을 하게 되었다. 완전 카운셀링이었다. 시간이 어떻게 가는지도 몰랐다.

회장님의 질문에, 나는 부끄러운 줄도 모르고, 내가 살아온 얘기와 나의 생각들을 울면서 말하고 있었다. 아프게 살아온 얘기를 어떻게 말했는지도 모르게 하고 있었다. 어느 정도 할 얘기를 했다고 느껴지셨던지, 옆에 앉아 계시던 회장님께서 일어서셨다. 나의 머리 위에 두 손을 올려 기도를 하셨다. 방언 기도도 하셨다. 방언 기도는 곧 심령 기도였다. 뭐라고 알아들을 수도 없는 방언 기도를 하시기도 하고, 내가 알아들을 수 있는 한국말 기도도 하셨다. 방언 기도에서 한국말 기도로, 또 방언 기도로, 회장님도 지칠 만큼 지치신 듯하였다. 한참 동안 방언 기도를 하시다가,

"따라서 해보세요."
라고 말씀을 하시는데
"라라랄라 루루룰루 요요욜로 치키 치키 코코 카카 키치키치, 올라미 후부

까…."
라며 소리가 나오더니, 천장도 날아갈 듯, 엄청난 소리가 가슴에서 배에서 우렁차게 입을 통해 방언이 터져 솟아나고 있었다. 혀가 나의 의지와는 무관하게 계속 움직이고 있었다. 꽤 길게도 방언 기도를 했다. 흐르던 눈물도 말라지고 가슴이 시원하게 뻥 뚫린 느낌이 들며 배가 고팠다.
"회장님~ 저 배가 고파요. 밥이 먹고 싶어요."
나는 청순한 어린아이처럼 말하고 있었다.

식당으로 왔더니, 점심시간이 훌쩍 지나 주방 정리가 거의 끝나는 시간이었다. 식당 벽에 걸린 시계를 보니 오후 2시가 지나 있었다.

2박의 교육을 받고, 3일째 오후에 봉사자님으로부터
"간증을 좀 해주세요."
라는 부탁을 받았다. 내가 먼저 하고, 두 사람이 더 간증을 하기로 되어 있단다. 마이크를 잡고 섰는데 뭐라고 말해야 할지 멍하니 머리가 하얘졌다. 그랬는데 내 입에서 나오는 말이, 나오기 시작하더니 잘잘 졸졸 끝이 나지를 않았다. 옆에 계시던 봉사자님들이
"빨리 끝내세요."
"얼릉 끝내요!"
라고 하시며 다른 분도 간증해야 한다고 재촉하셨다. 마음속에서는 '마무리해야 한다.'라고 끊임없이 말했지만, 입에서 나오는 소리가 계곡의 시냇물이 흐르듯이 졸졸거리며 흘러나왔다. 도무지 제어되지를 않았다. 내가 말하는 것이 아니라 어떤 기운이 나의 혀를 이끌고 가는 느낌이었다.

세 사람이 하기로 한 간증 시간을, 나 혼자서 훌쩍 넘겨버렸다. 약 200명이 앉아 있었는데 사람들이 그냥 까맣게 보였다. 그러는데 저 멀리에 서서 고개

를 끄덕이시는 신부님 한 분이 눈에 들어왔다. 그러면서 나의 간증은 마무리가 되었다.

내가 살아오면서 나를 감추려 겹겹이 껴입었던 옷 하나하나를 벗어 앞에 앉아 계시는 분들에게로 던지는 느낌이었다. 발가벗겨진 알몸이 된 느낌이 들고 있었다. 부끄러워서 얼굴을 들 수가 없었다. 저녁을 먹으면서도 고개 한 번 들지 못하고 밥을 먹었다.

짐을 싸서 차에 올랐는데 차멀미를 하니 앞쪽 자리 안쪽에 앉았다. 내 옆에 젊은 남자 한 분이 앉으셨다.
"자매님! 자매님! 제가 2박 3일을 뭣 하러 이곳에 왔는지 후회하고 있었는데요. 자매님의 간증을 듣고, 너무도 감동을 받았습니다. 정말 감사합니다."
라는 말을 해주셨다.

버스 안에서 창밖만 바라보며 멍청하게 앉아 있었다. 그러고 있는데, 이러한 생각이 떠오르고 있었다. '하느님은 사랑님이시다. 내가 내 인생을 사는 것이 아니라 사랑님께서 나를 통해 활동하신다.'라는 생각이 들었다. '이제는 남편에게도 내가 한다.'라는 말이 아니라 '주님이신 사랑님께서 하신다라고 말을 하자.'라는 생각도 들었다.

버스를 탔던 장소에서 내렸다. 대구시 남산동에 있는 성모당 옆에서 버스를 탔다. 성령 세미나에 참석하셨던 분들이 나의 손을 잡아주시며 감사의 인사들을 해주셨다.

성령 세미나를 다녀와서 나는, 며칠간 밖으로는 멍청하였다. 내 마음속에서는 새로운 기운이 진정 나를 쇄신시키고 있었다. 성서 속의 말씀들이 내 속에서 새롭게 이해되고 탄생이 되고 있었다. 나를 누르고 있던, 무거운 기운들이 거리감을 두는 느낌도 들었다. 내가 성령 세미나로 하여 새로운 성령을 받았던 것일까? 나의 마음이 새롭게 업그레이드되고 있었다.

"사랑님께서 나를 통해 활동하신다."
나는 남편에게 이렇게 말을 하기 시작했다.
"세상과 천상을 모두 다스리신다는 주님이신 사랑님께서 나를 통해 역사하신다."
라는 나의 말에 함부로 말하던 남편의 말들이 움츠리고 있었다. 남편에게 하는 나의 말에 새로운 사랑님의 기운이 함께하셨다. 남편에게 그저 순하기만 했던 내가 강해지고 있었다.

그동안 남편이, 얼토당토않게 트집을 잡고 억지를 부려도 부드럽게 달래었었다. 이해를 할 수 있도록 온갖 방법과 정성으로 설명을 해주었다. 그러는 나에게 온갖 것을 트집 잡으며 탓을 하고 억눌러 왔다. 그랬는데, 이젠 때가 된 것이었을까? 사랑님께서 말씀하신다며, 남편의 어리석음에 아주 강하게 말하고 행동을 하기 시작했다.

**죄는
무지와
게으름과
무관심의 소산이다.**

성령 세미나에서 받은 작은 책자 속의 내용이었다.

남편은 아내인 나에게, 너무도 무지했다. 게으르고 무관심했다.

"의롭게 살라."

라고 하셨는데 의롭지도 않았다. '의롭지 않은 자에게 순종하는 것은 어리석음이다.'라는 성경 속의 말씀도 나를 통해 활동하고 있었다. 불의와 대적하는 것도 사랑의 용기이기도 했다.

나는 2박 3일의 성령 세미나에서 새롭게 성령의 힘을 얻은 것이었다.

12

조카들에게
냉정한 말을

    남편도 내가 예전처럼 장사 일을 할 수 없음을 알게 되었다. 분식집의 일을 도와주실 분을 찾았다. 나보다 몇 살 위인 언니 아주머니를 구하였다. 수입이 조금 된 날은 용돈 겸 생활비로 만 원을 주었다. 손님이 적게 오신 날은 오천 원을 주었다. 나는 며칠에 한 번씩 침을 맞으러 다녔다. 내가 집에 있는 날이면 여호와의 증인, 다미선교회, 대순 진리, 남묘호렌캐교 등의 종교에서 둘씩 짝을 지어 찾아오셨다. 전도를 하기 위해 교리 공부를 가르쳐 주셨다. 일어서기 힘들어 누워있는 나를 찾아주시며, 목마른 공부도 가르쳐 주시니 나는 너무도 고맙고 좋았었다.

    그래서 손님맞이로 과일이나 과자 등을 사놓기도 했다. 그런데 작은 시숙의 자녀인 조카 둘과 애들 고모의 아들, 나의 자녀 둘과 다섯 명이 언제 먹었는지 사놓은 다과는 사라지고 없었다. 아픈 몸으로 힘겹게 음식을 준비해 놓으면 어느 사이에 먹어 치웠다. 밥도 한솥 해두면 금방 없어졌다. 5명이 모두 한창 커가는 성장기였다. 아무리 생각을 해보아도 이것은 아니었다. 내 아들이 1학년, 내 딸이 3학년, 질녀는 5학년, 애들 고모 집 조카는 6학년, 큰 조카는 중학교 1학년이었다. 한창 자라는 시기였으니, 다섯 명이 먹는 것은 나의 경제에선 엄청난 양이었다.

조카 셋을 앉혀놓고 나는 말을 꺼냈다. 조카들의 엄마인 고모는 아들에게 점심과 간식을 사 먹으라고 하루에 천 원씩 돈을 주고 출근했다. 그 천 원으로 무얼 사 먹는지 물어보았다.

"가락국수 한 그릇에 400원, 김밥 한 줄에 200원, 어묵 몇 개랑 뭐 마시는 거랑 그렇게 사 먹으면 천 원으로 항상 적어요. 그래서 외삼촌 집인 여기서 먹는 것도 있고, 엄마 집에서 먹는 것도 있어요."

라고 말을 했다.

"그렇다면 얘들아 잘 들어보아라. 숙모가 몸이 너무 아파 일을 못한다. 삼촌은 숙모한테 돈을 하루에 오천 원, 만 원, 그렇게 주신다. 너희들이 숙모 집에서 먹는 것이 하루에 얼마 정도 될까? 숙모가 너무 아프고 힘들고 속이 상한다. 이젠 너희들 먹는 것! 너희 집에서들 해결하거라!"

조카들에게는 너무도 매정한 말이었을 것이다. 시숙은
"애들한테 그런 말을 어떻게 할 수가 있느냐?"
라며 나에게 와서 난리를 쳤다. 나는 말없이 앉아 있다가 누워버렸다. 적당히 시숙 말에도 무관심을 보이며 투명 인간 취급을 했다. 나에게도 이제는 상대에게 냉정하게 할 줄 아는, 감정노동의 절제를 할 줄 아는 기운이 자라고 있었다. 그동안은 이타성에 너무 많이 길들여져 있었던 것이었다.

시숙의 아내인 조카들의 엄마가 집을 떠나고, 어머님이 손주들을 품으시며 함께 살게 된 세월도 어언 십여 년이다. 그동안 나는 표나지 않는 마음 봉사 몸 봉사를 많이도 했다. 할 만큼 했다고 강하게 생각이 들었다.

조카들에게 냉정하게 말을 한 후에야 처음으로 딸과 아들 우리 부부 네 식구만이 살게 되었다.

13

*나 좀
죽여달라!*

국민학교 공부만 했다. 공부가 하고 싶었다. 공부에 목말랐던 나는 실업 중고등학교에 입학하였다. 남편이 너무도 엉뚱한 소리를 자꾸만 하여 결국 학교에 가는 것을 포기해야만 했다.
"좋은 놈 있으니까 가제?"
끊임없이 말도 안 되는 소리를 했기 때문이었다.

결국 분식 장사는 문을 닫았다. 남편이 내 이름으로 사놓은 가게에서 가방 가게를 하고 싶다고 했다. 도와주었다. 그곳에서 옷 장사를 하고 계시는 분께 이사 비용을 드리면서 다른 곳으로 이전해 가도록 했다. 집을 은행에 잡혀 대출도 받았다. 가방들을 들여놓았다. 나는 팔다리가 아파 조금의 무거운 것도 들지 못했다. 남편이 서문시장 도매상에 가서 사와 가방들을 진열했다. 가방가게가 어떠한지 궁금하여 가게에 나가 보기도 했다. 내가 있으면 가방이 한 개씩 팔려 나갔다. 남편은 거의 팔지를 못했다.

가방점을 남편이 하겠다고 하여 준비했는데, 나에게 맡겨 놓고 술을 먹으러 다녔다. 내 몸은 가방가게를 지킬 만큼의 건강이 못 되었다. 몸이 무리가 되어서 정형외과에 물리치료를 받으러 다녔다.

"좋은 놈 있으니까 거기에 가제?"

"좋은 놈~ 좋은 놈~!"

그 좋은 놈이 무엇인지도 모르는 나에게 남편은 끊임없이 트집을 잡았다. 급기야! 내 입에서 이런 말이 나오고야 말았다.

"그래~ 나를 이렇게 힘들게 하는 당신도 나는 좋은데, 내 몸 아픈 것을 안 아프게 해주는 사람이 왜 안 좋겠노!"

그렇게 말을 하고 집에서 가방가게로 왔다. 가방가게에 앉아 있는데, 머릿속에서 일어나는 생각들이 나를 못 견디게 괴롭혔다. 내 말 때문에 남편은 무섭도록 의처증이 심해질 것만 같았다. 두려움이 온통 나의 머리에 가득 채워지고 넘쳐났다. 앞으로 겪을 의처증의 살벌한 기운이 죽음보다 더 무섭고 두렵게 느껴졌다. 집으로 갔다. 내가 말을 내뱉고 나올 때 앉아 있었던 그 모습 그대로 앉아 있었다. 부엌에 있는 식칼을 들고 들어가 남편에게 주면서,

"나를 좀 죽여줘! 나 좀 죽여줘! 나 더 이상 고통스러워서 못 살겠어! 나 좀 죽여줘!"

차분히 말하며 엎드려 누웠다.

남편은 식칼을 부엌에 갖다 두고 밖으로 나갔다. 사랑님께서 나를 품고 계셨던 것일까?

14

기도회에서
일어났던 모습들

 성당에서 기도회를 함께 하시는 몇 분이 충북 음성 꽃동네 기도회를 가자고 여러 번 말씀하셨다. 대구에서 대형 버스 여러 대가 갔다. 남편도 함께 가게 되었다. 저쪽 성당에 잠을 잘 자리를 준비해 두고, 기도회를 하는 대성당으로 왔다.

 저녁 10시에 시작되는 기도회 전에, 9시경부터 복음성가로 뜨겁게 기운을 달구고 있었다. 대성당을 가득 메운 사람들의 노랫소리도 우렁차게 울려 퍼졌다. 신나는 복음성가를 나도 흥을 돋우며 따라 불렀다. 10시가 되니 오○○ 신부님께서 강단에 오르셨다. 기도를 시작으로 강론을 잠시 하셨다. 내가 앉은 자리는 전체를 중심으로 약간 앞쪽 왼쪽 자리였다. 신부님께서 바라볼 때는 우측 앞쪽 편이었다. 의자도 없는 대성당이었다. 전국에서 오신 분들로 5백여 명이 모였다고 했다.

 "오늘은 어떠한 사탄이 온다~ 라고 계시를 받았습니다!"
 하시는 신부님의 말씀이 내 귀에 들어왔다. 이곳에 오기 전에 이 기도회에서 일어나는 광경들을 이야기로 들었었다. 11시 경이었다. 내가 앉은 자리 우측 뒤편에서였다. 신부님 편에서 볼 때는 좌측 뒤쪽이었다. 광기 서린 한 여자가 뭐라 뭐라고 하며, 삿대질에 휘청기리며 반쯤 기는 듯이 하며 앞으로 나오고 있었다. 오○○ 신부님께 "한 판 붙어 보자!"라는 모습이었다.

　오○○ 신부님께서 오른팔을 짝~ 뻗으시며~ 헐헐거리며 앞으로 나오는 여자를 향하여~
　"사탄아~ 물러가~랏!"
　하셨다. 헐헐거리며 앞으로 나오던 여자가 뒤로 휘~익~ 영화 속 장풍에 사람이 날아가듯 5m는 넘겠다 싶을 만큼 뒤로 획~ 날아가버렸다.

　'정말 사탄이 있는 건가~?' 조금 뒤에 또 일어나 신부님께 대들며 앞쪽으로 나왔다. 신부님과 함께 여러 성도님이 그 광기 어린 여자를 향하여 장풍을 쏘듯 손을 뻗으며 심령 기도로 기운을 보냈다. 그 여자는 또 뒤로 휘~익~ 날아가버렸다. 몇 번을 그런 후에 그 여자는 힘을 잃었다.

　신부님께서 무슨 이름의 사탄이 그 여성을 통해 활동하는 것을 하느님께서 우리에게 보여주셨다고 말씀하셨다. 봉사자 몇 분이 그 여자분 곁으로 가는 모습이 보였다. 신부님은 강단 위에서 한국말 기도와 심령 기도를 계속하셨다. 두 팔을 양쪽으로 천사의 날개처럼 펼치시고 기도를 하셨다. 신자들이 뒤로 사르르 빙빙 넘어가며 눕는 모습들이 많이 보였다. 나는 '이것이 무슨 기운인가? 정말 무슨 조화인가?'를 관찰하는 마음이 되어 이쪽저쪽 뒤도 돌아보며 살펴보고 있었다. 치유의 은사가 이렇게 일어나고 있는 것이라고 얘기를 듣기는 했었다.

　그러고 있는데 내 눈이 자꾸만 감기어졌다. '왜 이러지?' 하면서, 나는 눈을 크게 껌벅껌벅 껌벅거렸다. 그러는데 강단 쪽에서 **축구공만 한 붉은 불덩이가!** 휘~익~ 내 가슴으로 날아와 떡! 붙었다. 내 가슴이 30cm 이상을 부풀었다 꺼지고, 부풀고 꺼지기를 반복하며 호흡을 몰아쉬더니 뒤로 뻥! 하며 넘어졌다. 쓰러져 누웠어도 가슴의 붉은 불이 30cm, 20cm 아주 큰 호흡을 하도록 하고 있었다.

가슴에 붙은 뜨거운 불덩이가 줄기를 내며 배속으로 뻗어갔다. 배속이 틀리고 허리도 틀렸다. 불줄기가 아랫배로 엉덩이 쪽으로도 뻗어가며 몸을 비틀며 용트림을 하게 했다. 뻗어가는 불줄기에 몸은 너무도 뜨겁고 아팠다. 12시 정시가 되니 신부님의 기도가 끝이 났다. 신부님의 기도가 끝이 나자, 내 몸에서 뻗어나며 몸을 뒤틀게 하던 기운도 멈추었다. 사람들이 잠을 자러 다른 장소로도 가셨다. 나도 다른 성당에 가서 잘 거라고 이불을 깔아두고 왔는데 몸에 힘이 없어 일어설 엄두도 못 내고 누워 있었다. 함께 가신 분들도 거의 저쪽 성당으로 주무시러 가셨다. 나를 인도해 가신 카타리나 형님이 내 옆에서 나를 위해 기도해 주시고 몸도 만져 주시며 지켜주고 계셨다.

봉사자 몇 분이 나에게로 오셨다. 처음 본, 아주 큰 십자가에 예수님이 모셔진 목걸이를 하신 분이 십자가를 손에 잡고 나에게 보이시며 기도를 해주셨다. 잠시 멈추었던 뜨거운 불줄기들이 다시 일어나기 시작했다. 배와 허리, 엉덩이 쪽으로 불줄기가 뻗어갔다. 뜨겁고 아픈 고통에 온몸을 비틀었다. 다리로도 뻗어나며 뜨거운 통증이 심하게 일어났다.

봉사자님께서 기도를 해주시고 질문을 하셨다. 질문에 대한 답을 하는 말소리를 따라 내 몸 안의 탁한 기운이 빠져나가는 느낌이 들었다. 아파도 아프다고 소리를 지르지 않는 나였다. 다른 사람들은 아기를 낳으면서 아프다고 소리를 지른다던데, 나는 신음 소리도 거의 밖으로 내지를 않았었다. 그런 나였었다. 질문에 대한 말을 끝내고 말을 하지 않으면 통증은 또 심하게 일어났다.

"봉사자님! 봉사자님! 질문 좀 해주세요!"
"질문을 좀 해주세요!"
'봉사자님도 나 같은 사람은 처음 만나 보셨나 보다.'라는 생각도 들었다. 계속 질문을 해주실 것을 요구했다. 질문을 하시면 그 질문에 합당한 말을 하는 동안에는 통증이 적었다. 배에서부터 허리로, 허리에서 엉덩이로, 엉덩이에서 허벅지로 내려갔다. 그리고 다리로 뻗어 내려가며 내 몸속의 탁한 기운을 뜨겁고 붉은 기운이 몰아내는 느낌이 느껴졌다.

간청하고 간청했다. '질문하지 않았는데 내가 자꾸만 지껄인다면 그것은 정신질환자의 언사이지 않은가?'라는 생각이 들면서 자꾸만 질문 해주실 것을 간청드렸다.
"질문 좀 해주세요!"
"질문을 좀 해주세요!"
질문에 대한 답을 하는 기운으로 내 몸속의 탁기를 몰아내는 느낌이 계속 들고 있었다. 간곡히 부탁을 드리고 또 간청을 드렸다.

어느 한 분이, 오○○ 신부님께 가서 나에게 대한, 말씀을 드렸단다.
"봉사자님들만으로도 충분할 것입니다."
라고 말씀하셨다는 얘기도 들었다. 나를 중심으로 20여 명 이상의 신자들이 둘러싸고, 나를 위해 기도해 주시고 계셨다.

통증이 무릎 및 다리까지 내려갔다. 밖에 있던 남편이 내 곁으로 왔다. 남편이 내 눈에 보이는 순간! 무릎 아래까지 내려갔던 탁한 기가 와락~! 허리까지 올라왔다. 몸은 또 엄청나게 고통스러웠다.
"봉사자님! 봉사자님! 제 남편, 제 남편이 성당에 나오도록 기도 좀 해주세요."
"제 남편이 성당에 오겠다고 대답 좀 듣게 해주세요."

내 몸은 아파서 땀을 뻘뻘 흘리며 용트림을 심하게 하고 있었다. 통증이 다시 복부까지 들어왔다. 남편이 입을 꾹 다물고 있으니! 내 몸의 고통은 더욱 심하였다. 남편이 오고부터는 뜨거운 기운은 사라지고 찌릿찌릿 파박~ 파박~ 몸에서 스파크가 일어났다. 봉사자님도 어느 정도 알아차리셨나 보다. 봉사자님께서 내 남편에게 간곡히 말씀드리며 간청하셨다.

그 이후에도 여러 차례 이러한 사연 속의 증상이 일어났는데, 사랑의 손길일 때는 뜨거운 불줄기가 움직였다. 나를 이해하지 못하고 하는 말이나 눈빛에서는 스파크가 일어났었다. 남편이 나를 이해하지 못하니 남편의 기운이 가까이 오니 스파크가 일어났던 것이었다. 전기 감전이 될 때 이러한 느낌일까?

"네! 성당에 가겠습니다."
남편에게서 성당에 나오겠다는 답을 들었다. 답을 듣기까지 내 몸은 엄청난 고통을 겪었다. 남편이 큰 소리로 성당에 오겠다는 말이 들리는 순간, 그토록 내 몸을 고통스럽게 하던 통증이 다리와 발을 통하여 쑥~! 빠져나갔다. 파박 파박 찌릿찌릿 찌르고 아프던 통증이 몸 밖으로 빠져나가니 너무도 시원하였다. 아기 낳는 것 몇 배로 심한 고통이었고 시원함이었다.

나를 인도해 가셨던 카타리나 형님은 내 옆에서 계속 기도해 주셨고, 물도 먹여주셨고 땀도 닦아 주셨다. 정신이 가다듬어지면서 실내가 너무 덥게 느껴졌다. 카타리나 형님께 말씀드렸더니 나를 부축하여 성당 밖으로 나왔다. 기운이 없는 나는 자리에 누웠고, 형님은 내 몸을 부드럽게 마사지해 주셨다. 지금도 카타리나 형님은 나를 위해 기도해 주시며 살고 계신다.

그때 그 기도회에서 일어났던 붉은 불이 내 가슴으로 들어와 복부와 하체를 돌며 막힌 기운을 몰아 다리로 빠져나갔다. 그런 후 가슴도 조금 덜 답답해졌으며 허리와 다리도 덜 아팠다. 특히, 미사를 드릴 때 턱을 낮추기만 하면 천사 아닌 신들이 나의 다리를 칼로 난도질을 해댔었다. 그러면 나는 주저앉아 눈을 뜨고, 예수상을 보며 기도해야 했었다.

꽃동네 기도회에서 붉은 불덩이가 내 가슴으로 들어와 나의 몸을 훑고 나간 후, 나를 그렇게 고통스럽게 하던 여러 증상이 많이 사라졌다.

15

고통과
영적 체험

몸이 허약할 때 만나는 환시였을까? 환청이었을까? 그렇다고 말하는 사람도 계실 것이다. 나는 아니었다고 생각한다. 나의 눈앞 머리 위에서 내 머릿속으로 들어올 거라며 칼을 든 신들이 싸움질을 해댔다. 성당 미사에 참석하여 고개만 숙이면 내 다리를 난도질을 해댔다. 심하게 아파서 파악! 주저앉을 때도 있었다. 아예 서는 것이 안 될 때도 있었다.

내가 겪고 있는 이 증상을 어떻게 하면 이겨낼 수 있을까? 신앙인들과의 만남만이 아니라 무속인들도 찾아다녔다. 무속인들은 하나같이,
"저로서는 제가 살고 있는 삶이 최선입니다."
라는 말로 나에게 먼저 고백을 했다. 내가 먼저 와서 앉아 있는데 다른 사람들은 봐주어도 나에게는 눈길도 주지 않는 무속인도 여럿 있었다. 그리고는 역시 고백을 했다. 몸이 아픈 사람을 손으로 두드려서 낫게 해주시는 무속인에게 갔다. 다른 사람은 다 해주고 나는 계속 미루었다.

"여사님은 안 해드리고 싶습니다."
라고 하셨다.
"저는 몸이 너무 아파서 왔습니다. 친구가 정말 용하시다고 해서 오게 되었

습니다."

못 이기겠다는 듯이 나를 돌아앉으라고 하시고 나의 어깨와 등을 두드리셨다. 아프면서도 시원하였다. 한참을 두드린 후에

"돌아앉아 보십시오. 제 손과 팔을 좀 보십시오."

그분의 손과 팔은 온통 시퍼렇게 멍이 들어있었다.

"제가 이래서 여사님은 피하고 싶었습니다. 여사님의 기운은 너무도 강하여 제 기운으로는 감당할 수가 없습니다."

라는 말씀을 하셨다.

"갖가지 모양으로 오시는 주님!"

성경 말씀에 이렇게 기록되어 있다. 나는 무속인들도 갖가지 모양으로 오시는 주님으로 생각했다. 그리고 그렇게 믿었다. 그래서 미리 기도하고 기도를 하며 그분들을 만났다.

한번은 친언니가 나를, 부산 가까운 시골에서 단군 님을 모시고 계시는 할머니에게 데리고 가고 싶어 했다. 남편도 언니와 함께 가기를 여러 번 원하였다. 내가 부산에 계시는 큰 시숙 댁에 갔던 날, 언니와 남편이 그 할머니에게 함께 다녀왔더란다. 남편이 갔는데 남편에게 대뜸!

"왜! 기도로 먹고 살아야 하는 사람을! 기도를 못 하게 하느냐!"

라며 엄청나게 나무라시더란다. 언니와 남편의 간곡한 부탁이 있어 나는 기도를 했다. 내 마음에서 답이 떨어져 날짜를 잡았다. 언니 차의 뒷좌석에 누워서 가고 있었다. 앉아 있을 만큼의 내 몸 상태가 못 되었었다. 몸은 불편했지만, 마음은 너무도 편안하였다. 정말 좋은 것을 얻어 올 것만 같았다.

"언니야, 내 마음이 어린이 동화책에 나오는 보물섬에 가는 것 같은 느낌이다."
"그렇냐? 그러면 그곳에 가서 보물을 찾아오너라."

제4장 나는 사랑이다. 사랑이다

"그랬으면 좋겠다."
나와 언니는 이렇게 말하고 대답했다.

때는 아직은 추운 3월 초였다. 언니가 차를 세우고 나는 차에서 내렸다. 커다란 단군상을 모신 방문이 열려있었다. 그리고 할머니는 내가 가고 있는 옆쪽으로 대야의 물을 마른 풀밭으로 뿌리고 계셨다.
"안녕하세요?"
내가 인사를 드렸다.
"네~ 어서 오십시오~"
할머니께서 답례를 주셨다.
"오늘 날씨가 정말 따뜻하고 좋습니다~"
"네~ 좋은 님께서 오신다고 날씨마저도 진정 좋군요."
우리가 나눈 인사 대화였다. 뒤에 알게 되었지만, 그분은 그때 눈이 안 보였다고 하였다.

"갖가지 모양으로 오시는 주님! 오늘은 이러한 모습으로 제게 오셨군요. 보물섬을 찾아오는 느낌이었습니다. 보물을 얻어갈 수 있었으면 좋겠습니다."
라며 단군상 앞에 서서 나는 짧게 기도를 드렸다. 기도를 드리고 할머니 가까이 가니 할머니께서,
"잘 오셨습니다."
하시며 나의 두 손을 당신의 두 손으로 꼬옥 잡아주셨다. 내 손을 잡고 할머니는 단군상이 모셔진 방이 아닌, 그림 하나도 없는 옛날 시골 방 같은 곳으로 나를 모셨다.

할머니께서는 내 마음을 먼저 밀토서 인도해 가셨다. 그러다가 태세 전환이 되었다. 우리는 서로 두 손을 마주 잡고 있었다.

"저를 보살님이라고 칭하셨는데요. 제가 자매님이라고 호칭해도 되겠습니까?"
"에~"
라시며 아주 편안하게 응하여 주셨다.
하느님의 따뜻하고 밝은 불.
"자매님~ 자매님께서 찾고 부르시는 그 수많은 신들을 모두 다스리신다는 분을~ 저는 하느님 아버지라고 부른답니다."
"예~!"
그렇게 말하고 대답을 듣는 순간 하늘에서 따뜻하고 밝은 불빛이 나의 머리를 통해 내 몸속으로 훅! 들어왔다. 내 몸을 한 바퀴 휘~익! 돌더니 잡혀있는 할머니의 손으로 쑥~! 들어가는 것이었다. 할머니의 몸이 푸르르 떨었다.

"저는 하늘을 붙잡고 제자리를 찾으려 바람을 타고 있습니다. 나를 힘들게 하는 자들을 온몸으로 휘몰아 내치고 있습니다."
내가 시누이 집에 가서 한바탕 시누이와 시누이 남편에게 심한 난리를 부린 후였었다. 그리고 부산에 살고 있는 큰 시숙 댁에 가서도 난리가 일어났었다. 큰 시숙이

"제수씨~! 신을 받으셔요!"
라는 말을 여러 번 했다.
큰 시숙이 네 번째,
"신을 받으세요."
라는 순간! 나는 옆에 앉아 있는 큰 시숙을 휑! 돌아보며
"그럼, 네가 받아! 내 너한테 신 줄게! 내 신 갖고 놀아!"
라고 하였었다. 그러니 큰 시숙이
"인~ 할~랍니다~"
라며 고개를 돌리며 숙였었다. 그런 일들을 난군 신을 모신다는 할머니께

제4장 나는 사랑이다. 사랑이다

서는 말하지 않았는데도 알고 계셨다.

"자매님~ 자매님께 제가 많이 미안하네요. 저는 이 세상의 신을 모두 다스리신다는 하느님을 아버지라고 부르고 있네요. 저는 마음껏 아버지 집에 갑니다. 때가 되면 자매님께서도 하느님을 찾아보세요."
"예!"
그렇게 내가 말하고, 할머니께서 대답하시는데 하늘에서 빛이 좀 전보다 더 강렬하게 내 머리를 통해 들어왔다. 내 몸을 돌아 잡혀있는 할머니의 손을 통해 할머니의 몸속으로 쏙! 빨려 들어갔다. 할머니는 몸을 좀 전보다 더 크게 푸르르~ 떨었다. 내가 믿는 사랑님! 사랑님께선 그렇게 하느님의 능력을 더욱 확신할 수 있도록 체험하게 하시고 보여주셨다. 나는 눈에 보이는 그 어떤 보물보다도 더 귀한 보물을 또 얻었다.

그 할머니는 내 전화번호에 '성녀님!'이라는 호칭이 붙이셨다. 여러 번의 전화 대화를 했다. 꺼져 있던 눈의 시력이 다시 켜졌다고 말씀해 주셨다.

30년도 훌쩍 지난 이야기이다.

제 5 장

지금의 내가
있기까지

공부를 하니,
세상을 이해하는 마음의 폭이 넓어졌다.
알게 되면서 열등감과 자격지심이
줄어들며 용기도 일어났다.

1

건강한 몸에
눈을 뜨다

　내 몸이 아픈 것을 인정받았다. 인정을 받으면 상대가 나를 대하는 방법이 달라진다.
　예를 들면, 농사를 짓는 사람이 어떤 씨앗을 심어 놓았다. 심은 씨앗이 새싹으로 올라온 것을 알아차리고 인정했다면, 그 싹을 밟아 상처를 주거나 죽이지 않을 수도 있다. 죽이고 싶다면 죽일 수도 있을 것이다. 불필요하다면 말이다. 그러나 그건 식물 얘기이다.
　사람들은 절대로 그렇지 않을 것이다. 관심이 없거나 몰라서 아니면 제대로 보지 않아서! 상대를 아프게 하고 나면 자신이 아파질 것을 보지 않거나 보지 못해서! 보지 못한다면 그러는 인간도 있기는 있다고도 보인다.
　그러나 자신이 씨앗을 심을 때는 정성을 들여 이랑을 준비하고, 거름도 넣어, 씨앗도 준비하는 수고도 들였을 것이다. 그렇게 정성을 들였는데 쉽게 밟아버리거나 상처를 주지 않을 것이다. 그런데 사람들이, 자신이 정성 들이지 않은 사람에게 함부로 여기며 밟는 인간이 많기도 하더라.

　또 하나의 예를 들어본다.
　시험을 치는 학생이 정답을 몰라서 오답을 적어 틀렸다. 다시 관심을 가져 공부하여 알게 되었다. 그러면 답을 바꾸어 석게 될 것이다. 그렇게 하면 성적이 오르고 좋은 일들이 많아질 수도 있을 것이다.

생필품에 대한 것도, 기계에 대한 것도, 컴퓨터나 휴대폰 사용을 하는 것도 알면 달라진다.

상대를 있는 그대로 보지 못하여, 자기도 모르게 상대에게 상처를 주게 되는 경우가 많다. 인지하고 인정하면, 서로에게 좋도록 소통할 수가 있게 된다. 소통이 되면 좋은 일들이 많아진다. 이것이 올바른 사랑이라고 남정이는 말한다. 인지하고, 인정하고, 변화하며 세상은 이루어지고 있다. 사랑으로 가꾸어지고 있다. 그렇게 쉽게 되지는 않지만.

참으로 많이도 아픈 후에야, 나의 가까운 가족에게 내가 아픈 것을 조금은 인정을 받았다.

침술원에 가서 침도 맞고 지압도 받았다. 내가 아픈 것을 남편에게서 인정받았다. 그리고 가까운 가족에게서도 인정받았다. 인정을 받았다는 것은 내가 살 수가 있도록 가족들이 나를 적게 짓밟게 된 것이었다.

침을 놓고 지압을 해주시던 분이

"여사님 몸에는 어혈이 너무 많이 들어있습니다. 어혈을 좀 뽑아내고 지압을 하면 몸이 잘 풀립니다."

이렇게 말씀하시며, 전화를 걸어 어혈을 뽑아 주시는 분을 소개해 주셨다. 우리 집에서 걸어서 갈 수 있는 가까운 곳이었다. 조심스럽게 대문을 열고 들어가니 몇 분의 손님과 어혈을 뽑으시는 선생님이 계셨다. 내 차례가 되어 등에서 사혈침을 찌르고 부항으로 당겨서 피를 뽑아내었다.

어쩜 그리도 시원하게 느껴지던지, 집에 와서 느끼니 어깨가 더욱 가벼워졌다. 막혀있던 하수구가 뚫어진 느낌이었다. 어깨에서 어혈을 뽑아내었더니 무겁던 어깨가 가벼워지고 아픔의 고통도 줄어들었다. 허리에도 뽑아달라고 부탁을 드렸다. 허리를 뽑고 왔더니 허리도 덜 아프고 가벼워졌다. 피를 뽑아 주시는 선생님은 다리에 장애가 있으셨다. 부항을 붙여 피를 뽑는데, 한번 가면 딱 세 곳만 뽑아 주셨다. 나는 돈을 두 배로 드릴 테니 두 배로 뽑아 달라고 부탁을 드렸다. 그렇게 해주셨다.

과용. 어혈을 뽑아내니 몸이 덜 아프고 가볍고 좋아서 과용을 부렸다. 피를 너무 많이 뽑아내어 허함을 느끼게도 되었다.

어혈을 빼고 나니 예전과는 다르게 지압을 해주시는데, 그렇게 아프던 몸이 시원한 맛이 들고, 좋다고 느껴지는 곳이 많아졌다. 더 좋은 점을 얻고 싶어 여러 시각장애인을 찾아다녔다. 내 몸과 마음을 아주 이해를 잘 해주시는 선생님을 만났다. 존경스러운 부분도 많았다. 그 존경스러운 선생님께 지압을 받으면서 지압을 배웠다. 여러 선생님의 손맛을 느끼며 계속 배워 나갔다.

어느 날이었다. 하얀 타월을 깔아놓은 성모상을 모신 탁자 앞에서, 눈을 감고 묵상하며 앉아 있었다. 성모님께서 허리를 굽혀 접힌 타월의 모서리를 잡고 들어 주시는데, 침들이 하얀 타월 위에 줄지어 깔려 있었다. 눈을 떴는데 석고상의 성모님은 그대로 서 계셨다. '무슨 뜻일까? 침술을 배우라는 계시인가?' 며칠 전에 달성 여성회관에 가서 수지침 강의를 듣고 왔었다. 그때 강사 선생님께서 주신 명함이 생각이 났다. 전화를 걸었다. 그렇게 하여 수지침 공부도 하기 시작했다.

오전 10시에서 12시까지 강의가 있었다. 그리고 저녁 7시부터 9시까지 강의를 하셨다. 점심 도시락을 싸가서 먹고 하루 종일 수지침 학원에서 공부를 하였다. 계속 학원에 있으려니 눈치가 보였다. 다른 수지침 지회가 있는지 알아보았다. 오후 2시부터 4시까지 강의하는 수지침 지회가 차로 가면 그렇게 멀지 않은 곳에 있었다. 오후 2~4시까지 강의를 하시고, 그쪽도 저녁에 7~9

시 사이에 수업이 있었다.

　이쪽 수지침 지회와 저쪽 수지침 지회 두 곳에서 공부하였다. 9시에 공부를 마치고 집에 오면 10시 반경이었다. 집안일을 대충 하고 내 손에 침을 꽂았다. 침을 꽂고 잠을 잤다. 자다가 잠이 깨면 손에 꽂힌 침을 뽑았다. 꿈속에서까지 수지침의 공부가 됐다.

　그래서인지 나는 이해가 잘 되었다. 이해를 잘하지 못하는 학원생들에게 내가 만든 오행의 도안을 복사하여 한 장씩 드리고 설명을 해주기도 했다. 그 도안을 보고 설명을 해드리니, 내가 전하는 말들이 이해가 잘 된다고들 하셨다. 수지침 지회장님께서,
　"강남정 선생! 강의를 좀 해주세요."
　라고 부탁하셨다. 나는 국민학교만 공부했다. 그곳의 학원생들은 교직 퇴직자, 스님, 한의원 선생님, 수녀님, 간호사 등 모두 가방끈이 긴 사람들이었다. 나는 도무지 그분들 앞에서 가르칠 수 있는 용기가 나지를 않았다. 짧은 가방끈이 나의 머리채를 잡고 뒤에서 당기는 느낌이 들었다.

　초등 4학년인 나의 딸이 코가 찡찡거리고 이마가 아프다고 하였다. 나에게 손을 아주 잘 맡겼다.
　"엄마, 찡찡거리던 코가 시원해지고 아프던 머리도 나아졌어!"
　라고 말을 했다. 딸아이의 입에서 소문이 되어 나갔다.

　그렇게 나는 대체의학에 눈을 뜨기 시작했다. 자꾸만 부족함을 느끼며 대체의학에 관계되는 공부를 꽤 많이 했다. 건강의 바탕이 되는 타고난 체질을 알아볼 수 있는 사주학도 공부를 했다. 그러다가 요가원을 차렸다. 요가원을 한 장소에서 17년간을 했다. 코로나19로 2021년 5월에 요가원을 접었다.

지금은 요가 강사를 다니고 있다.

2

인내

실업 중고등학교에 다녔다. 몸이 아파서 돈 버는 일을 못 하니, 그렇게 하고 싶던 공부를 할 수가 있게 되었다. 토요일 오후엔 서예 시간이 있었다. 부곡온천에서 붓글씨 재능기부로 오시는 연세가 좀 있으신 선생님이셨다. 너무도 인자하셨다. 1991년 내 나이 만 서른두 살 때였다.

나는 붓을 들고 점 하나를 찍어 놓고. 한참을 앉아 있어야 했다. 팔을 덜덜 떨면서 왼손으로 오른쪽 팔꿈치를 잡고 선 하나를 그었다. 팔이 아파서 그렇게 글자 하나를 못 쓰면서도 서예반은 빠지지를 않았다. 어느 날 선생님께서
"강 여사님께 드리고 싶어서 적었습니다."
하시며, 돌돌 말아 굵은 실로 묶은 한지 하나를 주셨다. 나는 대수롭지 않게 생각하여 장롱 위 짐 사이에 끼워 두었다. 사실 좁은 집에서 살면서 어떤 액자를 걸어본 적이 없었다. 남편이 너무도 엉뚱한 소리를 자꾸만 하여 결국 학교에 가는 것을 포기를 했다.

"좋은 놈 있으니까 그곳에 가제?"
끊임없이 말도 안 되는 소리를 했기 때문이었다. 내가 병원에 가는 것도 그렇게 말했고, 말대꾸를 해도 그렇게 말했나. 어이가 없어 말을 하지 않아도

그렇게 말했고, 시장에 갔다가 조금만 늦게 와도 그렇게 말했다.

"좋은 놈 있으니까 거기 가제~!"

"좋은 놈 있으니까 거기 가제~!"

라는 말을 너무도 끊임없이 하였다. 죽여달라며 칼을 주며 엎드렸었다. 그것이 남편에게 충격이었나 보다. 내가 그런 후부터 말이 바뀌었다.

"너 같은 거 필요 없어!"

"너 같은 거 필요 없어!"

라는 말을 하기 시작했다.

내가 심히 아파서 돈도 벌지 못하고, 남편에게 도움이 되지 않는 존재가 되었나 보다.

"너 같은 거 필요 없어!"

"너 같은 것 필요 없어!"

나의 옷들을 밖으로 던지며 나를 집에서 밖으로 밀쳐내었다.

"애들도 내가 필요 없는지 물어보자!"

라는 나의 말에 남편은

"애들도 너 같은 것 필요 없다고 했어!"

이러는 남편과 입씨름을 해서 도움이 될 것이 전혀 없다고 느껴졌다. 나는 어딘가에 가서 머물 때 필요한 짐을 쌌다.

수지침 공부를 하고 있을 때였다. 수지침 책 몇 권을 보자기에 쌌다. 갈아입을 옷도 작은 가방에 넣고 집 대문 밖으로 나왔다. 어디로 가야 할지 잠시 앉아 있었다. 생각난 곳이 기도회로 몇 번 가본 충북 음성에 있는 꽃동네였다. 버스를 몇 번 갈아타고 꽃동네로 오는 길에 여관에서 잠을 잤다. 아주 생생한 꿈을 꾸었다. 그리고 꽃동네에서 머무는 일주일간을 매일 같은 꿈을 선명하게 꾸었다.

제5장 지금의 내가 있기까지

수지침 책을 싼 보자기의 책 사이에서 계속 액자가 나오는 꿈이었다. 실업 중고등학교에 다녔을 때, 서예 선생님께서 주신 한문으로 적힌 참을 인(忍) 자가 새겨진 글자의 액자였다.

꿈이 어쩜 그렇게 뚜렷했을까? 똑같은 꿈을 7일간이나 꾸었다. 서예 선생님께 받은 한지를 펼쳐 보지도 않았었다. 어떤 의미를 가져보지 않았었기에 장롱 위에 올려놓고 잊고 있었다.

집에 돌아와서 붓글씨 선생님에게서 받아 장롱 위에 올려둔 돌돌 말은 한지를 찾았다. 표구하는 집에 가져가서 액자를 만들었다. 꿈에서 보았던 액자와 똑같았다. '어떻게 이런 일이 있을 수가 있는가! 액자로 만들지도 않았는데!' 액자가 되어 책들 사이에서 책보다 많이 꿈에서 보여 주었었다. '어떻게 이럴 수가 있는가?' 참을 '인(忍)' 자로 새겨진 액자였다. '글을 쓰신 선생님께서 얼마나 어떤 정성과 혼을 넣어 쓰신 글이기에 이런 일이 일어난 것일까?! 전지전능하신 하느님(사랑)의 역사하심일까?', '어찌하여 장롱 위에 종이로 올려져 있던 작은 물건이, 액자가 되어 꿈에 그렇게 나타났을까?' 이해하기 쉽지 않은 사연이었다. 영화 속에 나오는 큰 초능력을 가진 자가 조화를 부린 듯도 했었다. 나에게는 이해하기 어려운 일들이 많이 일어났었다.

액자를 시간 나는 대로 들여다보았다. 무슨 기운이 들어있는 건지 계속 찾아보았다. 칼 도(刀) 자 아래 마음 심(心) 자로 된 글자이다. 참을 인(忍)이다.

참을 인(忍), '예리한 칼 앞에서 마음을 다해 생각하여라.' 내 마음속에서 이렇게 풀이가 되고 있었다. '그동안 나는 어려운 현실 속에서 예리하게 생각하며 살아왔다. 그리고 앞으로도 그렇게 살아가라고 참을 인(忍) 액자가 나의 방 벽에 걸리게 되었나 보다.'

도대체 저 액자 속에 참을 '인(忍)' 자가 몇 개나 적혀 있나? 궁금해지며 헤아리기 시작했다. 빈 바탕으로 쓰인 큰 글자를 중심으로 점처럼 적혀 있는 것이 모두 참을 '인(忍)' 자였다. 헤아리다가 길을 잃고, 헤아리다가 또 잊어먹었다. 확실하게 몇 개인지 헤아리지를 못했다. 여러 번을 헤아렸는데 정확하게 헤아려지지 않았다. 가로 14cm에 세로 62cm 한지 바탕에 450개 정도의 참을 인 한문 글자가 들어있다. '대단한 혼과 기운을 넣어 쓰신 글자임에 틀림이 없다.'라는 생각은 지금도 변함이 없다.

부곡온천에 사셨던 선생님. 1991년 신미년에 달성군 화원읍 실업 중고등학교에 오셔서 붓글씨를 가르쳐 주셨던 선생님, 선생님을 찾으려고 약 15년 전에 실업 중고등학교에 전화를 걸었다. 남자 선생님 한 분이 친절하게 대하여 주셨다. 그런데 그 친절했던 남자는 나에게 이상한 말을 하였다. 그 인간에게서 마음에 스크래치가 났다. 붓글씨 선생님을 찾는 것을 포기했었다. 혹시라도 찾을 수 있다면 선생님의 몇 마디 말씀이라도 듣고 싶은 심정이 지금도 간절하다.

3

꽃동네까지 온 딸아들

꽃동네.

"이곳에서는 일주일 이상 머물 수가 없습니다. 하루를 더 지내시고 모레 오전엔 이곳을 떠나셔야 합니다. 어디로 가실지 준비하세요."

라는 말을 봉사자님이 해주었다. 그렇게 집을 나온 사람을 계속 이곳에서 머물도록 한다면, 가정파괴의 동조자가 되는 것이니, 일주일만 머물게 하는 것이 꽃동네의 법칙이라는 말씀이었다. 그 말씀이 이해가 갔다. 그 말씀을 들은 이튿날은 짐을 쌌다. 어디로 갈 것인가 마음의 준비도 했다.

함양 시골. 이모님 댁의 마음이 잘 통하는 동서 부부가 생각이 났다. 일단 그곳으로 갈 것을 마음에 정했다. 떠나기 전에 짐을 준비하여 사무실로 오라고 하셨다. 짐을 양손에 들고 사무실에 들어가니 수녀님 두 분과 몇몇 분이 계셨다. 이곳에 오게 된 사연을 질문하셨다. 나는 울컥하고 올라오는 설움을 삼키며 이야기하고 있었다. 십수 분이 앉거나 서서 나의 얘기를 들으며 눈물들을 흘리고 계셨다. 그렇게 내 이야기를 들어주시는 분들이 한 분 한 분 더 모였다. 한 시간 이상을 많은 분이 모여진 가운데서 살아온 나의 이야기를 하고 있었다.

그러고 그러고 있는데 초등 3학년인 딸아이가 내 눈에 들어오더니, 나에게로 성큼성큼 걸어오는 것이었다. 뒤따라서 초등학교 1학년인 아들이 달려와 나의 품에 안기며 통곡하며 울었다. 딸아이는 엄마 옆에 붙어 앉아 엄마 손을 꼭 쥐고는, 소리를 내지 않으려고 꺽꺽거리며 울고 있었다. 나도 고개를 숙여 소리 내어 울지 않으려 애를 썼다. 정신을 가다듬고 고개를 드니, 나를 둘러싸고 이 광경을 보시던 수십 명의 사람들이 눈 아래를 닦고 계셨다.

저쪽 사람들 뒤편에서, 엉거주춤 나를 못마땅하게 바라보며 서있는 남편이 보였다. 얼른 고개가 돌려졌다. 딸아이를 끌어안으며 딸과 아들의 등을 쓰담쓰담 했다. 딸아이가 이렇게 말했다.

엄마 이제 집에 안 온다는 아빠의 말.

"엄마! 아빠가! 엄마 집에 안 온다고 말한 뒤에 기침이 나왔어. 기침이 심하게 나오는데 피가! 피가 목에서 많이 나왔어! 엄마한테 보여 주려고 내가 휴지에 싸 놓았어!"

누나가 그렇게 말을 하니 동생인 아들아이가

"엄마 나는 쓰러지고 정신을 잃었어! 병원에도 갔어!"

라고 하였다.

꽃동네에 와서, 애들 아빠가 집에 없을 것 같은 시간에 전화를 걸었다. 그때는 휴대폰은 없었고 유선 전화는 우리 집에도 있었다. 아이들과 하루에 한 번씩은 전화로 목소리를 나누었다. 5일째 되던 날이었다. 아들딸과 전화 대화를 하고 있는데, 애들 아빠의 노발대발 하는 소리가 들렸다. 소리가 얼마나 크던지, 수백 리길 너머에 있는 나에게도 수화기 건너에서 애들을 억누르며 지르는 애들 아빠의 목소리가 들렸었다.

아빠의 언행에서 두 자녀가 충격을 심하게 받았나 보다. 아들은 쓰러지고 호흡이 가빠지며 열이 39도를 찍었더란다. 딸은 심하게 기침을 하고 긱혈까지 하였다. 엄마에게 보여 주려고 토해낸 피를 휴지에 싸서 보관해 두었단다.

애들 아빠는, 자신이 강하게 화를 낸 이후에 아들이 정신을 잃기까지 했다. 딸은 기침을 심하게 하고 피를 토했다. 자녀 둘에게 큰일이라도 생길 것 같았나 보다. 그냥 집에 있으면 안 될 것 같았나 보다. 자녀 둘을 달래려 대구에서 충북 음성 꽃동네까지 밤중에 택시를 타고 왔던 것이었다.

딸 아들에게 그때의 마음이 어떠했는지 아픔이 더 커질까 봐 물어보지 않았다. 아들과 딸도 아직은 그때의 사연을 말로 표현한 적이 없다.

어쨌든, 우리 가족 4명은 충북 음성 꽃동네에서 그렇게 상봉을 하였다.

4

*좋을 대로
하십시오*

내 나이 35세였다. 남편으로부터 집에서 밀려 나와 꽃동네를 갔다. 봉사자실에서 머물도록 자리를 마련해 주셨다. 치매 어르신들과 몸이 부자유스러운 분들이 모여 계시는 행복동이었다. 밥을 떠먹여 드리기도 하고, 대소변을 못 가리는 분들의 뒷일을 도와드리기도 했다. 그때가 연말이었다. 주방에서 신정 맞이로 만두를 만든다고 만두 빚을 사람은 식당으로 와달라는 부탁이 들어왔다. 그 말을 들은 나는 룸메이트와 함께 만두 만드는 식당으로 갔다.

칭찬. 20여 분이 모여 만두를 빚고 계셨다. 예전에 분식 장사를 할 때 만두 빚던 솜씨가 그곳에서 발휘가 되었다. 그런 나를 보고 칭찬을 아끼지 않으셨다. 나에게서 만두 빚는 방법을 배워서들 만두를 빚기도 하였다. 수천 명이 되는 꽃동네 식구들이, 신정 아침 식사로 잡수실 만두를 40여 명이 모여 빚었다. 만두를 빚는 가운데 칭찬을 들으니, 너무나 기쁘고 즐거워 만두도 아주 잘 빚어졌다.

만두를 빚으며. 행복동의 일보다는 주방 일이 내 몸에 익숙해 있으니, 내가 잘할 수 있는 주방 일을 하고 싶다는 생각이 들었다. 용기를 내어 수녀님께 말씀드렸다.

"수녀님, 저 행복동 일보다는 주방에서 일을 하면 좋겠는데요."
"좋으실 대로 하십시오!"
수녀님은 아주 편안하고 간단명료하게 대답해 주셨다.

"좋으실 대로 하십시오."
라고 하셨던 그 말씀이 내 머리에 걸려 있었다. 너무나 어색하게 들린 말이었기 때문이었다. 수일간을 머리에서 생각하고 있었다.
"좋으실 대로 하십시오."
'내 좋을 대로~'라는 뜻의 말을, 나는 태어나서 처음 들어본 것이었다. 지금까지 살면서, 내 좋을 대로 하며 살아본 적이 거의 없었던 것도 같다. 아버지의 뜻에 따라서, 환경에 의해서, 남편의 언행에 의해서, 누군가의 어떤 표현에 의해서 '나는 어릴 때부터 가까운 사람의 말과 마음에 이끌려 살아왔구나!'라는 생각이 내 가슴속에서 일어나고 있었다.

나는 어릴 때부터 내가 하고 싶은 것을, 너무도 하지 못하고 살았다. 너무도 억눌림을 당하며 살아왔다. 하고 싶은 것을 못 하게 하는 학대에 눈물을 머금으며 가슴속에 하고 싶은 것들을 묻고 묻어왔다. 가슴속에 묻혀있던 지난날의 사연들이 끊임없이 일어나고 있었다.
"좋으실 대로 하십시오."
처음 들어본 아주 어색했던 말에 뿌리를 내리며, 내가 좋을 대로 하며 사는 방법을 찾는 마음이 자라나고 있었다. 성경 말씀에 '서로 사랑하라!'라는 말씀이 있었다. 나는 그동안 사랑을 받은 것보다 사랑을 해준 것이 훨씬 더 많았다.

"서로 사랑하라."
라는 말씀이 내 나름대로 이렇게 풀이되고 있었다. '우리 한국의 며느리들이 서로 사랑하는 삶을 살려고 했다면 그 가정들이 온전히 이루어졌을까? 나의 부모님 세대와 나와 비슷한 육칠십 대 며느리들은 많이들 시집살이를 하지 않았는가? "서로 사랑하라."의 말씀의 뜻대로 살려고 했다면, 쫓겨난 며느리가 수두룩할 것이다.'라는 생각이 들었다.

그리고 아내와 남편 사이에서도, 아내가 남편을 훨씬 더 많이 사랑하고 희생하는 모습들이 내 눈에는 너무도 많이 보였다. 우리 한국 어머니들이 며느리로서, 아내로서, 엄마로서 받는 것은 적으면서 해주는 사랑은 그 얼마나 많았던가? 나 또한 받은 것은 적은데, 해준 사랑은 너무나 많았다. '그래서 나는 건강을 잃게 되었구나.'라는 생각도 들게 되었다.

'내게는 지금도 나를 사랑해 줄 사람이 거의 없다. 그렇다면 내가 나를 사랑해야겠구나!'라는 생각이 들었다. '어떻게 해야 할까? 내가 나를 사랑하는 방법이 어떤 것이 있을까?' 나는 누군가에게서 받은 것이 있으면, 빚을 진 것 같아 마음이 무거웠다. '어떻게 얻어먹고도 마음이 불편하지 않을 수 있는 내가 될 수 있을까?'

내가 어릴 때였다. 엄마가 저세상으로 가실 전후였다. 다섯 살 때 엄마가 저세상으로 가셨으니, 5~6세 정도였다. 우리 집에 먹을 것을 얻으러 오는 어린 거지가 있었다. 먹을 것을 얻으면 기뻐서 춤을 추며 달려가던 뒷모습이 생각이 났다. 그 모습에 내 마음을 이입시켰다. 끊임없이 상상하고 생각을 했다. 주문을 외다시피 내 모습을 그리며 이미지화시켰다.

'도움을 받을 수 있을 때는 기쁘게 받자. 줄 수 있으면 주고! 주지 못하더라도 편하게 생각하고~ 받고 얻는 것에도 가볍게 생각하자! 그동안 많이 주며 살아왔잖아~ 이제는 받는 것에도 좋아하며 살자! 받고 얻는 것에 기쁨을 가져보자!' 지금까지 살면서 주는 것에 길들여져 있었던 내 모습이 보이고 보였다.

'내가 나를 사랑해 주어야 된다. 그래야만 내 건강도 살릴 수가 있다. 내가 건강해야, 가족도 이웃도 사랑해 줄 수가 있다.', '누가 뭐라고 해도~ 내가 나를 위해 맛있는 것 먹고! 내 몸도 아끼며 사랑을 해주자!'라는 생각을 갖게 되었다.

나는 사랑을 받아보지 못하여 사랑을 받는 방법도 모르고 있었더라! 아가씨 시절, 남성이 나에게 관심을 주면 사랑받는 방법이 너무도 서툴러 오히려 적대시하며 아주 고약하게 공격까지 하였더라.

세월이 흐르면서, 기쁘고 즐겁게 사랑을 받는 마음도, 언행도 익어지고 있었다. 내가 나를 챙길 줄도 알고, 거절하는 방법도 자연스럽게 할 줄 아는 내가 되고 있었다.

"이것 좀 해주시면 좋겠습니다."
"그대께서 좋으실 쪽으로 선택하십시오."
"자기가 제일 좋겠다~ 싶은 것을 챙겨!"
"네가 좋을 대로 하려무나!"
"좋으실 대로 하십시오~"
라는 말들을 언제부턴가 나도 곧잘 사용하고 있었다.

성장기 때, 그리고 시집살이에서, 습관 같은 이타성에 길들여진 나에서 서로 존중하는 내가 되기까지! 그것도 나는 많은 노력이 필요했었다.

우리 서로가, 좋아지도록 살아간다면 정말 좋겠다.
우리 서로 좋아지도록 살아봅시다. 우리 서로~

감사합니다.

5

가족 화해

    가방가게. 남편이 가방가게를 하고 싶다고 했다. 은행에서 대출도 내어 차렸다. 내가 컨디션이 좋으면 가방 장사가 궁금하여 가게에 나가곤 했다. 내가 가게에 있으면 가방이 한 개씩 팔려 나갔지만, 남편은 거의 팔지를 못했다. 남편은 나에게 가게를 맡겨두고 술 마시고 노는 것에 많은 시간을 보냈다. 남편에게 가게를 지키게 하려고 나는 삼성전자 가정 판매원으로 입사했다.

    조금씩 걸어 다니는 것은 운동이 되기도 했다. 할 수 있는 만큼 하고 쉬기도 하면서 하기로 한 것이다. 하지만 냉장고 등 제품 하나를 구매해 주시면, 그 제품을 들일 때 도와드리고 싶었다. 조금이라도 도와드리고 나면 내 몸은 많이 아파졌다. 침 맞고 약을 쓰는 치료비가 더 들어갈 정도였다. 남편이 하는 가방가게 수입은 거의 없었다. 생활비도 못 벌었고 대출 이자도 불어났다.
    집을 팔았다. 집을 팔았다는 소식을 듣고 시누 남편이 나를 찾아왔다.
    "아파트 하나를 사주면 어머님을 모시겠단다." 진심이 아니라는 사실을 알기에 대답할 가치도 없었다. 내 마음을 떠보려고 한 말이기도 했을 터이다.

    어머님께 돈을 드리기 위해 전화를 수없이 걸었다. 전화로는 소통이 전혀 되지를 않았다. 영덕에 계시는 어머님께 세 번을 찾아갔다. 어머님의 자존심을 상하지 않게 하려고 여러 가지 방법으로 말씀드리며 다가갔었다. 빌면서도 말씀을 드리기도 했다.

"어머님 저희 자녀 잘 키워 주셔서 고맙습니다. 덕분에 집도 사고 가게도 샀습니다. 어머님의 공이 너무나 큽니다. 제가 어머님께 잘 못해드린 것이 너무나 많습니다. 이제는 드시고 싶은 것 마음껏 드시고, 멋진 옷도 사 입으시고, 여행도 다니시고 그러세요."

그때 어머님의 연세는 60대 중반이셨다. 자존심이 너무도 강하셨으니, 어떻게 말씀을 드려도 통하지를 않았다. 결국은

"어머님! 당신의 자녀인 시누이와 아주버님들이, 어머님 몫으로 3분의 1을 드려야 된다고 계속 말을 합니다. 어머님이 받아주셔야 제 마음이 편하고, 몸도 좋아질 것 같습니다."

라는 말을 하게 되었다. 그제야 통장 계좌번호를 주셨다.

돈을 받으신 몇 달 후에 어머님은 고향 시골로 가셨다. 마을에 하나 있는 마을회관 구판장의 구멍가게를 하시게 되었다. 가족들 간의 꼬여진 마음들이 많이 풀렸다. 나를 탓하는 마음들이 줄어들었다. 내 마음도 많이 편안해지고 몸 건강이 좋아지는 데도 도움이 되었다. 애들을 데리고 남편과 어머님이 계시는 시골에 자주 가고 오고 갔다.

어머님의 주선으로 시골에서 어머님 자녀들과의 모임도 가졌다. 어느 날 모임이었다. 내가 일찍 가서 가족들이 먹을 음식을 준비하고 있었다. 채소를 씻어 담은 바구니를 들고 다리를 절며 걷는 나를 보고, 시누이가 이렇게 말했다.

"할마시 다 댔네~"

라고 하던 그때의 전 시누이가 생각이 난다.

"아이고 언니, 내가 일찍 와서 준비를 좀 해야 하는데~"

라면서 바구니를 좀 받아주려고 했다면 얼마나 좋았을까? 시누만이 아니

라, 어이없는 말을 쉽게도 하는 시댁 가족들이었다. 그동안 살면서 보고 들은 것들에 이미 길들여져 있었다. 지금 말을 이렇게 적고 있다는 건 아직도 섭섭함이 남아 있다는 것인가?

나는 이런 생각까지 들게도 되었다. '몸의 눈 두 개를 가지고 단순한 마음을 가진 가족들이 사는 가정에, 마음의 눈을 가진 내가 시집을 갔다. 그 가족들이 보기에 나는, 아주 이상한 사람일 수도 있었을 것이다.'

"끼리끼리 만난다."
라는 말도 있다. 그러면 더 잘 어울려지고 좋은 점이 많을 수도 있을 것이다. 생각의 거리가 먼 사람 사이에는 힘겨움도 많이 따르기도 했다. 나는 생각의 차이가 많은 가정에 들어가서 가족들의 마음을 불편하게 한 것도 같다.

어머님은 구판장 장사를 그만둔 지 2년 정도에 저세상으로 가셨다. 어머님의 연세 70대 중반이셨다.

6
사랑의 기도

 사랑의 기도. 나의 마음을 아주 편안하게 해주는 사랑의 기도라는 기도문이 적힌 책이 있었다. 그 기도문을 읽으면 마음이 편안해졌다.
 몸이 지치고 힘이 들어서, 눈으로 읽는 것만으로는 부족하게 느껴졌다. 양면 카세트테이프 2시간 용에 나의 육성으로 녹음을 했다. 자리에 누웠어도 잠을 자면서도, 그 기도문을 끊임없이 듣고 들었다. 테이프는 계속 재생되었다. 밤새도록 틀어놓고, 들으며 기도하고! 잠결에서도 계속 기도 속에 있었다.

 어느 날 새벽이었다. 하늘의 빛이 나의 가슴으로 쏟아져 내렸다. 가슴이 뜨거워지더니 가슴이 부풀려지며 숨을 몰아넣고 있었다. 예전에 꽃동네에서 일어났던 그때와 비슷한 증상이 일어나고 있었다. 축구공만 한 붉은 불덩이가 모여지고, 숨을 아주 크게 가슴이 30cm 이상 부풀려지며 마시고 내쉬고를 반복하게 되었다. 가슴을 뜨겁게 하던 불덩이가 불줄기를 내면서 복부로 뻗어나고 어깨로 뻗어났다.
 뜨겁고 아프고 뻗어가는 불줄기에 몸이 용트림을 했다. 아프고 뜨거운 기운이 몸 상체를 돌고 돌며 몸을 뒤틀고 비틀게 했다. 몸을 비틀고 뒤틀며 방을 헤매었다. 몸에서 일어나는 기운이 강하게 일어나면 일어날 수록, 그만큼 치유도 많이 된다는 것을 나는 이미 알고 있었다. 꽃동네에서 크게 경험을 했었다.

　고통 속에서도 기쁨은 넘쳐 올랐다. 산모가 바라고 기다리는 아기를 낳을 때, 고통 속에서도 기쁨은 넘쳐나리라~ 내 기쁨은 그 마음 이상이기도 했다. 사랑의 기도 테이프 볼륨을 좀 더 올렸다. 단독집이라면 소리를 지르며 몸을 풀어내고 싶었다. 그곳은 3층 건물 다세대 주택 2층이었다. 그리고 시간도 새벽 시간이었다.
　한 시간 이상을 그렇게 몸부림을 치고 있는데, 기도회의 지인이신 카타리나 형님이 생각이 났다. 도움을 받고 싶다는 생각이 들어 전화를 걸었다. 전화 수화기를 놓은 지 30분도 안 되어 카타리나 형님은 기도회 회장님도 모시고 오셨다.
　몸의 통증을 함께 하느라 내 몸은 땀으로 범벅이 되어있었다. 아직도 아픔에 시달리는 나를 보시고, 기도회 회장님과 카타리나 형님 두 분이 두 손을 펴서, 눈을 감으시고 나의 아픔과 함께하는 기도를 하셨다. 통증이 시작된 지 약 두 시간이 넘어가니 통증이 가라앉았다. 기도회 회장님께서, 안수기도를 해주셨다. 나는 초주검이 되어 팔다리가 축 늘어졌다. 기도회 회장님께서,
"이제는 좋은 일만 있을 겁니다. 주님께서 자매님을 너무도 사랑하십니다!"
라는 말씀을 해주셨다.

　지난번 꽃동네에서는. 불덩이가 가슴으로 들어와 다리로 빠져나가며 몸 안의 탁한 기를 몰아내었다. 오늘 새벽에는 가슴으로 빛이 들어와 불덩이가 생겨 상체의 탁한 기를 몰아내었다.
"제가 출근을 해야 하니 저는 가 보겠습니다. 자매님~ 푹 쉬십시오!"
　기도회 회장님은 교직에 계시는 분이셨다. 목요일 저녁마다 내가 다니는 성당에서 기도회 봉사를 해주시고 계셨다.

사랑의 기도 한 권의 책. 기도문을 녹음해 두고, 자면서도 듣고 들으며 기도한 지 석 달 정도였다. 그 기도들이 응집되니 하늘이 감동했던 것일까? 하늘로부터 치유의 은사가 들어왔다고 느껴지고 믿어졌다.

그 이후에, 심하게 아프던 어깨와 팔이 조금씩 적게 아파지고 무겁던 몸도 많이 가벼워졌다.

7

지금의 내가 있기까지

　남편이 너무도 답답했었다. '어쩜 저토록 이해가 안 될까?'라는 생각을 많이도 했었다. 그러고 있는데, 내 마음의 귀에서 들리는 소리가 있었다.
　"네 까짓것이! 넌 뭘 얼마나 노력했다고! 지금의 네가 있기까지를 생각해 보았느냐? 생각을 해보아라!"
　"네가 그냥 있는 줄 아느냐? 수십억 년간! 그동안의 선조님들의 노고를 생각해 보아라!?"
　"지금의 네가 있기까지는 어떤 느낌이 있어 꿈틀거렸다. 그 느낌을 따라 꿈틀거렸더니 단세포가 되었다. 또한 느낌이 있어 꿈틀거렸더니 다세포가 되었고! 지금의 네 몸은 60조 세포 이상으로 형성되어 있다고 하지 않더냐?!"
　"그것만이냐! 물질문명은 어떠하며, 정신문명은 또 얼마나 어떻느냐!"
　"수십억 년 흐르는 동안, 선조님들의 노고를 생각해 보아라!"
　"네 까짓것이! 무얼 얼마나 노력했다고! 감히!"
　못난 나를 나무라는 소리가 자꾸만 들려왔다. 못난 나를 꾸짖는 소리가 계속되고 있었다.

　지금의 내가 있기까지. 선조님들의 피땀과 노고와 정성들을 생각하며 느끼지 아니할 수가 없었다. 차를 타고 가면 건물들이 눈에 들어온다. 저 건물들

속에서 무슨 일들을 하시는지, 내가 아는 간판이 몇 개 되지 않는다. 마트에 가서 물건을 산다. 내가 사용하는 물건은 몇 가지 되지 않는다. 하늘을 올려다본다. 땅 위의 사물들을 본다. 내가 얼마나 하찮은 존재인가가 자꾸만 느껴지고 있었다.

그동안 나는, 나의 의지와 노력으로 남편도 사랑하며 사는 줄 알았다. 그것이 얼마나 교만이었는지를. 산이 무너지며 바위가 솟아나듯, 아주 세차고 강한 충격을 보이며 선조 님의 모습이 어마어마하게 나타났다.

나는 아주 작아지고 있었다. '내가 모래알보다 작은 방구석에 끼어있는 먼지 알 같다'라는 생각이 들었다. 먼지 알! 내가 심하게 아파 누워있었을 때였다. 수납장 위에 앉아 있는 먼지 알의 눈빛을 보았다. 그 먼지 알들이 나를 바라보며,
"저희들은 님의 손길이 필요해요~"
라며 나에게 반짝거리며 눈빛을 주고 있었다. 그들의 소리가 강하게 들리고 보였다. 나는 몸을 꿈틀거려 기면서 일어나, 그들에게 나의 손길을 주게 되었다. '이 먼지 알들마저도 내 손길을 원한다.'라며 짜증이 나기도 했었다. 움직이는 몸이 아파 눈물이 찔끔거리기도 했었다. 그랬는데 세월이 흐르고 보니! 그 먼지 알들이 나를 꿈틀거리며 움직이게 했다는 사실을 알게 되었다. 나를 살아 움직이게 한 게 바로! 사랑이었더라는 것이다.
그렇게라도 움직였기에 나는! 생명체로서 꿈틀거리며 몸과 마음의 세포 분열이 일어나게 되었던 것이었다.

30세 경에 죽음을 받아들였다. 36년 이상의 세월을 덤으로 살아왔다.
사랑하고 사랑받으며 지금도 살고 있다.
먼지 한 알, 낙엽 하나, 바람과 구름, 느껴지고 보이는 모든 것이 사랑 아닌

것이 무엇이 있으랴!
이 세상의 이루어짐은 모두가 사랑이다.

수십억 년 세월 속에 사랑의 선조님이시여~
지금의 제가 있기까지를 생각하게 해주심에~
진심으로 엎드려 감사드리옵니다.

8

모래 위의
두 발자국

모래 위의 두 발자국

　　　　　　　　　작가 미상

어느 날 밤 나는 꿈을 꾸었네
하느님과 함께 긴 해안을 걷고 있는 그런 꿈을

하늘 저편에는
내 살아온 인생행로가 영상 되어 흐르고 있었지

매 장면마다 나는 보았네 모래 위에 두 발자국을
하나는 내 것 다른 하나는 하느님의 것

내 인생 최후의 장면이 나타났을 때 나는 돌아보았네
모래 위의 두 발자국을

아! 그러나 어찌 된 일인가?
모래 위의 두 발자국은 하나뿐이니

내 인생의 가장 어려운 시련의 때에 그것도 여러 번

나는 하느님께 말씀드렸네
하느님! 제가 하느님을 따르겠다고 말씀드렸을 때
하느님께서는 저와 동행해 주신다고 하셨는데
내 인생의 가장 어려운 시련의 때에
그것도 여러 번 모래 위에 발자국은 하나뿐이니

저는 모르겠나이다
모래 위의 발자국은 하나뿐이니 어찌 된 일이신지요?

하느님은 말씀하셨네.
"내 사랑스럽고 귀여운 자여~
시련의 때에 나는 결코 너를 떠난 적이 없었단다.
모래 위의 발자국이 하나뿐일 때는, 나는 너를 안고 걸었었단다."

내가 성당에 다니고 있을 때, 수녀님으로부터 받은 작가 미상의 작품이었다.

어떻게 내가 살아왔는지 나로서도 내가 잘 이해가 되지 않는 시련들이 많기도 하였다. 그랬었기에 수녀님께서 주신 **모래 위의 두 발자국** 시의 내용을 나는, 충분히 이해되고 있었다.

언제부턴가 나는, 하느님의 품속에 안겨 있었음을 종종 느끼며 살아왔다.

9

36세에
중학교 입학을

1969년부터 서울시에서 시작되었고, 1970년도엔 전국 10개 도시 그리고 1971년도부터 전국이 무시험 제도가 되었단다.

나는 시험을 치면 성적이 좋았다. '장학생이 될 수도 있는, 시험이라도 치러 볼 수 있었더라면!' 무시험이 된 것에 실망하며 울기도 많이 울었다. 중학교에 갈 수가 없게 된 환경에서 6학년 땐 학교에 가는 것이 재미도 없었다.

6학년 겨울방학 때부터 진주와 삼천포를 오고 가는 예하역이라는 작은 간이역에서 근무를 했다. 기차표도 끊어주고 서류 정리도 해서 사천역으로 보내는, 어렵지 않은 일이었다.
"어느 학교에 배정이 될지 물레 돌리러 간다."
라며 동기들이 진주로 가는 기차를 타려고 역으로 모여들었다. 어린 마음에 눈물은 왜 그리도 흐르던지? 반 친구가 위로의 말이라고 해주는데, 어찌 그리 주책없이 줄줄거리며 흐르던지?

사촌 오빠가 역에서 근무하며 야간 고등학교를 졸업하고 군대를 갔다. 나도 역에서 근무하고 있으면 야간 중학교라도 갈 수 있을 거라는 꿈을 가지고 있었다. 엄마가 아버지에게 너무 심하게 맞아서 살림을 하실 기운을 잃었다. 내가 집으로 와서 살림을 하게 되었다. 중학교에 갈 꿈을 잃어버린 것이었다.

결혼 초였다. 어머님께서 글자도 잘 모르시는데, 마을 어귀에서 자그마한 구멍가게를 하고 계셨다. "장물아비가 되었다."라며 어느 날 법원에 가게 되었다. 나는 딸을 등에 업고, 마을 아저씨 한 분과 어머님과 함께 갔다. 우리의 가정 경제에 비하여 너무도 많은 벌금을 내라는 것이었다. 여러 얘기로 사정을 해 보았지만 통하지를 않았다. 배우고 싶어도 배우지 못한 내 설움이, 그곳에서 심하게 폭발하고 있었다.
"어쩌다 너는 배워 먹었어? 우리도 환경이 좋았더라면 배웠을 거다! 글자도 모르는 할머니가 손주 같은 아이가 돈이 정말 필요하다고! 물건 맡겨두고 빌려 간 돈 얼마에 무슨 벌금이 이렇게나 많아!"

못 배운 열등감도 아주 심했다. 그렇게도 하고 싶던 공부였었다. 나는 너무도 화가 났다. 십수 명의 법조계에 근무하시던 분들이 계시는 방에서 용감무쌍하게 엄청나게 화를 내며 쏟았다. 나의 말에 대꾸하는 사람은 한 사람도 없었다. 엄청나게 많다고 느껴지는 벌금의 가치만큼 화를 쏟아내었다.

내 나이 만 36세 9월에 야학 중고등학교에 입학을 했다. 40세 8월까지 4년간에 걸쳐 야학을 다니며 공부를 했다. 4년제 대학생 봉사자들로 구성된 가톨릭 성당 지하실의 새얼 중고등학교였다. 선생님들은 너무도 훌륭하셨다. 수련회, 체육회, 소풍, 학예회, 마니토 게임 등 공부를 가르치시는 것만이 아니라 여러 방면에서 너무도 따뜻하게 정성과 관심을 주셨다. 그렇게 봉사 일을 하시면서도, 선생님들은 오히려 우리에게,
"저희가 얻는 것이 더 많습니다."
라고 말씀들을 하셨다.

나는 만학을 하면서 많은 이가 받아보지 못한 특별한 사랑을 받았다. 그동안 살아오면서 부모로부터 받아보지 못했던 사랑 덕분에, 기쁘고 즐거운 사랑을 받았다. 4년간의 행복한 학교생활이었다.

공부를 하니, 세상을 이해하는 마음의 폭이 넓어지고 있었다.
알게 되면서 아는 만큼씩 아집도 줄어들었다.
알게 되면서 열등감과 자격지심이 줄어들며 성격도 순해지고 부드러워지고 있었다.

배움의 님이시여~
늦게라도 배울 수 있게 해주심에 감사드립니다.

10

*큰 얼굴의
님께서*

 찜질방에서 경락마사지 가게를 열어 일을 하고 있었다. 나에게 관리를 받으시려는 손님이 정말 많았다. 오전 11시부터 밤 열두 시까지 나의 약손을 기다리고 계시는 손님이 줄을 잇고 있었다. 나를 찾는 손님을 모두 해드리지를 못했다. 손님의 굳은 몸을 관리해 드리고 나면, 내 몸이 굳어 들었다. 잠을 자면 내 몸이 굳어 들면서 허리가 아파져 웅크리게 되었다. 웅크리고 자다가 앉아서 잤다. 앉아서 자다가 엎드려서 잤다. 앉았다가, 엎드렸다가, 웅크렸다가, 누웠다를 하면서 잠을 잤다.
 마사지 손님을 많이 하고 나면 여간 아파도 잠이 쏟아졌다. 밤새도록 앉았다가 웅크렸다가 누웠다를 하며 잠을 자면서도 돈이 들어오는 일에 떠밀리며 생활을 했다.

 남편은 내가 버는 수입이 있으니 아예 직장을 그만두었다. 애들 아빠는 아내에 대한 책임감도 없었지만, 자녀에 대한 책임감도 완전히 지하 바닥이었다. 그리고 내가 무엇을 잘못했는지 남편은 아내 탓만 하는 사람이 되어 있었다.
 아내인 내 탓을 심하게 하니 나는 말을 잃었고, 몸과 마음의 기력을 잃어 몸져눕게 되었다. 보름 정도를 음식도 거의 못 먹고 누워 있으니, 나를 일으켜 미건의료기 위에 앉혀놓고 옆에 앉아서 말을 걸어왔다. 말을 걸어오니 내가 이렇게 말하고 있었다.

"당신아~ 사랑님께서 당신을 너무도 사랑하신다. 어머님을 통해 사랑하시다가! 나와 결혼하게 하여 나를 통해 사랑하셨는데 이제는! 나를~ "
나는, 하느님을 사랑님이라고 호칭을 쓰고 있었다. 남편이 나의 말을 받아서
"흥! 무속인이 신을 빙자해서 하는 말을 알겠구먼!"
라는 것이었다. 나란히 앉아 있던 내가 일어서며 돌아서면서,
"어디! 감히~ 하느님한테!"
라면서 남편의 따귀를 아주 세차게 내려치는 것이었다. 나의 몸은 뒤로 물러나, 장롱에 붙어 두 손을 잡고 덜덜 덜덜 떨고 있었다. 그러고 있는데
"카타리나야 잘했다~ 잘~했어!"
하시는 울림의 목소리가 들려왔다. 그리고 등 뒤에서 큰 얼굴의 영상이 나를 보며 미소 지어주고 계셨다. 하느님이신지? 예수님이신지? 어쨌든 내가 믿는 사랑님이시라는 분으로 느껴졌다.
남편은 꼼짝도 안고 그대로 앉아 있었다. 어디에서 무슨 힘이 그렇게 일어났던 것일까?
그 이후부터는, 내가 남편에게 화를 낼 때마다 큰 얼굴의 영상이 등 뒤에서 미소를 짓고 계셨다.

내가 성당에 나가며 성경 공부를 하면서 진리에 더 밝아졌다.
"의롭지 않는 자에게 순종 복종하라."
라는 말씀은 내 마음의 눈에는, 눈을 닦고 보아도 보이지 않았다.
"불의와 타협하지 말라."
라는 뜻은 많이 보였다.

진리에 밝아지면서 불의와 대적하는 내가 되고 있었다.

11

사랑님께서
응원을

남편의 멱살을 틀어쥐었다. 남편의 멱살을 틀어쥐고는 남편을 주방 모서리에 처박아 넣고 남편의 배 위에 올라앉았다. 내 몸의 힘이 얼마나 세고, 눈빛은 또 얼마나 강렬했는지 나는 모른다. 남편은 꼼짝도 하지 못했다. 그동안 모아온 내 속의 감정들이 남편을 완전히 제압하고 있었다. 내가 믿는 사랑님께서 나를 통해 역사하시는 것도 같았다.

"독사를 수십 마리 수백 마리 끌어안고 있는 이 사탄아! 네놈이 나에게 어떻게 하며 살아왔어! 언제는 어떻게 했고, 언제는 어떻게 했고…!"
남편은
"어~ 어~ 어~"
라는 대답의 소리를 하면서 눈빛으로도 껌벅~ 껌벅! 인정을 하고 있었다. 30분 이상을 그렇게 했다. 딸과 아들은 거실에 서서, 엄마 아빠의 그러는 모습을 가만히 보며 서 있었다. 그러는 나의 등 뒤에서 역시 큰 얼굴의 영상이 미소 지어 주시고 계셨다.

며칠 뒤 남편이 술을 마시고 들어왔다.
"그래~ 이년아! 나는 사탄이다. 이년아~ 니년이 나를!"

라며 나의 얼굴을 때리려던 순간, 나는 남편의 손을 피했다. 얼굴에 멍 들 것을 피한 것이었다. 얼굴을 두 손으로 감싸 쥐며 돌아서서 웅크려 앉았다. 발로 내 등을 밟았다. 그러는 소리에 아들이 방에서 달려 나와, 아빠를 꼼짝 못 하게 뒤에서 끌어안아 버렸다.

아들도 벌써 훌쩍 컸다. 키도 크고 덩치도 있다. 딸은 대학 3학년이고, 아들은 딸보다 두 살이 적다.

사랑님께서 그렇게 나를 응원해 주시고 계셨다.

12

얼막 피정의
잔잔들

세례성사와 견진성사. 성당에서 세례성사와 견진성사를 받는다. 성사를 받을 때 남성들은 대자로 대부님을 맺고, 여성들은 대모와 대녀로 맺는다. 우리 가족 넷은 모두 세례성사와 견진성사를 받았다. 남편의 대부님은, 작은 슈퍼를 하고 계셨다. 남편의 대부님이셨지만,

"대부님~ 대부님!"

하면서, 나는 대부님께 찾아가 내 마음의 얘기를 많이도 했다. 잘 들어 주셨다. 그러면서 나는 대부님으로부터 많은 위로를 받았다.

대부님과 대자 모임. 대부님의 인도로, 대자들과 대자 부인과 함께 한 달에 한 번씩 모임을 가졌다. 모임을 한지 수년이 되었다. 대부님은 우리가 다니는 성당에서만 대자가 다섯 명이었다. 그렇게 우리는 12명의 부부가 모이면서 아주 좋은 시간을 나누었다.

삼계탕 음식집에서. 저녁을 먹으며 모임을 하기로 한 날이었다. 나는 식당에 들어서면서 사장님께 미리 말씀을 드렸다.

"제가 남편과 얘기를 하다가, 풀리지 않는 무엇이 있으면, 소란을 피울 수도 있습니다."

"아~ 예~!"
삼계탕집 사장님께 허락을 받았다. 대부님께도 말씀을 드렸다. 마침, 식당 안에는 우리 팀만 있었다.

'나는 그동안, 남편을 지나치게 존중하며 살아왔다. 그것이 오히려 남편이 나를 더 학대하며 억누르도록 만들어 버렸다.'라는 생각도 들었다. 억눌림을 당해왔던 내 감정이 솟구치며 뒤집고 있었다.
"상대를 변하게 하려면 내가 먼저 변해야 한다."
라고들 했다. 내가 남편을 대하는 태도가 완전히 변하고 있었다. 대자, 대부님이 모여 앉은 삼계탕집에서, 남편과는 역시 소통이 되지 않았다. 열두 분이 모인 자리에서 나는 또 남편의 멱살을 틀어쥐었다. 말리는 사람은 아무도 없었다.

나는 초주검이 되었다. 아들에게 전화를 걸었다. 아들의 도움을 받으며 병원에 입원을 했다. 병원에 있어서는 해결될 일이 아니었다. 남편이 얼마나 어떻게 폭력적으로 나올지가 더 걱정이었다. 3일 만에 퇴원을 했다.

퇴원했지만 몸의 기력이 쇠할 대로 쇠약해져 있었다. 남편 옆에서는 도무지 숨을 쉬고 잘 수가 없었다. 딸 방에서 잤다. 기침이 아주 심하게 나왔다. 엄마의 기침 소리에 딸이 걱정을 많이 했다. 아들과 딸에게 도움을 청했다.
"아빠가 있는 집에서는 엄마가 지금 살 수가 없다. 엄마가 피정의 집에 가서 휴양을 좀 할 수 있도록 해주라! 기침에 좋은 장생도라지도 구입을 해주고!"

월막 피정의 집. 아들이 고령군에 있는, 숲과 계곡물이 흐르는 산세 좋은 **월막 피정의 집**으로 전화를 걸었다. 딸의 도움으로 피성을 간다면, 아빠는 딸을 굉장히 괴롭힐 것이다. 아들은 겁을 내는 남편이었다. 그래서 아들에게 부탁하며 아들의 도움을 받은 것이다. 피정의 집으로, 피난 겸 휴양으로 입소를 하였다. 지인에게 부탁을 드려 녹용이 든 한약도 부탁을 했다. 장생 도라지도 피정의 집으로 도착했다.

머리에서 생각이 나면 글을 적었다. 산책을 하면서도 명상을 했다. 조용한 성당에 앉아서 성경을 읽기도, 묵상을 하기도 했다. 생각나는 대로 글을 적었다.
"자신의 답답한 사연을 글로 적어 책을 내고 나니 병이 다 나았단다."
라는 누군가가 해준 말이 생각이 났다. 정말 그럴 것도 같았다. 2주 정도 지나니 마음은 한층 편안해졌다.

피정의 집에서는 숙식비가 꽤 되었다. 산속으로 조금 더 들어가면 반야사라는 절이 있는데, 숙식비가 싸다고 하여 가보았다. 반야사에는 고시 공부를 하는 학생도 있었고, 심신이 미약한 사람도 계신다고 했다. 나도 이곳에서 몇 달만 글을 쓰면, 내 가슴을 아프게 하는 사연을 다 적을 수가 있겠다는 느낌도 들었다.

그랬는데 딸에게서 "아빠가 살림을 하라 하고는 사사건건 트집을 잡는다."
라고 전화로 알려왔다.

'딸이 너무 힘들어지면 안 되겠다.'라는 마음에서 3주 만에 집으로 돌아왔다.

13

아픔이
소리를 타고

 엄마 없는 설움을 어찌 글로서 다 적을 수가 있겠는가? 책을 내겠다고 글을 쓰고 있던 2023년 6월이었다. 새벽에 잠이 깨어 집에서 가까운 야산의 숲속 팔각정 옆에 와서 글을 적었다. 차의 창문을 닫아놓고 소리 내어 울기도 했다. 소리 내어 울고 나면 머리도 덜 아프다.

 내 가슴속에는 아픔이 너무도 많이 들어있었다. 엄마가 없으므로 받은 억압과 핍박, 그리고 외로움…. 핍박과 억압에서 생겨난 엄청난 상처가 곪아있었다. 약자인 나는 강자에게서 엄청난 상처를 받았다. 억압과 핍박을 받아본 사람은 이렇게 적고 있는 내 마음을 이해할 수 있을까?
 엄청난 상처에서 만들어진 피고름이 몸 밖으로 제대로 빠져나가지 못하고 꽈리를 틀고 있었다. 치유되지 못하고 있는 내 속의 상처는 내가 애쓰며 치유하려고 노력하면 할수록 더 쓰라리고 아팠다. 견딜 수 없을 만큼 아프면 어느 때부턴가 소리 내어 울게 되었다. 소리를 내어 울고 나면, 억울함에서 일어나던 설움이 소리를 따라 나가는 느낌이 조금은 들었다. 소리 내어 울고 나면 마음의 치유도 조금은 되는 느낌이 들기도 했다.

 내 몸에서 유체 이탈이 계속 일어났었다. 그날도 누워 있는 내 몸에서 유체 이탈의 전조증이 일어나고 있었다. 이미 유체 이탈을 여러 번 겪었다. 여러 번 겪어보니, 유체 이탈의 전조증상을 알 수 있었다. 유체 이탈이 일어나려고 숨을 쉬기 힘들 만큼 고통스러운 엄마 옆에서, 네 살 여섯 살인 아들과 딸이~

"푸른 하늘 은하수 하얀 쪽배에~ 계수나무 한 나무~ 토끼 한 마리~"

〈푸른 하늘 은하수〉 노래를 부르며, 노래 곡조에 맞추어 손등도 마주치고, 손바닥도 마주 닿게 하며 놀고 있었다. 애들을 돌보시던 할머니가 집을 떠나신 후, 엄마 옆에서 그렇게 놀 수 있게 된 것이었다. 엄마가 죽어가는지도 모르는 두 자녀가 즐겁게 놀고 있는 모습에 나는, 철없는 애들의 마음을 깨우고 싶었던 것일까? 무슨 기운으로 벌떡 일어나 앉으며~

"너그들은! 너그 엄마가 죽어가는데! 그렇게 재미가 있나!?"

라고, 엄청나게 크게 소리를 질렀다.

"얼른 가서 아빠 데리고 온나!"

라고 소리를 지르니 아들이 부리나케 아빠를 찾으러 달려 나갔다. 나는 딸을 껴안고 통곡하고 통곡을 하며 울고 울었다.

엄마가 하던 말을 딸이 그때 알았을까? 그러는 엄마에게 잡혀 얼마나 무서웠겠는가! 여섯 살짜리 딸에게 나는, 엄마의 아픔에서 나오는 소리를 그냥 마구 토해내었다. 그러면서 실컷 울었다. 아~ 그랬더니! 그토록 아프던 몸의 통증이 어디로 갔는지 사라지고 없었다. 어찌하여 그런 일이 일어났을까?!

기혈의 막힘

참고 참아야만 했던
나의 삶 수십 년
마음의 기가 막히니

몸속의 기혈도 막히고 막히어지고

뚫어질 기회 없어 또 막히어지고
소통이 되지 않아 또 막히고 막히어져
호흡도 하기 힘들 정도로 숨길이 막히었다

막힘은
그토록 몸을 아프고 시리게 하다가
척추 속 척수를 타고 오르며
마지막 척추 속 경추에 오르면
통증은 사라지며 유체 이탈이 일어났다

유체 이탈이 일어나기 직전
통곡을 했더니
통곡하는 소리를 따라
막혀있던 기혈이 뚫리고
통곡으로 소리 높여 토하고 토했더니
탁한 기운도 토하는 소리를 타고 나갔나 보다

몸속이 순환되며 통증이 줄어드는 것
자연의 섭리라는 걸 나는 알게 되었다
몸과 마음과 우주의 돌고 도는 기운임을 알게 되었다

결혼하기 전 소녀 시절에, 울음소리도 못 내고 나는 속으로 눈물을 흘렸었다. 흐르는 눈물마저도 참아야 했었다. 그랬던 탓에 몸과 머리가 아프고 마음은 더 아팠었다. 소리라도 내어 울면 뭔가가 좀 시원할 것 같아서, 교회당 통

성기도가 있는 시간과 장소를 찾기도 했었다. 그런 시간을 갖고 나면, 몸과 마음이 조금 시원하고 후련하기도 했었다.

유체 이탈이 일어나기 직전, 옆에서 놀고 있던 어린 두 자녀에게 엄마의 상황을 그렇게 알렸던, 사고 아닌 사고를 쳤던 것이었다. 그랬던 것으로 하여 내 몸속에서 일어나는 소통과 순환, 순환과 소통으로 생명체가 살아가는 순리와 섭리를 알게 되었던 것이다. 그렇게 생명체의 비밀을 또 알게 되었다.

모르면 정말 모르고, 조금 알 땐 신기하고, 제대로 알면 상식이 된다.

그 이후로 나는 너무도 가슴이 답답하고 숨통이 막힐 지경이면, 창문을 닫고 문이란 문은 모두 꽉꽉 닫아놓고! 두꺼운 이불을 뒤집어쓰고 찬송가를 부르며 소리 높여 울고 울었다. 그것이 나를 살게 하는 하나의 방법이기도 했다.
그리고 차를 몰고 나올 수가 있다면 인적이 드문 산밑에 와서 차의 창문을 닫아놓고 소리 내어 울고 울었다.
그것도 또, 한 가지의 나를 살게 하는 방법이었다. 그렇게 하고 나면 답답함과 아픔들이 몸 밖으로 빠져나가는 느낌을 느끼곤 했었다.

이처럼 간절함에서 발견하게 되는 삶의 작은 이치들이었다. 내가 이런 작은 하나를 알게 되기까지는 많은 고통과 인내가 따랐다.
지금의 물질문명과 정신문명이 가꾸어지고 이루게 된, 헤아릴 수 없는 선조 님들의 수고로움과 사랑이 또 보인다.
선조 님께서 이루어 놓으신 엄청난 은혜로움 속에 살고 있다. 그랬으면서 나는 엄마 없는 설움에 많이도 아파했다. 그런 아픔이 있었었기에 내가! 이만큼이라도 깨달았다고 본다.

소리 내어 우는 것도 지극히 필요할 때엔 엄청난 비법의 처방법이다.

14
엄마의 보석

오죽했으면 나는 '엄마는 나에게 누명을 씌워놓고 저세상으로 가셨어~'라는 생각을 하게도 되었을까?

누명

누명이 뭐 달리 누명이던가
내가 지은 죄가 아닌데
누군가가 지은 죄를 뒤집어쓰고
감옥에 간 것을
누명이라고 하지 않던가

엄마가 일찍 저세상으로 간 것이
내가 지은 죄이던가

내가 지은 죄가 아닌데
엄마 없는 감옥에 갇혀서
얼마나 이떤 고통을 어떻게 받고 살아왔던가

그러니까 엄마는 나에게
　　누명을 씌워놓고 저세상으로 가셨어

라고, 원망도 많이도 했었다. 그렇게 원망하며 몸과 마음이 몸부림치며 울부짖고 있었다. 그러는 내 모습을 보고 계시는 엄마의 모습을 보았다. 내 모습 건너 저 건너 야산 숲 위에서 보고 계셨다.

　　진주알을 줍는다

　　고통 속에서 몸부림치는 나의 마음보다
　　더 아프고, 아파하셨던 모습이 되어
　　내 마음의 눈을 보고 계셨다

　　애잔한 눈빛 아래
　　진주 방울이 방울방울 열려 있었다

　　엄마도 웃고 나도 웃는다
　　내가 엄마를 보고 웃으면
　　우리는 서로 마주 보며 지소를 지었다

　　엄마의 걸음걸음에 떨어져 있는 진주알을 줍는다
　　주울 진주알이 너무도 많다

　　내 가슴의 보석창고엔
　　엄마가 남기고 간 진주가 반짝거리고

제 6 장

고통이 왜 있을까?

모르기 때문에~
모르니 알 수 있어 좋고
부족하니 채울 수 있어 좋고
부족함은 곧 희망이었다.

1

예쁘고 멋진
엄마 딸

요가원을 차렸다. 경락마사지 일은 내 몸을 지치게 하고 있었다. 그래서 요가가 한창 붐이 일어나던 2004년 8월에 요가원을 차렸다. 조금 있던 현금과 아파트를 이용해 대출도 내었다. 생각했던 것보다 개업을 하고도 여러 가지 돈이 많이 들어갔다.

아파트를 팔았다. 방 두 개짜리의 전셋집을 얻었다. 아들과 아빠가 방을 같이 쓰게 하고, 나는 딸과 함께 방을 사용했다.

아들이 군대를 갔다. 아들이 군대를 가고 삼 일째 되던 날, 남편은 술을 마시고 집에 들어와서 나에게 트집을 잡기 시작했다. 나는 어떤 대꾸도 하지 않고 말린 옷을 개고 있었다. 아빠의 트집을 듣고 있던 딸이 한마디 했다. 그러니 딸을 때리려 하며 폭언을 퍼부었다. 딸과 나를 폭행 하려는 아빠를 뿌리치며 우리는 집을 빠져나왔다. 요가원에 와서 잠을 잤다.

그렇게 우리는 별거가 시작되었다. 아들이 있을 때는 그나마 집에서 살 수가 있었다. 아들이 중간에서 역할을 해주었었다. 내가 남편의 따귀를 후려치고부터는 우리 부부는 뻑하면 육박전이 일어났다. 아들이 없으니 무슨 일이 일어날지 두려워졌다. 집에 들어갈 수가 없었다.

내 마음은 바람이 되었다. 성경 말씀 속에
"하느님이 맺어 준 인연을 인간이 떼어 놓을 수 없다."
라는 말씀도 있었다. 결혼을 하여 가정을 이루고, 내 가정을 가꾸려고 무던히도 노력을 했다. 그렇게 뿌리를 내려갔던 우리 가정에, 가정의 뿌리가 찢기고 떨어지고 몇 가닥 가늘게 매달려 흔들리고 있는 느낌이 들었다. 내 몸도 마음도 흔들리며 바람을 타고 있었다.

나의 딸. 주말이면 딸과 함께 산을 올랐다. 한 걸음 한걸음에 마음을 자근거리며, 바람을 잠재우려 하는 어떤 기운을 따르고 있었다. 내 곁에는 나를 바라보며 관심을 주며 엄마를 챙기는 지극한 딸이 있었다. 산을 오르려고 차를 몰고 팔공산으로 가는 길이었다.
"왜! 아빠를 만나게 했는지 정말 모르겠어?"
사주째 나는 똑같은 말을 네 번이나 하고 있었다. 혼잣말처럼 조수석에 앉은 딸에게 무심하게 그렇게 말하고 있었다.
"엄마! 나 만나게 하려고 아빠를 만나게 하셨잖아!"
라는 말을 들었다.
"그래~ 그랬었구나!"
딸은 나에게 있어 산소 같은 귀한 존재임을 그렇게 또 새롭게 생각하고 알아차리게 되었다.

"엄마! 나 만나게 하려고 아빠를 만나게 하셨잖아!"
허허로운 내 가슴을 가득 채워주는 딸의 말이었다. 내 마음에서 그렇게 휘몰아치며 불던 바람이, 딸이 말한 문장으로 잠이 들었다. 고맙고 감사함이 가슴 속에 가득히 채워지고 있었다. 남편을 왜 만나게 했는지, 다시는 묻지 않게 되었다.

멋진 나의 딸이, 초등학교에 들어가기 전부터 나는 심하게 아팠다. 그때부터 딸은 나의 보호자가 되었다.

"딸이 있었기에 내가 살아 있어요. 딸이 없었다면 저는 벌써 흙이 되었을 겁니다."

라는 말을 나는 종종 하며 살아왔다.

딸이 대학교에 수시 합격을 했다. 내가 집에서 경락마사지 손님을 받고 있었다. 딸이 학교에 가지 않은 날, 손님 관리를 해드리고 있는 엄마 방에 와서 앉아 있었다. 한 손님이 나의 딸에게,

"어쩜 그렇게 공부도 잘하고 착해요?"

라고 하셨을 때 딸이 이렇게 대답했었다.

"제가 그러지 않으면 엄마가 금방이라도 어떻게 될 것 같았어요. 학교에서도 스스로 왕따로 살았어요~"

라는 대답을 했다. 너무도 힘든 중에도 가족을 위해 살고 있는 엄마라는 사실을 나의 딸은 알고 있었던 것이었다. 딸은 의과대학을 가고 싶어 했다.

"동생도 있고 아빠 건강도, 엄마 건강도 안 좋은데! 널 밀어주다가 엄마가 정말 심하게 어떻게 된다면! 아빠와 동생에게서 그리고 엄마에게서도, 그 원망을 어떻게 감당하며 살아 갈래?"

나는 딸에게 이런 말까지 했다. 이렇게 말을 한 엄마의 말에 경북대학의 지금은 생명공학과인 유전공학과를 선택하게 되었다. 후일에 의과 대학원을 꿈꾸며 선택한 과였다고 말을 했었다.

"조부모의 재산과 엄마 아빠의 정보로 대학을 간다."

라는 말도 있던데 나는 그때 대학 입학금은 물론 어떤 학과가 어떻다는 정보도 전혀 모르고 살고 있었다.

딸이 초등학교 입학하기 전부터 나는 죽음을 받아들였다. 그런 중에도 '자

녀에게 꿈은 키워줘야 한다.'라는 생각은 놓지를 않았었다. 스스로 벌어서 공부하기에 좀 더 쉬운 국립대에 가기를 종종 얘기했었다. 딸은 엄마가 하는 말을 일찍부터 알아차렸던 것이다.

　대학을 가고 알바를 찾아서 했다. 한 학기에 50만 원씩을 주었다. 나머지 등록금과 용돈은 모두 벌어서 썼다. 방학이면 돈을 많이 벌 수 있는 알바를 찾았다. 그리고 꿈을 제일 낮추었다며 공무원 시험을 쳤다.

　대학 한 학기를 남겨둔 방학이었다. 돈을 많이 벌 수 있는 곳을 찾아 열두 시간 교대 근무를 하는 빵 만드는 회사에 일을 다녔다.
　"엄마, 내가 다니는 회사에 함께 일하시는 이모, 언니들이 있어! 나는 방학 동안만 할 건데 그 이모, 언니들은 계속 그 일을 하잖아! 엄마 내가 얼마나 행복한 사람인지 눈물 나게 고마워!"
　이런 말을 한 딸이다.
　그리고 그 회사에서 일을 하는 중에 공무원 시험에 "합격했다."라는 통보를 받았다.

　졸업을 하기 전에 회사에 출근을 했다. 벌써 20년이 넘었다.
　사랑의 님이시여~ 제게 이러한 딸을 주심에 감사드립니다.

2

*내 남편과
딸의 아빠*

별거의 시작. 아들이 군대를 갔다. 남편이 무서워서 딸과 나는 집에 들어갈 수가 없었다. 그렇게 우리는 별거가 시작되었다.

이래도 트집 저래도 트집. 남편은 끝없이 트집을 잡는 사람이 되어 있었다. 나는 해주고도 꼬투리를 잡히는 아주 모자라는 아내가 되어 있었다. 심한 폭언에 폭행도 당하며 살아왔다. 내가 무엇을 그토록 잘 못 했던 것일까?

내가 심하게 아프기 전에는 잉꼬부부라는 말도 많이 들었다. 결혼 초부터 그렇게 트집을 잡았지만, '내가 잘 해주다가 보면 남편도 나에게 잘해주는 사람이 될 거야'라는 생각을 많이도 했었다. 잘해주면 잘해줄수록, 더 많이 요구하고 트집 잡는 사람이 될 거라는 생각은 1퍼센트도 하지를 못했다.
'내가 안 해주면, 해 줬던 것을 고마워할 줄 알까? 그렇게 되겠지?'
라는 희망을 새롭게 가졌다.

기부. 그동안 나는 여러 가지 방법으로 기부를 하면서 살아왔다. 그렇게 기부하는 것이 '참 복을 짓는 것이며 나를 가꾸는 것'이라고 생각을 하며 살아왔었다. 여러 가지가 부족한 남편이라고 느껴졌다. '남편 이름으로 기부를 하면 남편도 참 복을 짓는 것이 되고 좋은 모습으로 가꾸어질 수도 있지 않을까?' 라는 생각도 했었다. 그렇게 생각하며 남편 이름으로 기부금도 많이 보냈다. 좋은 일을 하면 부메랑이 되어 돌아올 거라고 위로를 받았다. 남편이 달라질 거라는 믿음도 가졌었다.

그 효과가 조금은 있었을까? 별거 3년째였다. 성당에 다니는 요가원 한 회원이,

"카타리나 형님! 루가 형제님께 올해도 김장해서 갖다주었다~"

김장해서 내 남편에게 가져다준 것을 아주 잘했다는 듯이 기쁘게 말을 하는 것이었다. 벌써 세 번째란다. 그 말을 듣는데 나는 왜! 그렇게 화가 나던지? 대부님이 성당에 얘기하여 김장을 해주게 된 것이었다. 대부님에게로 달려갔다.

"대부님! 루가 씨는 내가 끊임없이 해주어도 탓을 했습니다. 그랬기에 제가 해주지 않는 것입니다. 해주는 걸 고마워할 줄 알아야 제가 함께 살 수가 있습니다. 제가 루가 씨와 함께 살기를 바라신다면, 성당에서 김치 못 드리게 해주세요!"

대부님이 당신의 대자인 내 남편에게 얘기를 했나 보다. 남편에게서 전화가 왔다.

"니가 당연히 해 줘야 할 것을 성당에서 해주는 건데 왜 그걸 니가 못 해주게 하노!"

그동안 살면서 어이없는 소리를 헤아릴 수 없이 듣고 살아왔지만, 또 어이가 없었다. '**거지 근성**' 남편은 거지 근성이 기본이고, 나는 거지 근성의 마음에 어이가 없다. 어이가 없으면 나는 그 순간 말을 잃어버린다. 수화기를 한참을 멍하게 듣고 있었다. 그러고는

"전화 끊는다."

라고 말하며 전화를 끊었다.

조카 결혼식에서. 시골 고향에 살고 있는 시이모님의 손자인, 나와 대화가 잘 되는 시동생 부부의 아들인 조카의 결혼식이 있었다. 결혼식장에 딸과 함께 참석을 했다. 남편이 눈에 보이는 순간! 내 몸이 피하여졌다. 딸도 그렇게 되었나 보다.

친정 쪽에서도, 시댁 쪽에서도, 친구분 쪽에서도 딸의 아빠인 나의 남편이
"딸이~ 아빠인 자신 보고 인사를 안 했다."
라고
"그렇게 흉을 보더라~"
라는 말을 해왔다. 내 딸의 아빠는 자신이 '어떻게 했기에 딸이 인사를 안 했을까?'라는 생각은 전혀 할 줄을 모르는 사람이었다.

별거를 한 뒤부터는. 거리에서 남편이 눈에 보이면 몸이 덜덜덜 떨리며 다른 길이 있으면 그쪽으로 몸이 절로 피하여졌다. 피할 길이 없으면 정신이 혼미해지곤 했었다.
어느 날은 미사 시간에 성당 안에 앉아 있는데 저쪽 뒤편에 남편이 앉아 있는 모습을 보게 되었다. 몸이 굳어 들며 오그라들고 있었다. 도무지 더 앉아 있을 수가 없어서 기면서 성당 중간 옆문을 통해 밖으로 나왔다. 몸을 피할 곳이 없는 공간에서는 쓰러져 버리기까지 했다.

김진홍 목사님의 강론을 들었었다. 강론 말씀 중에 이런 내용이 있었다.
"김진홍 님이 군 생활에서 선임병 한 명에게서 엄청나게 맞았단다. '사회에 나가서 만나게 된다면 그때는 가만두지 않을 테다.'라는 마음을 다지고 다졌었단다. 어느 날 횡단보도를 건너려고 파란불을 기다리고 있는데 길 건너에

그 선임병이었던 사람이 서 있더란다. 신호가 떨어졌는데 몸이 굳어서 발을 내딛지 못하고 서 있다가 선임병이었던 사람이 앞에 오니 깍듯이 구십도 인사를 하고 있더란다."

김창옥 강사님의 강의에서도 들었다.
"해병대 군 생활을 했는데 심하게 많이 맞았단다. 피할 수가 없으니 그냥 그 자리에서 정신을 잃으며 뒤로 퍽! 넘어지더란다."

나도 그동안 남편에게 당하며 살아온 기운이 온몸 가득히 싸여져 있었나 보다. 남편을 피하지 못하면 몸이 쓰러지는 장애까지 생기는 것이었다.

딸도 아빠에 대한 그러한 기운이 있었나 보다.

3

내면을 알게 되는 것이

남편이 '인간관계 하는 방법이 너무도 서투르다.'라는 생각이 많이도 들었다. 여러 가지 방법으로 정성을 들였다. 결혼한 지 27년이 되었지만, 남편은 도무지 "부부는 하나다."라는 것이 인지가 되지 않는 사람이었다.

행복한 부부 ME 카운슬링 3박 4일 교육도 함께 받았다. 교육을 받은 후에 주기적 모임도 있었다. 몇 번 가고는 가지 못했다. 다른 모임들도 여러 번 함께 해 보았다. 카운슬링을 잘하시는 박사님께도 부탁을 드렸다. 1:1 카운슬링도 하도록 해 보았다. 결국 남편은 나에게 이렇게 말을 해 왔다.
"박사님도 늘 당신이 하던 말을 그대로 하시더라~ 당신하고 살 거니까 나 당신하고 공부할게!"
라고 하여 일주일에 두 번 두 시간씩, 네 시간을 함께 공부하게 되었다.
"당신아~ 내 마음이 자꾸만 멀어지고 있다. 어떻게 하면 아내 마음을 잡을 수 있을까? 라는 걸 생각을 좀 해봐라~ 아내 마음을 잡을 수 있는 글을 한번 써 봐라."
수없이 해온 말이었지만 또 부탁하며, 예시로 간단히 글을 적어 주었다.

그리고 글을 써 왔다. 이런 뜻이었다. '동서 형님 집에 갔다. 처형이 죽기 전에는 사람 사는 집 같았다. 처형이 죽고 없으니까 동서 형님의 몰골이 말이 아니다. 그래서 아내가 필요하다.'

남편은 오직! 자기 자신만이 사랑을 받아야만 되는 마음뿐이었다. 상대가 원하는 것이 무엇일까에 대한 생각은 도무지 떠오르지를 않는 사람이었다. 상대에 대한 배려는, 배려의 배자도 떠오르지 않는 뇌를 가지고 있었다.
어머님이 아들을 위해서만 살다가 가셨다. 아내인 내가 자신의 엄마가 자신에게 해주는 이상으로 더 잘 해주기만을 바라는 마음인 것 같았다. 여자는 남자를 위해서만 살아주는 존재로만 생각하는 사람 같았다. 심지어 딸에게도 아빠를 위해서 살아주지 않는다고 폭언을 쉽게도 했던 아빠였다. 나와 공부를 한 지, 한 달 정도 되었다.
"오늘도 고문받으러 왔습니다."
라고 하였다. 본인은 하기 싫고 해도 되지 않는 공부이니 고문이었나 보다. '그렇게 느낄 수도 있겠다.'라는 생각이 들었다.

고문! 그 생각은 어떻게 났을까? 자신에게 유리한 말은 어떻게 떠오르는 것일까? 참으로 희한하게 그렇게 쓸 때가 있었다.

무엇이 그리도 인지되지 않는 사람이었는데 말이다.

4

고통과 회복

 남편의 나이 마흔네 살 때였다. 나와 남편이 뇌 사진을 찍게 되었다. 지금처럼 공간으로 찍는 MRI 사진은 아니었다. 단면만 찍은 두세 장의 사진이었다. 나의 뇌는 아주 정상이라고 했다. 남편의 뇌는 호두 알처럼 둥근 것이 아니었다. 한쪽 뇌는 호두 알처럼 둥글었지만 한쪽 뇌는 둥글지를 못하고 사선으로 반쪽이었다.

 "한쪽 뇌가 퇴화가 되고~ 있는 것 같습니다."
 의사 선생님은 이렇게 말씀하셨다. 내 마음속에서는 '뇌가 자라지를 못했구나.'라는 생각이 빠르게 들고 있었다. 남편과 15년을 살아오면서. '다섯 살짜리 어린이도 이해하는 것을 남편은 도무지 이해를 못 하는 것 같다.'라는 생각이 들 때가 많기도 했었다. 남편이
 "너는 왜! 나를 유치원 아이 가르치듯 하노?"
 라는 말을 여러 번 했었다.

 뇌 사진을 찍은 그때가 1996년도였다. 뇌 사진을 찍는 기계를 그 병원에 들여놓은 지 얼마 되지 않은 때였다. 의사 선생님도 판독을 별로 해 보지 못한 것이었나 보다.

예전에 찍었던 남편의 뇌 사진에 관계된 얘기를, 내가 남편에게 하게 되었다.
"당신아~ 언니에게 당신의 뇌 사진에 관계된 얘기를 내가 했었다. 그랬더니 언니가 김 서방이 어릴 때 심하게 충격을 받았거나 엄청 아팠던 적이 있었던 것은 아닌가? 말을 하더라."

그렇게 말했더니 남편의 얼굴이 활짝 피어났다. 어둠의 감옥에 갇혀 있었던 어떤 마음이 해방을 맞은 얼굴 모습이 되었다. 그동안 자신이 무엇인가 남들보다 이해를 잘하지 못하는 것을 느끼고는 있었던 것도 같다. 그러나 절대로 인정하고 싶지를 않았던 것 같다. 그랬는데 언니와 내 마음의 얘기에서 그동안 본인 마음이 보지 못했던 자신의 어떤 마음을 보게 된 것이었다고 느껴졌다. 그러고는 꼭꼭 묻혀 있던 어린 날의 이야기를 줄줄 풀어놓았다.

"어머님이 먹거리를 준비하러 가시면서 방에 조금의 먹거리와 물과 요강을 들여놓고 방문을 밖에서 잠그고 일을 하러 가셨더란다. 그때 너무도 무섭고 두려웠었는데 울다가 지쳐 정신을 잃고 정신을 잃고 쓰러지기도 많이도 쓰러졌더란다."
라는 말을 하는데 스스로 기쁨이 벅차오르면서 환희에 감싸인 듯한 모습이었다.
그 얘기를 하면서 그동안 자기 자신이 어떤 올가미에 묶여 있었는데 그 올가미에서 풀려난 듯이 말하고 있었다. 엄청난 어둠의 감옥에서 해방을 맞은 듯한 표정이었다.
그러고는 자신의 지적 저능을 인정하였다.

결혼한 지 27년 정도였다. 인정하기 전에는 끝도 한도 없이 많은 것을 나에게 뒤집어씌웠다. 자신을 위해 살아주는 만만한 아내를 끊임없이 탓을 했다. 살아남기 위한 자신의 방어였을 것이다.

그동안 자신이 자신을 인지하지 못했던 것일까? 조금은 인지가 되었지만, 자존심이 절대로 인정하고 싶지를 않아서였을까? **남편이 자신을 인정하였다.**

"돈은 벌어야 먹고산다, 돈 버는 일을 당신보다 내가 좀 더 잘하니까! 집안일을 당신이 좀 더 하겠다면 함께 살겠다."

라고 내가 말했다. 지금까지 아내인 내가 남편인 자신의 시중을 받들도록 하며 살아왔었다. 자신이 살림을 더 하게 되면 입장이 조금 바뀌어져야 한다. 자신이 아내의 시중을 들어 주게 되는 상황을 받아들일 수가 없었나 보다.

그렇게 하여 남편은 나와 협의 이혼을 했다.

5

*우리의 내면을
들여다 보자*

인지와 인정.
어찌하여 사람이 인지가 잘 안되는 것일까?
어찌하여 사람이 자신을 인정하려 하지 않는 것일까?
어찌하여 상대를 인정해 주지 않으려는 것일까?

이 의문이 머리에 걸려 나는 끊임없이 생각하게 되었다.

그 원인이 어디에서부터 온 것일까? 결국은 태초에까지 올라갔다. 한 느낌이 있어 꿈틀거렸다. 단세포가 되었다. 또 느낌이 있어 꿈틀거렸다. 다세포가 되었다. 그러다가 인간도 되었다. 부족인으로 살다가 월드인까지 되어 살고 있다. 끊임없이 변화되고 발전되며 분화되었다. 너무도 오랫동안 변화되고 발전되면서 지금의 내가 있다. 지금까지 지구상의 생명체들이, 한 중심에서 분화되며 발전해 오는 것에 집중되어 있었다고 본다. 그렇게 길들어졌다고 본다.

나를 두고 한 동기가 "거꾸로 된 생각을 한다."라고 말을 했었다. 나에게는 좀 그런 점이 있기도 하다. 내면을 들여다보는 습관 아닌 습관이 있다. 잎과 꽃을 피워낸 뿌리의 입장도 생각하는 마음이 있다. 한쪽 면이 보이면 다른 면도 보고 싶은 궁금증이 있다.

왜 이렇게 되었을까? 누구나 자신이 아는 것에서부터 생각하고 말을 한다. 상대가 쉽게 이해할 수 있도록 말하고 글을 적으라고 했는데 내가 쓴 글이 쉽게 이해가 되는지 나는 잘 모른다. 사실 좀 이해가 쉽게 되지 않는 부분도 있다고 생각한다. 그래도 생각을 많이 하여 나온 글들이다.

그럼에도 불구하고 나는, 쉽게 보이지 않는 내면을 좀 들여다보자고 말을 하고 있다. 인지하고 인정하면 좋겠다고 글을 적고 싶다.
나무는 나무 자신이 나무인지를 알까?
동물들은 자신이 무엇인지를 얼마나 알까?
인간은 생각하는 동물이라고 누가 말을 했던가?
생각하는 동물, 인간은 생각하는 동물이라고 했다.

"생각을 많이 하면 사람이 된다."
이런 말을 누가 했는가? 나는 책을 많이 읽지를 못했다.
"생각을 많이 하면 사람이 된다."라는 말을 아직 들어보지는 못했다. 그런데 나는 이렇게 말한다.

"올바르게 진리를 찾아서 많이 생각하면 사람이 된다."
"사람이 된 사람은 인지도 잘하고 인정도 잘한다."
"인지하고 인정하며 실천도 잘하신다."

그동안 들었던 말 중에 이런 말들을 살펴보았다.
"어이구 인간아! 언제 사람 될래!"

"저 인간 저거~ 인간도 아니다."
"그 인간 그거~ 사람 될라 하면 아직 까맣다."
내가 볼 때는 생각이 짧아 단순한 사람에게 하는 말이었다.

그리고
"그 사람 있잖아~ 아! 진짜 괜찮은 사람이더라~"
"그분 정말 좋은 일을 많이 하고 사시더라~ 진짜 그 사람은 사람이 된 분이야!"
"그 사람 말이지? 그 사람 참 훌륭해!"
이런 말들은 생각을 많이 하신 분들을 호칭하는 말이었다. 내가 느낀 것은 많이 배워서 지식이 풍부한 사람보다 내면의 깊이를 가진 분들의 언행을 보시고 하는 말씀이었다.

인정하지 않고 회피하는 사람은 내면보다 외적인 것을 좋아하더라. 밖으로 분화하고 발전하는 DNA가 더 발달된 사람인 것도 같다. 지금까지 생명의 본성에 충실한 것 같기도 하다.

인지하고 인정하며, 상대의 입장도 되어보고 인정해 주며, 서로를 생각하고 우리를 생각하며 실천하는 사람은 "뿌리가 썩으면 그 나무가 죽는다."라는 사실을 보시는 사람이더라. 외적인 것만 보지 않고 근본을 찾아 내면을 보는 사람이더라. 몸에 달린 시각만이 아니라 마음의 눈을 밝혀 보는 사람이더라.

마음의 눈으로 세상을 밝혀 보는 분께는 사람이라는 호칭을 사용하고, 단순한 생각으로 말부터 앞세우고 쉽게 상대 탓을 하는 사람을 보고는 인간이라는 호칭을 쓰더라.

끊임없이 분화하고 발전해 온 세상에서, 고정관념에 사로잡혀 인지되지 않고 인정하지 않는 이유는 '발전에만 집중했던 과거로부터 온 유산이며 상속이었다'라고 생각을 한다. 그리고 생명의 본성으로 살아남기 위하여 그렇게 되었다고도 보인다. 이제는 지구에 생명체도 포화 상태가 되었다. 인간이 얼마나 위대한지, 지구 밖의 땅을 찾아 생명체가 살 수 있는지를 연구하여 로켓을 타고 있지 않은가?

살아남기에 바빠

생명의 본질을 좀 들여다보자

뿌리 없이 자란 나무가 어디에 있을까
인간의 뿌리는 무엇이었을까
사람의 뿌리는 어떤 것일까

내면을 자세히 들여다보자
선하고 싶은가 악하고 싶은가

악함을 더러 내고 싶지 않아 포장하는 것을 보면
분명 사람은 선하고 싶어 한다고 보인다

본인의 내면은 보지 아니하고
상대 탓을 하는 사람이 어이 보이는 걸까

본인의 내면을 보고 인지하고 인정하며
상대방 입장도 보고 인정도 해주며 살아보자

너 죽고 내 살자 하는 사람은
자신을 포장하며 상대를 탓한다. 자신을 회피한다

생명의 본성으로 살아남기에 바빠
내면을 보지 않아 자신을 잘 모르는 것도 같다
인지하고 인정하지 않으려는 것도 같다

자신을 인지하고 인정하면
자신에게도 평화가 온다는 사실을 모르는 것도 같다.

본인의 내면을 들여다보는 사람이 많아졌으면 좋겠다.

6
고통이 왜 있을까?

 내 나이 만 14세 즈음이었다. 직장 작업 현장에서 자꾸만 쓰러지며 돈 버는 일을 제대로 하지 못했다. 몸으로 일을 하지 못하고 있으니 머릿속에서 생각이란 님이 수없이 일을 하고 있었다.
 "고통이 왜 있을까?"
 내가 고통스러웠기 때문에 그런 생각을 했던 것일까? 부처님이 되신 붓다와는 조금 다른 환경에서 수행하게 된 것이라고 말하고 싶다.

 '고통이 왜 있는가?'
 라는 생각이 꿈틀거리며 싹을 틔워 자라고 있었다.
 '모르기 때문에 고통을 주고, 모르기 때문에 고통을 받는다.'
 라는 답을 내 나름대로 얻었다.
 그래서 **'이 시대에 인간의 육신을 받아 태어난 것은, 기쁘고 즐겁게 깨닫고 배우고 익히라고 보내주신 것 같다.'** 라는 생각이 들었다.
 '어떤 이가 상대에게 고통을 주고 싶은 사람이 어디에 있겠는가!
 모르기 때문이다. 모르기 때문에! 자신의 언행이 상대에게 어떤 고통이 되는지 모르기 때문이다.'
 '모르기 때문에!'

자녀에게 하는 교육도, 제자에게 하는 교육도 모르기 때문에 많이 서툴다. 이는 곧 많은 아픔과 상처를 낳게 된다. 부부로 맺어져도 서로를 몰라서 상처를 준다.

"상대가 잘못했다."

라며 실랑이가 일어나고 갈등이 빚어진다. 이때 속이 상하여 사건까지도 발생한다.'

모르기 때문

상대를 아프게 하는 것도
상대에게 상처를 주는 것도
자신의 욕구로 상대를 다치게 하는 것도
모르기 때문

모르기 때문이라면
죄니, 용서니, 잘못이니
이런 말은 필요가 없다
모르면 알려고 하면 되고
알게 해주면 되고!

모르니 알려고 할 수 있어 좋고
부족하니 채울 수 있어 좋고
부족함은 곧 희망이구나

나는 나름대로 이렇게 깨달았다. 내 마음속에서 내가 깨달았다고 흥얼흥얼 콧노래를 부르며 즐거워하고 있었다.

이렇게 나름 깨달음을 얻은 시기는 내 나이 만 17세 즈음이었다.

죄니, 용서니, 잘못했다 등은 아픔이 따랐다. 나는 아픈 것이 싫었다.
"모르기 때문에 고통을 주고, 모르기 때문에 고통을 받는다."
라는 내 생각은 지금도 내 안의 진리처럼 되어 있다.

"모르기 때문에 고통을 주고 고통을 받는다."
라는 마음이 되고부터는 상대를 더 알려고 했다. 알게 된 것을 상대에게도 전해주고 싶어 했다. 그리고 '그것이 사랑이다.'라고 생각을 했었다. 그러면서 나는 '사랑만 하면 된다.'라고 생각을 했었다. 사랑을 한다고 하였는데
"사랑만 하다 보면 공황 장애를 만난다."
라고 말씀하시는 김창옥 강사님의 강의를 들었다. 김창옥 강사님의 말씀처럼 나는 공황 장애를 만났었다.
공황 장애를 만나 고통을 겪으면서 가까운 사람에게 고통을 주었고 또 고통을 받고도 있더라.

그러면서 나는 또 알게 되었다.
알게 해주는 것도,
때가 있다는 것을,
때도 있다는 것을,
때를 몰라도 전해야 한다는 것을.

선조 님들께서
얼마나 많은 것을 전하고자
글을 적어서도 남겨주셨는가

'알게 해주면 되고'라는 나의 생각이 아주 어린 생각이었다는 사실을 많은 고통을 겪은 후에야 또 알게 되었다. 내가 가진 것과 상대의 가진 것을 잘 알고, 때와 분위기에 맞게 잘 주고받아야 한다는 사실을 알게도 되었다.

  서로 주고받는 사랑을 어릴 때부터 제대로 배우고 익히지 못한 환경에서 나는~ 그렇게 마음이 자라지를 못하고 왜곡되어 있기도 했었다.

  알게 해주고 싶었던 내 마음은 내가 너무도 모르면서 마음만 앞서 많은 오산을 낳기도 했더라. 상대를 모르면서 내가 아는 만큼의 기준으로 상대에게 알게 해주려고 했던 점이 상대에게 상처를 주기도 했더라. 서툴기도 하고, 상대방의 자존심을 상하게도 하였더라. 엄청난 고통을 받은 후에야 비로소 그런 것도 알게 되었다.

  삼사십 대에 양면이 조금 보이기 시작했다. 양면에서 삼면이 보이기도 했다. 양면이면 팽팽한 선이 되기도 한다. 삼면이면 모서리가 뾰족하고, 구가 되면 껴안지를 못한다. 그래서인지 "벌집 같은 육각형이 좋다."라는 얘기도 많이 있더라.

  "잘 준다."라는 것이 나이가 들면서 더 조심스럽기도 하다. 말은 쉬우나 실천은 참으로 쉽지가 않다. 서로 모르는 것이 너무도 많고 모든 걸 다 알 수도 없다.

  지금은 부족한 것 같으나, 너무 많은 것이 넘쳐 나는 시대이다. 자기 개성 시대가 되어 더욱 그러하다. 자신을 솔직히 표현하는 것을 좋게 보지 않는 마음들도 많은 것도 같다. 선과 악이 항상 공존하고 있으니 말이다. 방어가 먼저인 부문도 정말 많다.

  세상에 있는 수많은 것들, 글이나 사진도 누군가에게는 도움이 되고 누군

가에게는 그렇지 않을 수도 있다. 그렇다 해도

모르기에 고통받게 되는 경우가 너무나 많다.
모르기 때문에 고통을 주고, 모르기 때문에 고통을 받게 된다.

'이 시대에 인간의 육신을 받아 태어난 것은, 기쁘고 즐겁게, 깨닫고 배우고, 익히라고 보내주셨다.'라고 남정이는 생각을 한다.

7

그렇게 좋은 사람

"그렇게 좋은 사람을 왜 버렸노?"

이렇게 말을 한 동네 언니가 있었다. 그 언니가 본 나의 전남편은 그렇게 좋은 사람이었나 보다. 나에게는 내가 끊임없이 사랑을 주어도 온갖 탓을 하며 핍박하던 남편이다. 끝도 한도 없이 사랑을 바라던 사람이었다. 오죽했으면

"당신은 내가 죽어 땅속에 묻혀 있어도 당신을 위해서 살아달라고 앙탈을 부릴 사람이다."

라는 말을 했겠는가? 더 이상은 남편 곁에서 사랑을 할 수가 없었다.

아들도 군 제대를 하고 아빠와 둘이 살아보고는
"엄마! 저를 위해서는 아빠와 더 애쓰지 마셔요. 이혼해도 좋아요."
라고 말을 했다. 딸은 대학을 가고부터 이혼하라고 했었다. 내가 다니고 있는 성당의 신부님께서도
"가정법원으로 가셔요."
라는 말씀을 해주신 지 여러 해가 되었다. 조금의 재산이었지만, 내가 갖고 있는 재산의 반 정도를 주면서 협의 이혼을 했다.

남편과의 분리. 가정법원에서 협의 이혼이 성립된 서류를 받아 쥐고, 남편

을 옆자리에 태워 운전하며 요가원으로 돌아오는 길이었다. 내 마음이었을까? 나의 영이었을까? 나는 분명히 운전하고 있는데 내 하나가 훨~훨 날아서 도시 위를 지나 이산 저산 위로 날아다니고 있었다. 오는 길에 남편을 내려주고 요가원으로 왔다.

철망으로 된 닭장. 요가원에 있는데 남편이라는, 내 몸보다 작은 철망 닭장 같은 철창에 갇혀있었던 느낌이 온몸에서 느껴졌다. 내 몸의 부분 부분들이 철망 밖으로 삐져나온 모습들이 마음의 눈으로 보이고 보였다. 그 닭장을 벗어난 나는. 내가 좋아하는 숲들 위를 훨~훨 날아다니는 느낌이 계속되고 있었다. 약 일주일간을 그랬다.

요가원이 궁궐이었다. 내가 머물고 영업하고 있는 요가원이 나에겐 커다란 궁궐이었다. 성경 속의 에덴동산이 그렇게 편안하고 자유로웠을까? 내 몸보다 작은 남편이라는 철망 속에서 나는 벗어났다. 넓은 궁궐 요가원에서 나는, 음악을 틀어놓고 너울너울 춤을 추었다. 나의 궁궐 속에서 나는. 애벌레 집에서 탈피하여 날개를 단 내가 되어 춤을 추며 노래를 했다. 몸은 누워있는데도 내 마음은 너울너울 춤을 추는 것이었다. 남편이란 철망, 애벌레 껍질이 요가원 구석에 찌그러져 있는 모습도 보였다. 그런 느낌이 한 달 정도 지속되었다.

그렇게 나는 남편이라는 애벌레 껍질을 탈피하였던 것이었다.

나의 남편은 나한테 의지하고 기대어 앙탈을 부리는 아이 아닌 아이의 정신세계를 갖고 있었다. 세월이 가도 자라지를 못했다. 몸은 거인이 되고 폭군의 능력은 거대해졌다. 남편이라는 이름의 권위주의로 끊임없이 나를 억누르며 폭언을 밥 먹듯이 했었다. 폭력까지도 했었다. 오죽했으면 이성적으로 억누르던 내 감정이 솟구치며 남편의 멱살을 쥐게 되었을까?

결혼 23년이 되었나. 앞 장에서 얘기한 바가 있다. 남편을 사랑하고 사랑하며, 달래고 달랬던 내 속의 감정이 님편의 멱살을 쥐게 했다. 멱살을 잡아 틀

제6장 고통이 왜 있을까? **295**

어쥐고 주방 구석에 박아 넣어 몸과 함께 억눌러 놓았던 감정이 거대하게 살아나 누르고 있었다.

"독사를 수십, 수백 마리 끌어안고 사는 이 인간아! 네놈이 나에게 어떻게 하고 살아왔어! 언제는 어떻게 했고 언제는 어떻게 했고…."

그렇게 30분 이상을 다지고 다져 놓았던 감정의 소리가 남편에게로 폭발하며 쏟아져 나갔었다. 성인이 된 딸과 아들이 거실에서 그 모습을 고스란히 보고만 서 있었다.

남편은 그동안 나에게 준 고통을 따지고 드는 나에게 눈을 껌뻑, 껌뻑거리며 "어! 어!" 하면서 그냥 그렇게 인정하고 있었다. 그 이후부터 남편과 나는 쉽게 육박전을 일으켰다. 겁이 나서 내가 선제공격을 해나갈 때도 있었다. 아들이 군대를 갔다. 딸과 나는 남편이 무섭고 두려워서 집에 들어가지를 못했다. 그렇게 요가원에서 잠을 자면서 별거가 시작되었다. 동네 언니가 말했던 그 좋은 사람이 무서워서 요가원에서 살게 되었다. 그렇게 8여 년 만에 이혼을 했다.

전 남편의 홀로서기. 홀로서기를 잘하며 살고 있는 전 남편의 이야기를, 아들로부터, 그리고 함께 분식 장사를 했던 시장에 가면 가끔 전해 듣는다. '내가 전남편을 그렇게 사랑하지 않았더라면, 나의 딸과 아들이 이만큼 자라 주지 못했을 것이다.'라는 생각을 나는 감히 한다. 나는 '전 남편이 홀로서기를 하여 지금도 살고 있다는 것이 나의 아픈 사랑 덕분일 수도 있다'라고 생각이 들 때도 있다.

그 언니는 '그 좋은 사람을 버렸다.'라고 했다. 내가 그 누구를 버릴 수 있는 자격이 있는지는 모르지만, 내가 버림받는 것보다는 버릴 수 있는 처지였으니 어쨌거나 좋은 것 같다. 여러 갈래로 생각을 해보았다. 그때는 그렇게 살아온 것이 최선이었다고 생각을 한다. "인간은 자기합리화의 최고봉이다."라는 말도 있더라. 어쩌면 내가 이렇게 나 자신을 합리화하고 있는 건지도 모르겠다.

"그렇게 좋은 사람"
생각하기에 따라 어느 방향에서, 어느 시에, 어떻게 보는가에 따라 색상과 모양, 느낌이 많이도 다르다.
서류상으로도 정리가 되니 아주 가벼워졌다. 마음에서도 손을 놓으니 나는 너무나 자유로워졌다.

감사합니다.

8

안타까운
사람 덕분에

　　전 남편과 살면서 안타까운 마음이 정말 많이 들었었다. 지금은 살아온 이야기이고 살아왔던 이야기일 뿐이다. 어릴 때 먹을 것이 없어서 거의 나물을 많이 넣은 풀죽으로 끼니를 떼웠더란다. 국민학교에 입학을 했는데 설사를 하여 자주 옷을 갈아입으러 집으로 오곤 하였더란다.

　　내가 세상을 살면서 알게 되었다. **'나물을 너무 많이 먹으면 설사를 한다.'** 라는 사실을 경험으로 알았다. 1950~60년 그 시대는 먹을 것이 없어서 정말 풀죽으로 끼니를 떼웠던 가정도 꽤 있었더라. 전 남편은 1950년 6.25 전쟁을 겪은 1952년에 태어난 사람이다. 오늘날 우리나라는 먹는 것이 너무나 풍족한 나라가 되어 있다. 요즘 젊은이들은 이 말이 어떤 감각으로 느껴질까?

　　국민학교 분교 1회 졸업생인데, 학교를 짓느라 공부하는 시간보다 돌을 주워 나르는 시간이 더 많았더란다. 네 살 때쯤에 어머니는 가족의 먹거리를 준비하러 가셔야 했다. 물과 요강을 방에 들여놓고, 밖에서 문을 잠그고 혼자 두고 가셨더란다. 방에 갇히어 무섭고 두려워서 울다가 지쳐 쓰러지곤 했더란다. 전 남편의 이야기를 들으면서, 수없이 실신했던 것으로 느껴졌다. 아마도 그렇게 받은 충격으로 하여 한쪽 뇌가 발달 되지를 못했다는 생각이 들었다.

CT 뇌 사진에서 한쪽 뇌가 반쪽도 안되었었다. 한쪽 뇌가 절반도 자라지 못한 뇌로, 도무지 이해가 가지 않는 세상살이를 한 애들의 아빠였다. 이해가 가지 않는 세상을 사느라고 얼마나 답답하고 힘겨웠을까? 성장기 시절에 먹어야 할 음식을 너무도 먹지를 못했단다. 16세에 대구에 와서 처음으로 세끼 밥을 먹었더란다.

내가 심히 아프면서 대체의학 공부하게 되었다. 한방에서는 추간판 탈출이라고 하고, 양방에서는 디스크 탈출이라고 했다. 대장이 안 좋으면 자세도 나빠지고, 자세가 좋지 않으면 쉽게 뼈와 뼈 사이의 추간판이 제자리에 있지를 못하고 삐져 나가는 경우가 많은 것이었다. 전 남편의 자세는 어릴 때부터 많이 웅크려져 있었다는 사실을 알게 되었다. 위장과 대장 등 소화불량으로 고생을 많이도 했다. 나와 결혼 후에도 계속 그랬다. 누구나 좋은 환경에서 태어나 괜찮은 삶을 살고 싶을 것이다.

전 남편은 어쩌다 나를 만났다. 숙명이고 운명이며 필연이었는지 모른다. 이해가 가지 않는 말을 하는 아내를 억누르느라 그 사람도 얼마나 힘겨웠을까? 이런 감정을 느끼며 생각한 적이 있었다. '나는 애들 아빠를 끌고 가는 자이고, 애들 아빠는 나에게 끌려오는 자일 수도 있다. 끌려오는 애들 아빠는 얼마나 힘겨웠을까?' 예전에 본 서부영화 속에서, 사람을 묶어서 말을 타고 끌고 가는 장면이 떠오르기도 했었다.

애들 아빠는 나에게.
"너는 나를 유치원 아이 가르치듯 한다."
라는 말을 여러 번 했었다. 이런 사람을 남편으로 맞이하여 30여 년을 살아오면서 나는 많은 것을 배우고 익혔다. 얘기를 해도 해도 이해를 못 하니, 아주 다양하게 예를 들며 얘기를 해주다가 나는 대화의 기술을 얻게노 되었다.

숨쉬기조차 힘든 환경 속에서도, 느낌과 생각을 따라 꿈틀거리듯 삶을 살아왔다. 그랬으므로 상대의 눈높이에 맞추는 말을 조금은 할 줄 아는 내가 되었다.
그리하여 나는 "지금의 내가 있기까지"를 생각하게 되었다.

지금의 내가 있기까지

어떤 느낌이 있어 꿈틀거렸더니
단세포가 되었다
또한 느낌이 있어
꿈틀거렸더니 다세포가 되었다

또 꿈틀거리며
수십억 년에 걸쳐
지금의 내가 있기까지
약 100조의 세포로 내 육신이 형성되어 살고 있단다

물질문명과 정신적 문명
헤아릴 수 없는 선조 님의 피땀과 정성으로 이루어져 있다
이러한 바탕 위에서 우리는 엄청나게 많은 것을 누리며 살고 있다
그렇지 아니한가?
감사함을 모르고 쉽게도 불평하며 살아가는 사람들이 너무도 안타깝다

오직, 감사하며 살 뿐이다
나에게 주어지는 수많은 것이 선물들이다

전남편과의 그러한 삶이 있기에 내가 이러한 깨달음을 얻었다.

전남편과의 삶은 나에게 커다란 선물이었다.

9

더 이상
해줄 수가 없어서

별거 8여 년 정도였다. 가정법원에 가서 협의 이혼 서류를 적어서 접수했다. 한 달간의 숙려 기간이 채워졌다. 가정법원에 갈 때 운전석 옆자리에 남편이 함께 타고 있었다. 협의 이혼 부부들이 내가 있는 판결방에 15쌍 정도 되었다. 우리 부부의 판결 시간을 기다리고 있는데, '남편이 나가 버리면 어쩌나!' 내 마음이 조마조마했었다. 우리 부부 순서가 되어 판사님 앞에 앉게 되었다. 간단하게 질문하시고 판결문 한 장씩을 주시며,

"3개월 안에 구청 가서 접수하시면 이혼 성립이 됩니다. 3개월이 지나면 무효가 되고요."

생각했던 것보다 너무도 간단했다. 남편을 옆자리에 태워서 요가원으로 돌아오는 길이었다. 남편에게 희망을 주고 싶었다.

"당신아~ 나는 남자 사람 찾아볼 거다. 그러나 1순위는 당신이다. 왜? 애들 아빠니까! 당신이 조금만 변화된다면 나는 당신을 다시 만날 거다."

꼭 이혼하고 싶은 마음이 아니었다. 진정으로 남편이 조금이라도 변화가 되기를 바라는 간절한 마음이었다. 3개월의 날짜가 임박해졌다. 구청에 서류를 넣지 않고서는 변화하는 남편을 볼 수가 없겠다는 생각이 강하게 들었다. 구청에 가서 서류를 내밀며 이혼을 하게 되었다. 이혼하고도 애들 아빠에 대한 미련을 버리지 못하고 있었다. 가끔 전화하여 애들 아빠가 좋아하는 회도

함께 먹었다.

어느 날 내가 회를 먹자고 전화를 걸었다. 오전 요가 수련을 마치고 횟집으로 갔다. 나보다 먼저 와서 앉아 있었다. 내가 마주 보는 앞자리에 앉고 있는데 이런 말을 했다.
"조금만 더 일찍 전화하지!"
"왜?"
라고 물었다.
"식은 밥 먹게 됐잖아! 쌀 씻고 있을 때 전화해 가지고~ 밥 안쳐 놓고 왔잖아!"
내가 전화를 조금 일찍 하지 않았기 때문에, 자기가 식은 밥 먹게 되었다는 불만 아닌 불만 같은 말을 했다. 그 사람은 그렇게 상대에 대한 배려의 마음이 전혀 떠오르지 않는 사람이었다. 보통 사람들은
"조금만 더 일찍 전화하지!"
그렇게 말했다면, 그다음 말은 '상대가 좋을 것을 놓쳤다.'라는 배려의 말을 하지 않는가? '정말 변화하지 않을 사람이구나'라는 생각이 마음속 깊숙이 내려앉았다.

이혼하고 3년 정도 되어, 애들 아빠가 고향 시골로 이사를 갔다. '멀리 떨어져 있으니 내가 고통을 적게 받겠지? 엄마 아빠가 이혼했다는 사실보다는 서류를 합쳐 놓으면 딸 아들에게 도움이 되지 않을까?'라는 생각이 들고 있었다. 전화를 걸었다. 내 마음의 얘기를 했다. 애들 아빠는
"서류 합쳐 놓으면 나라로부터 혜택을 못 받아~"
라고 말을 하는 것이었다. '거지~ 근성! 어쩔 수가 없구나~ 더 이상 나한테서 얻어먹을 것이 없다는 사실을 알았으니까! 이제는 나라에서 주는 것 받아먹으며 살아가겠다고!'

그렇게 하여 애들 아빠에게서 마음이 완전히 돌아섰다.
전 남편을 그렇게 보냈다.

10

어찌 그리
사랑했을까?

"나는 무던히도 전 남편을 사랑하였노라!"
라고 말하고 싶다. 그런데 나는 나 혼자서 짝사랑만 한 것 같다.
"당신아~ 나는 당신을 사랑하고 싶어!"
라고 내가 말을 했었다. 나는 남편을 사랑한다고 했지만, 그래도 남편은 사랑을 너무도 받아들일 줄을 몰랐다. 오히려 아내인 나를 늘 적대시하고 있었다.

돈을 벌어야 먹고살며 자녀도 낳아 길러야 했다. 남편은 돈 버는 일도 제대로 하지를 못했다. 웬 트집은 그렇게도 잡고 틀고 쪼던지? 자기 마음에 들지 않는 무엇이 있으면, 엄마 없이 자란 나에게 너무도 쉽게 이런 말을 했었다.
"너그 집에 가서 너그 엄마 젖 더 묵고 와라."
그런 말은 어디서 배웠을까? 나는 처음엔 그 말이 무슨 뜻인지도 몰랐다. 무슨 생각으로 그런 말을 했을까? 어릴 때 단순했던 그 시대에, 주변에서 들었던 말이 무의식 속에 심어져 그냥 그렇게 뜻도 모르고 말했던 것이었다고 본다.
순진한 나는 나를 낳으신 엄마를 욕되게 하지 않으려고, 남편의 마음에 드는 아내가 되려고 무던히도 노력했다. 그랬는데도
"남편 알기를 발가락 새 때만큼도 안 알아준다."

자신도 모르는 사이에 어떤 심리가~ 생명체로서의 본성으로 살아남기 위하여! 하는 말이었을 것이다.

나는 어리석을 만큼 남편을 존중했다. 몸이 아프다며 너무도 쉽게, "죽어 없어져 줄게."라고 말하는 신랑을 붙잡기 위해, "일을 못해도, 살아 있어 주는 것만으로도 나는 행복해요."라는 말을 수없이 하면서 달랬었다. 의심하는 말들을 어찌 그토록 하던지? 나는 무슨 이유인지 몰랐었다.

내 딸은. 일찍이 아파 버린 엄마 때문에 초등학교 저학년 때부터 엄마의 보호자로 살게 해버렸다. 아들에겐 엄마 아빠의 불협화음으로 많은 방황을 하게 만들어 버렸다. 두 자녀에게 따뜻한 사랑을 해주지 못한 것이 아주 많이 미안하고 마음도 아프다. 내가 죽은 후에는 마음이 아프지 않으려나?

남편을 사랑하느라, 막내며느리였지만 어머님과 함께 살게 되었다. 남편을 사랑하느라 어머님이 품으시는 시숙님과 두 조카와도 함께 살았다. 어머님과도 함께 살고 있으니 맏며느리 노릇을 하였다. 시누이와 시누 남편까지 비위를 맞추며 살게 되었다.

죽음을 받아들이며 두 자녀를 포기하면서도 남편을 사랑하였다. 어찌하여 남편을 그토록 사랑을 했을까?

어린 두 자녀는 내가 죽어도 나보다는 좋은 환경이니 잘 살아줄 것 같았다. 그런데 남편은 내가 죽으면 인간 쭉정이가 되겠다는 마음이 자꾸만 들고 있었다. 어이 그런 생각이 자꾸만 피어올랐을까? 한쪽이 반쪽도 안되는 뇌를 머릿속에 가지고 있는 사람~ 착한 지적 장애인이라도 스스로가 답답했을 터인데! 별로 착하지 않은 지적 장애인으로서 만나는 사람에게 생각 없이 하는 말로 무시도 많이 당했다. 직장에서 상대를 배려할 줄 모르는 말 때문에, 온몸에 멍이 심하게 들도록 두들겨 맞고 온 적도 있었다.

생명체의 먹이사슬을 보면. 자신에게 제일 만만한 자를 잡아먹으면서 산다. 인간 속에도 그런 심리가 있다. 자신에게 제일 만만한 자를 잡아먹으며 살려는 심리가 있다. 그런 사람을 보고 "사람이 덜된 사람이다."라고들 하셨다. "사람이 덜된 사람!" 사람이 덜된 사람은 '자신이 덜된 사람'이라는 사실을 잘 모르는 경우가 많은 것 같다. 엄청난 고통을 겪어본 후에야 겨우 알게 되는 사람도 있고, 죽을 때까지도 모르는 사람도 있는 것도 같다. 그래서 어느 드라마에서 보니 "인간으로 네 번을 태어나 살게 된다."라는 말도 있었다. 그 드라마를 쓴 작가는 '네 번째 생으로 태어난 사람이셨을까?' 나는 지금 몇 번째 인간의 생명을 받아 사는 삶일까? 그나마 나는 세 번째 정도에 태어나 사는 것도 같아 행복하기도 하다.

지적 장애인인 나의 전남편. 나에게는 참으로 고약한 남편이었다. 그렇게 고약한 남편을 사랑하게 된 나는 축복받은 사람이었다. 내가 블로그에 글을 적고 있다. 나의 블로그 이름이 "축복된 날들~"이다.

축복받은 사람

남편을 구심점에 두고
367폭의 치마를 입고
366일 이상을

수십 년을
360° 이상을 돌고 돌면서
남편을 품으며 살아 왔다

그랬으므로 하여 나는

축복받은 사람이 되었다

어릴 때 그렇게 살아보지 않았더라면
내가 전남편을 그렇게 사랑할 수 있었을까
외롭고 힘겨웠던 결혼 전의 나의 삶도 축복이었다

　　내 이름으로 된 재산 반 정도를 떼어 주면서 협의 이혼을 했다. 이혼하고도 남편이 조금이라도 변화한다면, 함께 살 거라고 몇 년간 마음을 주고 있었다. 해주는 것까지 탓을 하던 남자, 별거가 시작되면서 나는 아주 냉정했었다. 그러면서 나에게 바라는 것이 조금씩 사라져 갔다. 나에게 대한 미련을 버리게 되고 "홀로서기를 잘하고 있다."라고 아들에게서 얘기를 들어왔다.

　　나에게 바라며 탓을 하게 된 것은, 나를 축복된 삶을 살게 하시려던 사랑님의 크신 사랑이었다고 나는 생각을 한다.
　　"상대를 변화시키려면 내가 먼저 변해야 한다."
　　라는 말씀이 있었다. 내가 변할 수 있도록 사랑님께서 이끌어주신 사랑이었다.
　　서류로 남이 된 지 어언 10여 년이 지났다. 술도 적게 먹으며, 잘 살고 있단다.

　　아들, 며느리, 손주에게 나름 잘 해주려고 노력도 한단다. 아들이 결혼한 후에 아들, 며느리, 손자에게서 교육받고 훈련도 조금은 된 듯도 하다.
　　아들은 성인이 되고 지혜로운 아내를 만났다. 시아버지가 되고, 할아버지도 되고, 아들네 가족에게 사랑을 조금은 해주는 사람이 되었다는 얘기를 듣고 있다.

　　아들, 며느리, 손자의 말과 마음 빛을 보면서 한때 남편으로 모셨던 나로서 기쁨이 피고 있다.

11

말놀이를
듣고 보며

돈 버는 일을 하느라고 두 자녀를 내 품에서 키우지를 못했다. 내 몸이 심하게 아파지고 살림을 도맡아 하시던 어머님이 집을 떠나셨다. 내가 설거지를 하고 있었다. 다섯 살짜리 아들이 내 옆에 와서

"엄마 뭐해?"

"엄마 설거지한다."

또 조금 있다가 와서

"엄마 뭐해?"

"엄마 설거지하잖아!"

또 조금 후에

"엄마 뭐해?"

"보면 모르나?"

내 목소리엔 짜증이 섞이어 나갔다.

나는 몰랐다. 너무도 몰랐다.

"엄마 나하고 같이 놀아 주세요~"

라는 말이었다는 사실을 나는 전혀 몰랐었다. 아들이 몇 번을 그런 식으로 엄마이 나에게로 다가왔던 것이었다. 그랬는데 나는 몰랐다. 나는 아들을 할

머니에게 맡겨 두고 관심을 가지지 않았다. 내가 품에 안아 본 것도 손가락으로 헤아려도 헤아릴 정도였다. 나는 엄마로서 너무도 서툴렀다. 아들이
"엄마 저에게 관심 좀 가져 주세요~"
라는 마음으로 말을 걸어왔었는데 알아듣지를 못했다. 오히려 짜증을 내었었다. 아무리 무얼 모른다 해도 그것은 아니었다. 다섯 살짜리 어린 아들에게 나는 그렇게 큰 실수를 범한 것이었다.

아들은 그 이후로 엄마에게 다가오는 것이 겁이 났던 것 같다. 엄마가 살갑게 대해주지 않으니까 엄마 가까이 오지를 못했던 것이었다. 몸과 마음이 밖으로 떠돌았다. 아들은 중고등학교를 다니면서도 마음이 방황을 많이도 했다. 몸도 함께 방황을 했다. 엄마인 나 때문이라는 사실을 나는 몰랐다. 먼 후일에야 알았다. 아들아! 정말 미안하다.

그런 아들이 지금 아들을 낳아 기르고 있다. 손자가 다섯 살 때였다. 지지난해 5월이었다. 며느리와 아들과 손자와 네 명이 간단한 여행을 했다. 며느리와 손자가 나누는, 아주 간단하나 **길고 깊은 엄마와 아들의 사랑**을 보았다. 저녁 식사로 외식을 하고, 나를 내가 사는 아파트로 모셔다 주는 길이었다. 손자가
"엄마 차 타고 가서 뭐해?"
"집에 가서 씻고 자야지?"
"자고 나면 뭐해?"
"자고 나면 양치하고 세수하고 아침 먹어야지?"
"아침 먹고 나면 뭐해?"
"아침 먹고 나면 어린이집 가야지?"
"어린이집 갔다 와서 뭐해?"
"어린이집 갔다 와서 키즈카페 가야지!"

"키즈카페 갔다 와서 뭐해?"
"키즈카페 갔다 와서 뭐 하고 싶어?"
"장난감 갖고 놀 거야!"
"장난감 갖고 놀고 나서 뭐 할 거야~"
"엄마하고 아빠하고 책 읽을 거야!"
"저녁밥은 언제 먹어?"
"호호호호 밥 먹고 책 읽을 거야!"

그렇게 거의 같은 말을 일곱 바퀴나 했다. 같은 말 같으나 말을 계속하는 가운데 며느리의 마음이 넓고 깊은 푸근함을 보았다. 손자의 마음에선 기쁨의 싹이 피어나는 것을 볼 수가 있었다. 일곱 번을 일곱 바퀴 정도를 했다. 7×7=49번이다. 나는 아들이 서너 번 물었을 때 짜증을 내었었다. 나와 비교할 수가 없을 만큼이었다.

손자는 엄마하고 말하는 놀이를 할 만큼 했던지,
"엄마~! 이제 그만! 호호호호 깔깔깔깔…."
엄마 입을 막으며~ 엄마와의 말놀이에 흡족해하며 깔깔거렸다. 나는 며느리의 자녀 키우는 방법에 너무도 감탄을 했다. 며느리가 지난 4월 말에 이란성 쌍둥이를 낳았다. 도움을 주지 못하는 나로서, '자녀 셋을 키우느라 얼마나 힘겨울까?'라는 생각이 자주 든다.

**알콩달콩 다섯 식구가 살아가는 모습이 떠오르면 미소가 지어진다.
감사합니다.**

12

보고 들은 것이
교육이 되어

　어릴 때 보고 들은 것이 교육이 되어 있다. 무엇인지도 모르고, 그 아이의 몸과 마음으로 스며들어 있다. 그것들이 "교육이 되어 있다."라고 말을 해도 되는 것일까?!
　"세 살 버릇 여든까지 간다."
　라는 속담이 지속적으로 쓰이고 있다. 심지어 강아지도 엄마에게서 배운 대로 똥오줌을 가린단다. 엄마의 젖을 먹지 않고 자란 동물원의 동물은 새끼에게 젖을 먹일 줄을 모른다고 모 TV 프로에서 보았다.

　나의 어린 시절엔 라디오도 없었다. 할머니와 할아버지, 고모, 삼촌, 이모 등과 가까이 접하며 살았더라면, 내가 조금은 폭이 넓은 아이로 자랐을 수도 있었을 것이다. 그러나 나의 환경은 그렇지를 못했다.

　국민학교에 들어가서 교과서를 중심으로 선생님께서 가르쳐 주시는 공부가 나는 정말 좋았었다. 재미도 있었다. 공부하는 것이 재미가 있었으니, 성적도 좋았나 보다. 선생님들과 다른 부모님들께서는 나에게 칭찬을 해주셨는데, 나의 아버지는 그렇지를 않으셨다. 아버지의 말과 이웃분의 말이 다르니 이 마음과 저 마음 사이에서 생각이 많았다.

특히 아버지에게서 남녀칠세부동석을 강하게 교육받았다. 그래서인지 나는 남자에 대한 거부감이 매우 심했더라.

결혼을 했다.
"아내는 무조건적으로 남편에게 순종 복종해야만 된다."
라는 아버지의 교육을 강하게 받아왔었다. 오빠도 아버지의 그 점은 닮았다. 그래서 나는, 의무적으로 남편을 존중하며 사랑을 한 것이었더라. 생명을 내어놓고도 그토록 남편을 사랑하였더라.

결혼을 하여 아기를 낳았다. 지인에게서 이런 말을 들었다.
"밤에 자는데 아기가 운다고 남편이 아기를 집어 던져버리더라."
라는 말을 들었다. 그런 말을 들은 나는 밤에 아기가 울면, 얼른 아기를 업고 밖으로 나왔다. 남편이 아기를 던져버리면 어쩌나 전전긍긍하였었다. 그랬는데 내 남편은 아기를 던지지 않았다. 아기를 던지지 않는 남편이 '고맙다.'라는 생각이 들었었다. 나는 그때 그랬었다. 어이없게도 순진무구한 바보였었다.

결혼 18년 정도였다. 전 남편이 나에게 이런 말을 했다.
"너는 어째, 너를 괴롭히고 힘들게 하는 사람한테 욕을 안 하노?"
라고 물었다. 내 입에서 나간 대답은,
"욕을 해서 뭐 좋은 게 있나?! 그냥 내 마음 편하려고 그러겠지 뭐!"
라고 했었다. 그렇게 말을 하고 나니, 내가 다니고 있는 성당에서 맺은 남편의 대부님이 생각이 났다. **대부님은 성당에서 성자**라는 소문이 나 있는 사람이었다. 그리고 나도 대부님을 존경하고 있었다. 그래서
"대부님은 안 그러시나?"
라고 내가 물었다. 니는 대부님도 충분히 누굴 욕하지 않으실 거라는 생각

이 들었었다. 그런데 남편의 대답은

"대부님은 앞에 있을 때는 욕을 안 해도 없을 때는 욕을 많이 하더라."

라고 했다. 그런 대화를 한 후에 나는, 나의 그런 점을 생각하게 되었다. 나는 누구를 욕할 줄을 몰랐다. 나를 힘들게 하거나, 누군가에게 욕을 얻어먹는 사람을 보면, '불쌍하다~'라는 생각이 들었을 뿐이었다. '불쌍하다.'라는 생각이 드는 사람이면 더 잘 챙겨 주고 있었다. 그 사람을 위해 기도를 해주고 있었다.

전 남편이

"너와 결혼하여 18년간 살면서, 니가 한 번도 누굴 욕하는 것을 본 적이 없다."

라는 말을 했다. 생각해 보니 나는 정말, 누구를 욕하는 성격이 아니었더라.

"너는 어찌! 너를 힘들고 괴롭히는 사람을 욕을 안하노?"

전 남편의 말이 머리에 걸려 있었다. 내 성격이 어찌하여 그렇게 되었는지 생각하고 있었다. 꼬맹이 때부터, 아버지와 오빠에게 말대꾸를 했다가 실신할 만큼 두들겨 맞았다. 그러한 상황 속에서 나를 낳아 두고 저세상으로 떠나버린 엄마를 원망했었다. 그러다가 깨달았다. '상대를 욕하고, 미워하고 원망한들 무슨 이득이 있는가!' 나만 괴로울 뿐이었다. **"인간은 환경에 지배받기도 하며, 환경에 적응도 하며, 환경을 잘 활용하며 사는 위대한 존재이기도 하다."** 라는 말도 있었던가?

그래서인지 나는, 누구를 미워하는 성격이 거의 없었다. 물론 그전에도 누구를 욕했던 것은 생각이 나지 않았다. 나를 힘들게 하는 이가 있으면 '저러지 않았으면 좋겠다.'라는 생각을 했던 기억들이 떠올랐다. '불쌍하다'라는 생각이 들었고, '불쌍하다'라는 생각이 들면, 그 사람을 위하는 언행을 하고 있었다. 어쩌면 그것이 나에게 대한 연민이었고, 그렇게 할 때 내가 행복해지는

제6장 고통이 왜 있을까?   315

길이었기에 그랬다고도 본다. 그러는 것이 내 마음은 기쁘고 즐겁고 편안해 졌으니까 말이다.

그런데 지나고 나서 보니~ 내가 누구를 욕할 줄을 몰라서! 속앓이 병을 심하게 앓게 된 것은 아닌가?'라는 생각이 들기도 했다. 어쨌든 나는, 누구를 쉽게 욕할 줄을 몰랐다. 속앓이 병을 오랫동안 앓기는 했지만, 그렇게 살았으므로 참 행복과 기쁨을 얻었다.

그런데, 내 아버지와 오빠에 대한 욕과 흉은 꽤 많이 한 것 같다.
상대를 욕하고 흉을 보게 되는 것은, 상대에게 바라는 마음에서 일어나는 경우가 많다. 그리고 생각이 짧은 사람이 쉽게 바라고, 상대를 탓하며 욕하고 흉도 보더라.
내가, 아버지와 오빠 얘기를 하게 되는 것은, 나의 핏줄이기에 사랑하고 싶고, 서로 사랑할 수 있기를 바라고 있기 때문이다.

**영혼까지 사랑하시는 영의 님이시여~
아버지를 좀 더 사랑하게 해주시옵소서~
큰오빠와 화해하게 해주시옵소서~**

13

앞서가는 생각! 거꾸로의 생각

　국민학교를 졸업한 지 24년째였다. 매년 5월 첫째 주일에 내가 다녔던 예하 초등학교 총동창회가 열리는 날이다. 내 나이 서른일곱 살이었다. 졸업하고 처음으로 동창회에 갔다. 몇 년간을 갔었다. 기수별로 게임도 하면서 하루 종일 다양한 행사가 있다. 그중에서 당연히 동기 친구들의 모임이 제일 반갑고 좋았다. 동기들이 둘러앉아 음식을 나눠 먹으며 대화들이 오고 간다. 어릴 때부터의 오랜 친구들이니, 흔히 하는 말로 불알친구로서 정도 깊고 살갑기도 하다.

　내 나이 마흔 살이었다. 그날도 학교 운동장 옆 나무 그늘에서 은박 매트 등을 깔고 둘러앉아, 음식들을 먹으며 얘기를 하고 있었다. 한 여자 친구가
　"남정이 쟤는 앞서가는 생각이 많아!"
라는 말을 했다. 그 말을 받아서 2학년 때 나와 같은 반에서 반장을 했던 남자 친구가,
　"앞서가는 생각은 무슨~ 거꾸로 된 생각을 하지! 남정이 저거는 어릴 때도 그랬어!"
라고 하였다.

"거꾸로 된 생각! 어릴 때도 그랬어!"
라고 했던 친구의 말이 머리에 걸려 생각하고 있었다. 1960년대 그때는, 남녀 공동 반이면 당연히 남자 학생이 반장을 했다. 그리고 여자 학생이 부반장을 했다. 나는 부반장이었다. 공부를 마치고 반장과 부반장이 남아서 교실 벽에 환경 미화를 꾸민다거나, 시험 친 것을 채점하는 일 등을 했었다. 선생님께서 "어떻게 하고 어떻게 하여라."라고 말씀을 해주시고 교무실이나 어디로 가신 것 같다. 반장인 남자 친구와 부반장인 나는 어리긴 했지만, 서로 의논도 하면서, 생각과 느낌을 말했을 터이다. 반장이 뭐라고 말하면 나도 어떤 말을 하면서, 이렇게 저렇게 했을 터이다.

"거꾸로 된 생각을~ 어릴 때도 그랬어!"
라고, 말한 친구는 자신 생각과 달랐던 내 생각이, 30년도 지난 그때까지 마음 한편에 웅크리고 있었나 보다. 국민학교 2학년 때 나와 부대낀 후, 32년 이상의 세월이 흘렀다. 내 생각을 거꾸로 된 생각이라고 말을 한 그 친구는, 그때 중고등학교 교사를 하고 있었다. 이제는 퇴직했겠다. 그 친구는 아직도 내가, '거꾸로 된 생각을 하는 사람!'이라고 생각하고 있을까?

점이 하나 있는 것을 본다. 점 두 개가 있다. 그러면 점 두 개 사이에 선을 그어 본다. 점 세 개가 있다. 점 세 개에 선을 긋고, 삼각형 속의 면을 본다. 혼자 있는 것을 점으로 본다. 둘이 있으면 둘 사이의 선이 보이고 반대, 거꾸로, 마주, 앞뒤도 보인다.

셋이 있으면 삼각, 면, 이쪽저쪽 마주, 그리고 돌고 도는 흐름도 보인다. 셋이 있으니까, 둘보다 아기자기하다. 속닥속닥도 보인다. 면이 되어 있어 안전감도 있다. 두 사람이 대화하고 있으면, 두 사람 사이에서 새로움이 핀다. 두 사람 사이에서 피는 그 무엇을 보고 있는 또 한 사람, 점도 있고, 선도 있고, 면도 있다. 두 사람 사이에서 사녀가 탄생하여 또 하나의 면이 생긴다. 찬찬히 바라보고 있으니 또 무언가가 탄생하며 점이 생기고 선이 연결되며 면이 보인다. 그리하여 점들이 원이 되고 공이 된다. 그리하여 공이 되었다. 보이는가? 지구 같은 공이! 태양계의 공도!

 모서리가 뾰족한, 세모의 돌고 도는 흐름에서 육각, 십이 각, 삼십이 각들이 모이면서 원이 된다. 돌고 도는 원들이 수십, 수백 개가 되며 돌고 돌며 구가 되어 돌고 돈다. 지구 속에서 지구 밖에서 태양계에서 은하계까지 돌고 도는 세상의 모습도 보인다. 돌고 도는 마음속의 심리들도 보인다.
 두 사람이 있는 선 위에서 서로 마주 보기도 하고, 거꾸로, 반대로 가는 모습도 보인다. 같은 방향을 보고 걸어가는 모습도 보이고, 이런 두 사람의 모습을 보고 있는 나도 보인다. 바라보는 나도 또 하나의 점이며, 두 사람과 셋이 되며 면을 이루고 있다. 넷, 다섯, 여섯, 그리고 무수히 원이 되고 구도 된다.

 다방향의 생각

 앞서가는 생각!
 거꾸로 된 생각!
 생각은 자유이기는 하다.
 앎에 따라서 달라지는 것이 생각이기도 하다.

 어떤 이의 생각을 내가 어쩔 수 있는 것은 아니다.

 다각 도로 다양하게 보는 내가, 나는 좋다.

14

색다른 삶
다양한 맛

　어릴 때부터 나는 의문점이 있으면 '왜일까?'라는 생각을 많이도 했었다. 그래서 원인과 결과에 대한 논리를 생각하고 말을 했다.
　내가 성장기일 때와 결혼을 해서도, 궁금하여 물으면 묻는다고 윽박지르는 사람이 내 가까이엔 계속 있었다. 억눌림을 당하면, 살아가려고 더 많이 생각하게 되더라. 특히 매우 가까운 남자 세 사람! 아버지, 오빠, 전 남편의 억누름에 짓밟히며 정말 많은 생각을 하게 되었다. 생각은 했지만, 육하원칙도 몰랐었다.

　전 남편은 도무지 무얼 이해하지 못했다. 갖가지 방법으로 이해를 돕고자 했던 나를 두고.
　"너는 나를 유치원 아이 가르치듯 한다."
라며 고약하게 트집을 잡았다. 오빠는 내 얘기는 들어보지도 않고 자기식으로 그냥! 동생인 내 생각을 억눌러버렸다. 그러면서 동생인 내가 생각이 많은 것을 병이 들었다고까지 말했었다. 오빠의 아들인 나의 조카가 나에게 이런 말을 했었다.
　"고모님~ 아빠가 그러셨는데요. 고모님은 병이 있대요."

앞 편에서 조카가 했던 말을 그대로 적은 글이 있다. 한 번 더 조카의 말을, 예를 들어 여기에 적고 싶다.

"지금 내 앞에 음식들이 있다. 이 음식들 속엔 농부들의 피땀과 정성들이 들어있다. 하늘과 땅의 기운들을 받아 자라고 영글어 음식이 되었다. 음식이 되어 나의 몸이 되어주러 오신 내 육신의 님이시다. 내가 이 음식을 먹고 내 육신을 어떻게 관리하여, 어떤 마음으로 세상을 살아가야 할 것인가?"
 라고 생각하는 나였다. 이렇게 논리적으로 생각하여 말하는 나를 오빠는 이해가 잘되지 않으니, 본인의 생각대로 말했던 것이었다. **오빠에게 나는 그저 만만한 동생이었다.**

나는 이해가 가지 않는 무엇이 있으면, 묻는 것을 아주 잘했다. 알고 싶어서 알려고 여러 가지 방법으로 찾고 찾았다. 지금도 그러고 있다. 요즘은 휴대폰 속의 선생님 또는 선배님들이 대답을 아주 이해하기 쉽게 해주고 계신다. 유튜브에서도 많은 것을 배우며 익히고 있다. 나보다 먼저 익히신 분이라면 누구나 선배님이시다. 내가 배움을 얻는다면 선생님이시고 스승님이 되신다. 내 손안의 휴대폰 속에 선배님과 선생님, 스승님이 무수히 계신다. 내가 만나는 많은 사물들도 스승님이 되신다. 스승 아닌 무엇이 없다.

내가 어렸고 젊은 날에는 알고 싶어도 알 수 있는 길이 많이도 막혀있었다. 가슴이 너무도 답답했었다. 몇십 년 사이에 너무나 좋은 세상이 되었다.

내가 꼬맹이일 때, 궁금하면 알려고 하는 버릇 아닌 버릇이 있었나 보다. 알고 싶으면 파고드는 습관이 있었나 보다. 아버지가 나 어릴 때, "알고 잽이"라고 했었다. 그리다가 "안다 이 박사"라고 하셨다. 알고 싶어서 많이도 물었고, 알게 되면 아는 것이 기뻐서, 만나는 사람에게 즐겁게 얘기를 했었나 보다.

제6장 고통이 왜 있을까? 321

그런 여자아이가 우리 집에서는 좋은 아이가 못 되었다. 우리 집에서 좋은 아이가 아니다 보니, 사회에서도 그리 좋은 모습으로 어울리지를 못한 점도 많았더라. 이러한 나를 두고 오빠는 병이 들었다고 걱정했다. 아직도 오빠는 나를 그렇게 생각하고 있을까?

나란 사람! 참으로 색다른 여러 가지 삶을 살아온 사람이다. 그랬기에 아주 다양한 삶의 맛을 느껴보았다.

그래서 사는 맛이 참으로 좋다.
다양한 삶의 맛을 느낄 수 있게 이끌어주신 다양함의 님이시여~
감사합니다.

15

*딸로 태어난 것이
억울했는데*

내가 국민학교에 입학했다. 공부하는 것이 재미가 있었다. 성적이 좋았다. 아버지는 성적이 좋은 나를 싫어하셨다.

"가수나 가 공부 잘하는 거 그것! 아무짝에도 못 쓴다. 통 갈보 된다."

아버지가 왜 그렇게 말하셨는지 후일에 알았다. 아버지는 한때 축산업 협동조합장을 하셨다. 나랏일을 하시는 분들과 요정을 꽤 다니셨단다. 요정에서 남자들의 시중을 드는 여성들이, 아버지가 느끼기엔 공부를 잘했던 여성들이었나 보다.

내가 국민학생 시절엔 시험을 쳐서 성적이 좋으면 공책, 연필, 지우개 등으로 상품을 주었다. 상품을 받았다고 집에 와서 자랑하다가 아버지에게 혼쭐이 났다. 아버지는 내가 아들이 아니고 딸이라는 이유로 남의 집으로 보내려고 했었다. 학교에 입학하기 전에도 그랬었고, 4학년 때도 남의 집에 가기를 원했었다. 마을 아주머니들께서,

"학교 보내준다고 데려가지만, 식모처럼 부려 먹는다. 그리고 형제간에도 못 만나게 한다."

라고들 하셨다.

"형제간에 못 만나게 한다."

제6장 고통이 왜 있을까?   323

라는 말에서 '남매간에 못 만난다.'라는 사연이 자꾸만 생각으로 떠올랐다. 남의 집에 가라는 아버지의 말이 너무도 서러웠다. 그리고 내가 미스 시절에, 아버지가 외할아버지에게 재산을 주고 내 엄마를 사서 왔듯이 나를 팔며 시집을 보내려고 했었다.

남존여비 사상, 그 시대가 그러하기도 했지만, 나의 아버지는 너무도 심했다고 본다. 아버지가 엄마에게 매질 한 것을 오빠에게서도 들었다.
"아버지는 새벽마다 엄마를 때렸다."
언니도 얘기를 해주었다. 엄마는 한글을 모르셨단다. 마을에 한글을 가르쳐 주시는 청년이 있었는데, 엄마는 한글을 배우러 다니셨단다. 비 오는 어느 날, 한글을 가르쳐 주시는 선생님께서 우산을 씌워 엄마를 데려다주셨는데, 그 모습을 아버지가 보셨더란다. 그 후부터 아버지는 엄마에게 무지막지한 매질을 하기 시작하셨다고 했다. 엄마가 대나무밭에서, 대나무 가지인 회초리도 아닌 가는 대나무 둥지를, 한 아름씩 준비해서 안고 방으로 들어가시는 모습을 보았단다. 엄마는 아버지에게 달려들지도 못하시고, 도망도 못 가고, 심하게 맞으며 모진 고통을 받으셨다. 그리고 일어나지 못하고 앓다가 저 세상으로 가셨다고 언니가 나에게 말해주었다.

엄마는 큰언니와 한 살 차이였단다. 아버지에게서 난 딸 나이와 한 살 차이의 아내였단다. 앞쪽에서 적은 바가 있지만, 아버지가 외할아버지께 재산을 주고 데려왔단다. 나의 생모는 심청이 아닌 심청이였더라. 엄마가 스스로 심청이가 되었더라면, 엄마는 연꽃 속에서 다시 태어나셨을 텐데~

새엄마. 내가 국민학교 입학하기 전에 우리 집에 오신 새엄마는, 그때 고등학교를 졸업하셨다고 했다. 새엄마는 6남매 중에 큰 딸이었고, 새엄마 나이도 나를 낳으신 엄마 나이와 동갑이시다. 외갓집 댁 형제들은 모두 고학년까지 공부하였다. 경제적으로도 꽤 넉넉하게 살고 있었다. 내가 보고 느낀 것으로 새엄마는 인격과 인품을 꽤 갖추신 분이셨다.

아버지가 축산업 조합장을 하시고 계셨기에 인연이 되신 것도 같다. 아들 둘을 낳고 아버지와 살아보려고 부단히도 노력하신 분이셨다. 축산업을 하는 아버지께 돈줄을 많이 연결해 주었단다. 살아보려고 노력하다가 하다가 결국은 심하게 두들겨 맞고 집을 떠나셨다.

새엄마가 겪으셨던 그 모습을 나는 너무도 선연히 보지 않았던가? 나도 아버지에게 참말로 많이 맞았다. 위의 이유를 보아도 나는 여자로 태어난 것이 너무도 억울했었다.

대장간의 도구는 많이 달구어지고, 많이 맞은 것일수록 더 단단해진다고 했던가? 그래서 내가 조금 단단한 점도 있는 것일까?!

스무 세 살 때, '**내 나이 60이 되면 여자로 태어난 것이 행복할 것 같다.**'라는 생각이 들었다. 그 이유는 내 눈에 보이는 한국 사회가, 여성이 남성보다 자녀를, 부모님을, 세상을 더 많이 사랑하는 사회 구성이었다. 남존여비 사상의 기운이 많이 있는 사회 속에서, 여성들이 남성들보다 세상의 무엇들을 더 많이 사랑하는 모습들이, 내 눈에 보이고 보였다. 사랑이 무언지 잘은 몰랐었지만, 내 마음은 그러했었다.

'**누군가를 사랑하는 삶을 살았을 때 행복할 것 같다!**'

라는 느낌이 들었다. 그 느낌은 나이가 들수록 더 찐해지고 확고해졌다. 60세가 아니라 30세가 되었을 때. 두 번째 죽음을 받아들이면서부터 나는, 여성으로 태어난 것이 행복해지기 시작했다. 받는 사랑보다 주는 사랑을 하며 살아온 내 모습이 보였다. 사랑님께서 나를 품고 계심을 느끼게 된 것이었다. 어떠한 환경에서도 기쁨과 행복함을 느끼며 생활하고 있었다.

제6장 고통이 왜 있을까? **325**

진리 안에서의 자유!

나는 사랑이다.
길이요. 진리요. 빛이며 생명이느니라.
나는 사랑님의 품 안에서 살고 있음을 느끼고 느낀다.
얼마나 자유롭고 기쁘고 행복한지를!
나처럼 느끼고 사시는 분들도 많이 계시겠지?

감사하옵니다. 사랑의 님이시여~

제 7 장

나는 행복합니다

세상을 잘 받아들였다.
나를 가꾸었다.
인내하여 가꾼 나의 찬복이다.
행복의 님이시여~
저는 감히 당신을 사랑합니다.

1

*고통은 지나갔고
아름다움은*

    요가 수업을 하러 운전하며 출근하는 시간에, 항상 교통방송의 라디오를 듣는다. 그 시간 속에 짧은 글 한 편씩을 예쁜 목소리로 읽어 주시는 분이 계신다. 오늘의 글이 나의 귀를 더 쫑긋하며 기울이게 했다. 대어를 낚았다.
    "고통은 지나가고 아름다움은 남는다. 그러기에 그림을 그린다."
    르누아르 화가님이 말씀하셨단다. 르누아르 화가가 더 유명하게 되신 이유가 위의 마음과 실천이었단다. 라디오 속 예쁜 목소리의 DJ께서 부연 설명까지 해주셨다.

    고통의 삶이 있었기에 내 안에 아름다움이 살아있다. 여러 가지 사연을 만나며 지나온 나의 삶을 글로 적고 있다. 내가 가꾼 아름다운 열매들을 수확하는 작업이다. 수확하여 책으로 엮으려고 준비하고 있다.
    누군가가 내 글을 읽으며 맛나게 잡수시고 좋은 영양이 되어 그분이 조금이나마 행복한 삶을 사시는데, 선한 영향을 드리게 된다면 나는 더할 바람이 없다.

    글을 적어 카카오 스토리에 올렸다. 댓글을 적어 주시는 분들의 관심을 받으며, 내 가슴속의 상처가 치유되고 있었다. 정화되며 새로운 기쁨의 싹도 피어났다. 책을 엮으리라는 꿈과 희망의 가지까지 자라고 꽃을 피웠다.

　댓글로 관심을 심어 주시는 사랑과 정성들이 남정이를 위하는 기도가 되었다. 촉매 역할을 해주셨다. 나의 글이 맛나게 숙성되도록 도와주셨다. 댓글은 내 글과 내 마음에 대한 추임새였다. 한 문장 한 문장 적어 가는데, 살짝살짝 어깨도 으쓱거려졌다. 아름다운 멜로디가 내 속의 어딘가에서 흘러나왔다. 내 마음의 귓가에 계곡의 맑은 물소리가 졸졸거려지고, 미풍으로 뿜어지는 숲속 향기는 나를 그저 천상 낙원의 편안함으로 이끌어 주었다.

　"고통은 지나갔고 아름다움은 남았다."
　오늘 요가 수련 시간에 마음수련으로 위의 내용으로 대화를 나누었다.
　"고통 없이 사는 사람이 세상 어디에 있겠습니까?"
　"인내를 잘했을 때 아름다운 꽃을 피우고 열매도 맛나게 영글지요?"
　회원님들의 얼굴에서도 행복의 미소들이 꽃을 피웠다.

　나의 말과 글에 맞장구를 치며 반응해 주시는 고운 마음에게, 고마움과 감사를 전한다.

　고맙고, 감사합니다. 행복하시어요~

　"고통은 지나갔고 아름다움은 남았다."

2

*퍼센트의
선을 향하여*

공자님께서
"40이면 불혹의 나이다."
라는 말씀을 하셨다. '40이면 세상일에 정신을 빼앗겨 갈팡질팡하거나 판단을 흐리는 일이 없게 되었음'을 뜻하시는 말씀이라고 사전에 적혀 있다. 내가 마흔 살이 넘어서면서 세상에서 제일 두려운 것은! "헛짓"을 하게 되는 것이었다. 그것이 곧 "불혹"의 말과도 같다고 생각했다.

어릴 때부터 나는 "착하다. 잘한다. 장하다."라는 말들을 좋아했다. 어이하여 그러했을까?
30세쯤에, 나는 또 심하게 아팠다.
"착하다. 잘한다. 장하다."
라는 '보이지 않는 마음의 사슬에 묶여서 살아왔다.'라는 사실을 보게 되었다.
일어서지도 못할 만큼 관절에도 문제가 왔다. 죽었다 깨어나는 **"유체 이탈"**을 수없이 겪었다. 부모로부터 받은 귀한 몸을 무지막지하게 함부로 써먹기만 했을 뿐, 돌보며 가꾸지를 않았던 것이었다.

첫째가 "내 육신 학대죄"에 속해 있었다.

두 번째가 "자녀들을 제대로 사랑해 주지 못하는 죄"에 속해 있었다.
딸과 아들 두 자녀가 아직도 어린데 죽음을 받아들이고 있었으니 말이다.
세 번째는 "만나는 사람에게 밝음을 주지 못하는 죄" 등이었다.
내 몸이 아프니 만나는 사람에게 밝음을 주지 못하고 있었다.
'수많은 죄를 범하여 왔고 범하며 살고 있다.'라는 사실을 보았다.
젊은 나이에 건강을 잃고 보니 아무리 착하게 산다고 살아도 절반은 잘못이었다. 이러한 나의 현실 속에서 마음과 정신의 갈증과 허기짐은, 여러 가지 공부를 하게 해주었다. 교회를 찾았다. 스님도 만났다. 성당에도 갔다. 방에서 문밖으로 나오기가 어려울 때, 집에까지 찾아오셔서 신앙 공부를 하게 해주신 분들도 계셨다. 많은 분의 전도사님들이 무척 고맙기도 하였다. 지금도 고맙고, 감사하다.
마음의 갈증과 마음의 배고픔은 그렇게 "신앙의 길" 속으로 걸어 들어가도록 했었다. 끊임없이 일어나는 몸의 증상들로, 병원도 많이 찾아다녔다.

호흡 치유, 단월드, 천도 선법, 국선도, 지금은 사라진 한밝 심신 수련원 등에 다니며 몸과 마음수련도 하며 공부했다. 지압, 수지침, 부항, 마사지, 경락 관리, 자세 교정, 체질 감별 법, 명리학, 건강식품 등을 찾고 만나며, 몸 건강과 마음 건강에 눈을 뜨고 공부를 했다.

그리고 몸 건강과 마음 건강으로 생활 건강, 즉 내 인생 최고의 수확은 생활 건강이었다. 내가 어떤 몸과 마음으로 어떻게 어떤 삶을 살았는가? 하는 생활 건강이었다. 그것이 내 마음을 제일 자유롭게 하였으며 기쁘고 행복하게 해주었다. 그것이 진정한 나를 가꾸는 것이었다.
사람마다 행복의 가치와 척도는 다를 것이다. 나에게는 그랬다.

그렇게 세월을 삼키면서 건강 상식을 몸과 마음에 익히게 되었다. 그리하여 2004년에 요가원을 차리고 요가 강사가 되었다. 지금도 요가 강사 일을 하고 있다.

"불혹:헛짓"
"모르면 쉽게 불의에게 미혹된다."
"알려고, 잘하려고 하면서도 자꾸만 미혹되는 것이 내가 살고 있는 세상살이였다." 미혹이 되면 내가 말하는 "헛짓"이 되는 언행이 되고 있었다. 나에게는 그랬다.

살아간다는 것이, 쉽게 헛짓도 하게 되는 우리의 삶이라는 사실을 볼 때마다 **"불혹이란, 불의에게 미혹되지 않는 것"**이라는 생각이 뚜렷하게 떠올랐다.

50:50. 무엇들을 '100퍼센트가 완전체라고 본다면 50:50이 중심이 된다.'라는 생각이 들었다. '50:50 그것이 중도이기도 하다.'라는 생각도 되었다. 50:50을 기준으로 보며 넘치거나, 모자라지 않는 상태를 정도라는 생각도 들었다. 그것이 조화로운 상태라는 생각도 들었다. '쉽게 이해되지 않고, 반문되는 생각이 뜨는 마음들도 계실 것!'이라는 생각이 든다.

내가 이렇게 생각하기까지는, 나 또한 생각의 흔들림이 수없이 많았다. 긴 세월에 걸쳐서 얻은 답이다. 세상의 모든 것을 이렇게 생각한다면, '아니 되옵니다'도 많이 있을 것이다.

우리는 많은 것을 선택하면서 살아가고 있다. 순간의 순발력으로 선택해야 하는 경우도 많다. 51퍼센트 이상, 60~70퍼센트가 된다면 선택하는지도 모르게 그쪽을 선택하며 살아가고 있다.

법원의 마크가.
"신입견의 눈을 가리고, 기울지 않는 저울을 든 정의의 여신이란다."
어떤 선택의 순간에 나의 앎과 어떤 기운들에 의해서 신댁히게 되는 걸로 보였다.

"제일 소중한 것을 선택하기 위해서는 두 번째, 세 번째 귀한 것을 포기해야 한다."

라는 말씀도 있더라. 무엇을 선택하기 전에 길고 깊게, 생각하고! 살펴본 후에 선택해야 하는 것들도 많다.

심한 갈등 속에서, 예리하고 냉철하게 생각하며 선택해야 하는 경우들도 있다.

자신이 무엇을 얼마나 준비하여 선택했는지도 매우 중요하다. 이렇게 저렇게 견주어 보고 계산해 보고, 제일 좋다고 느끼고 생각한 것을 선택하게 된다. 그렇게 조율하여 선택하게 된다면, 그나마 많이 기울지 않을 수도 있다. 그것도 사람에 따라 다르더라.

결손가정으로서 너무도 모르고 살아온 세월 속에서! 나는 선택의 폭이 좁아 헛발질도 많이 했더라. 헛짓도 많이 하여 어려움과 고통을 많이도 겪었더라.

세상의 어떤 기운을 불의와 정의로 본다면, 어느 쪽을 선택하고 싶겠는가? 앎, 가진 능력, 어떤 기운에 의해서 선택하게 되고 선택도 받게 된다.

아무리 바르고 착하게 산다고 살아도 50:50 "절반의 법칙"에 의하여 어쩔 수 없이 잘못도 하며 살게 된다고 보였다. 그래서 나는~
"저는 단지 1퍼센트로의 선을 향하여 살아가고 있을 뿐입니다."
라는 말을 하기 시작했다.
"사는 게 다 죄가 되지요."
라시는 연세 드신 분들의 마음을, 언젠가부터 이해가 되었다.
**"저는 단지 1퍼센트의 선을 향하여 살아가고 있을 뿐입니다."
라는 말을 곧 잘하게 되었다.**

불의와 타협하지 않게 해주시는 의로움의 님이시여~
제가 이 세상 떠나는 날까지 의롭게 살아갈 수 있도록 함께하여 주시옵소서!

3

*나는
행복합니다*

아침에 일어나 출근 준비를 한다. 내 나이에 출근하는 일이 있다는 것이 매우 축복이고 기쁨이다. 내 건강관리에도 도움이 되는 요가 강사 일이다.

그리고 노인 복지관에도 다닌다. 내가 좋아하는 시 문학반에서, 아주 존경스러우신 교수님으로부터 시 낭송, 발성 연습 등 대학교 국문학과에서 배울 법한 내용들도 배운다. 컴퓨터 활용 반에서도 배우는 것이 다양하다. 노래교실에도 함께하며 흥겹고 즐겁게 노래도 배웠다. 시간이 되는 대로 여러 가지를 다양하게 배웠다. 나의 삶은 즐거움이 많다.

내가 열다섯 살이 되기 전에 대구에 왔다. 살림하며 쌀을 사서 먹으며 거래를 한 쌀가게가 있었다. 쌀가게의 시동생과 나의 외사촌 여동생과 혼인이 되도록 다리를 놓았다. 쌀가게 사장님과 사돈이 되었다. 쌀가게 여사장님은 나의 외사촌 동생의 형님 동서가 되었다. 동서끼리 대화를 나누었나 보다. 어느 날 외사촌 여동생의 형님 동서께서 나에게,
"어떻게 그렇게 사람을 폭삭 속일 수가 있어요?"
라고 하셨다.
"무슨 말씀이셔요?"

라고 여쭈었더니
"아니 그렇게 어려운 환경 속에서, 어쩌면 그토록 밝은 인상이신지 사돈을 알게 된 지가 벌써 20년이 넘었는데요!"
그동안 나의 인상에서, 어려움을 겪으며 살아온 것을 전혀 느끼지 못하셨다는 것이었다.

만나는 많은 사람들로부터
"귀한 자녀로 태어나, 귀한 사랑을 받으며 살아온 사람으로 보였다."
라는 말을 많이 들었다. 힘들어도 힘들지 않은 척, 아파도 아프지 않은 척 밝게 살았다. 그런 성격이 내가 일찍 아프게도 된 이유였는지도 모른다. 하지만 일찍 아파보았기에 건강관리 하는 방법도 일찍 깨달았다.

나는 세 가지 건강을 말한다.
하나는 육신 건강~
또 하나는 마음 건강~
또 하나는 생활 건강이다.

육신 건강과 마음 건강이, 생활 건강을 가꾸고 열매를 영글게 한다.
나를 가꾸게 한다. 육신 건강과 마음 건강에 관해서는 말씀들을 많이 하시더라. 육신 건강과 마음 건강으로 영글게 되는 열매인, 생활 건강이 참 건강이며 참 내가 아닐까? 내가 책을 많이 읽지 않아서인지, 생활 건강에 대한 말은 제대로 들어보지 못했기에 다시 적었다.

가꾸어진 나!

인내하여 가꾼 나의 참복!

제7장 나는 행복합니다

하나만 있으면 점이요
둘이 만나면 선이 되며,
선이 된 둘 사이에서 피어난 것이 있을 때,
면이 되면서 진짜 하나가 된다
음과 양이 만나 불이 켜지고,
하늘의 기운과 땅의 기운이 만나 새싹들이 피어난다
삼위일체 격인 세상의 모든 생명체의 이치이다

몸과 마음이 만나 생활을 한다
내 마음의 눈에는 몸 건강, 마음 건강,
생활 건강이 하나로 보였다
행복하고 싶어서
생각하고 실천해 온 나의 생활 건강이 있다
가꾸어진 내가 있다

그동안 나의 환경 속에서, 이만큼의 생활 건강을 이루며 가꾸어 온 나를, 내가 "대견스럽다."라고 말해주고 있다.

그리고 나는 믿음이란?
"내가 바르게 알고, 내가 실천하는 것만큼, 믿는 것이 믿음이다."
라고 칭했다.

바르게 알려고 많이 살펴보았다. 살펴보며 관심을 가지고 관찰하였다. 알게 된 것을 길게도 인내하며 실천하였다.

그렇게 실천하며 살아왔기에 나는 내가 예쁘다. 내가 고맙다.

그럼에도 불구하고 이만큼 생활 건강을 가꾸어 온 내가 나는 좋다.

그래서 나는 정말 행복하다.

감사합니다.
고맙습니다.
행복의 님이시여~
저는 감히 "당신을 사랑합니다."라고 말하렵니다.

4

백내장 수술을 하며

 나는 수술대 위에 누워, 백내장 수술 중이었다. 생뚱맞게도 스물두 살 때 축농증 수술을 했던 때가 떠오르고 있었다. 양 손목과 발목, 허리, 가슴까지 움직이지 못하도록 단단하게 묶었었다. 코 주변에 부분 마취를 하고 콧구멍을 기계로 크게 열어 수술이 시작되었다. 간호사 2명이 옆에서 보조를 했다. 수술을 집도하시는 의사 선생님은 나의 콧구멍을 통하여 집게질을 하며, 콧속의 나쁜 것들을 끊임없이 뜯어내었다.

 의사 선생님께서 입으로 고이는 피를 입 밖으로 뿜어내라고 하였지만, 천장을 보고 묶이어 있던 내 몸 상태로 혈은 목구멍으로 꿀떡꿀떡 넘어갔었다. 수술하시던 선생님께서,

 "와~ 정말 심하다 심해!"

 하시는 말씀은 '그동안 내가 얼마나 불편했을까!'라는 마음을 주시는 느낌이었다. 콧속의 뼈를 잘라내느라 톱질을 양쪽으로 하고, 장도리와 망치를 이용하기도 했었다. 그래야만 깊게 차 있는 축적된 농을 잡아낼 수가 있었던 것이었나 보다.

 "무슨 아가씨 뼈가 이렇게나 억세나~"

 라고 하셨던 말도 잊히지 않고 있다. 뼈를 잘라내느라 톱질을 하는데, 마취기운이 없는 목에 톱이 닿아 "앗!" 하며 소리를 질렀었다. 원래 생각했던 시간

보다 시간이 오래 걸렸나 보다.

"아이고~ 더 이상은 못 하겠다."

하시며 수술을 마치셨다. 수술을 받고 있으면서 '의사 선생님의 직업인 수술도 정말 힘든 일이구나.'라는 생각이 들었었다. 그렇게 옛 추억을 회상하는 사이,

"수술이 잘 되었습니다."

라는 안과 의사 선생님의 말씀이 들렸다.

"10분 정도 참으시면 됩니다."

라고 하시고 시작하셨던 백내장 수술을 마쳤다. 입원실 방에서 쉬고 있었다. 30분 정도는 눈을 감고 있으라고 하였다. 유튜버 강의를 들으면서 편히 쉬었다. 퇴원할 시간까지 살짝 심심하다는 생각이 들었다. 아들에게 전화를 걸었고, 딸과도 전화 통화를 했다.

수술하기 전에는, 애들이 걱정할까 봐 말하고 싶지 않았었다. 엄마가 나이가 드니 자녀들의 사랑을 받고 싶은 마음속의 심리가 일어났나 보다. 조금 있으니~ 아들과 자주 만나는 작은오빠의 아들인 조카에게서도 전화가 왔다.

"고모~"

라면서 한참을 고모인 내 기분이 기쁘고 즐겁도록 얘기를 해주었다. 며늘아기에게서도 전화가 왔다. 노후에 웬 복이 이리도 많은지,

"며늘애야~ 내가 이렇게 복이 많다~ 정말 감사할 것이 너무도 많구나~"

라는 말이 졸졸거리며, 계곡물이 노래하듯 내 입에서 나오고 있었다.

나의 친언니도 아침 일찍, 내가 병원에 오기 전에 전화해 주었었다.

"수술 잘하고 오거래이~ 눈이 잘 보이면 세상도 잘 보일 거다!"

지금은 나를 아껴주고 사랑해 주는 분이 정말 많다.

45년 전 21세 때

"남정아, 나는 니가 옆에 있으면, 니한테서 썩는 냄새가 나서~ 밥 먹기도 좀 그렇다."

오빠가 이렇게 말하기 전에는 나한테서 썩는 냄새가 나는지 몰랐었다. 내 머리 앞쪽의 끊임없는 두통도, 심한 축농증 때문도 있었던 것 같은데, 나는 그것도 몰랐다.

동산병원에서 축농증 수술을 받느라고 7일간 입원을 했었다. 큰오빠가 병원에 한번 왔다 갔지만, 따뜻한 위로의 말은 전혀 기억에 없다. 심했던 축농증 수술로 얼굴이 엄청나게 부었었다. 왼쪽 눈은 아예 붙어버렸고, 오른쪽 눈도 손으로 눈 아래를 눌러주어야 눈앞의 사물을 볼 수가 있었다.

그때 나는, 나라에서 해주는 의료보호 대상자였다. 수술비 33퍼센트는 퇴원하며 내가 지급했다. 33퍼센트는 국가가 보충했었고, 나머지 33퍼센트는 5년 후에 돈을 내라는 통지서가 날아왔다.

수술 후에 외래를 다니며 약을 받아먹었는데, 돈이 없어서 약을 받아올 수가 없었다. 병원에 오라는 날에 갔더니, 약을 받아 가지 않은 것을 말하셨다. 그래서 병원에도 가지 못했었다.

병원에 가서 수술하는 것도, 돈을 벌어서 생활하는 것도, 나 혼자서 그렇게 해결하며 살았었다. 엄마가 계셨더라도 나를 그렇게 방치하셨을까? 엄마도 자신을 위해서 살아주지 않는다고 트집을 잡았을까?

아버지와 오빠는, 자신을 위해서 살아주지 않는다고! 그렇게 트집을 잡고 학대를 했었다. 그러한 아버지와 오빠 아래~ 언니와 나는 결혼을 했어도 구박을 엄청나게 받았다.

"남자가 새끼야 그런 걸 해주고 그러나! 고추 떼내뿌리라!"

오빠는 여동생의 배우자인 제부, 두 사람에게 이런 뜻으로 말하는 사람이었다.
"나에게 귀한 동생이네~ 자네에게 하나밖에 없는 귀한 아내 아닌가?"
이러한 뜻의 말을 해주는 오빠였더라면 얼마나 좋았으랴~

결혼한 여자는, 친정 울타리에 지대한 영향을 받는다.
오빠는, 여동생 둘에게는 남편과 시댁을 위해 그토록 희생하기를 강요하면서도 본인의 처와 처가댁에는 그러지 않는 모습이었다. 자신이 벌어서 아내를 위해 살면서 아기 기저귀도 빨아주고 개어주며 아내에게 여행도 시켜 주더라. 올케언니의 친정 울타리는 언니와 나의 친정 울타리보다는 매우 든든하였다.
큰오빠에게 여동생 둘은 무엇이었을까? 언니와 나는 살면서 딸들에게까지 많은 아픔을 주게 되었다. 결국은 딸들이 그토록 요구하던 이혼도 딸들에게 더 많은 상처를 입힌 후에야 하게 되었다.

그렇게 살아온 언니와 나였다. 지금의, 이렇게 좋아진 환경 속에서 내가 어찌 아니 기쁘지 않으리오.
"눈이 잘 보이면 세상도 잘 보일 거다~"
라고, 해준 언니의 말은 지금도 반짝거리며 나를 기쁘게 해주고 있다. 내 마음의 눈도 밝혀주고 있다. 눈이 밝아져 친정 울타리가 보여 여기에 적었나?

나는 아직도 친정 오빠와 아버지에게 바라는 무엇이 있나 보다.

어찌하여 좋을 때는 좋은 것만 보지, 왜 반대의 것이 보이는 것일까?
"양면을 보며 겸손하라"라고 속에서 말을 해주고 있다.

5

보속의 기도

내가 책을 펴내겠다고 카카오 스토리에 글을 올렸다. 언니가 몇 편을 읽었나 보다.
"동생아~ 너 글 몇 편 읽었는데, 속상하고 마음 아파서 못 읽겠더라!"
"언니로선 왜 안 그렇겠노!"
엄마의 딸로 태어나 언니도 나 못지않은 아픔을 겪으며 살아왔다. 언니는, 아버지와 연관되는 말을 할 때면
"남정이 너 아부지~"
라고 하였었다. 나보다도 언니는 아버지로부터 받은 상처가 더 많았다고 본다. 뻑 하면 그렇게 말하는 언니에게,
"언니는 '남정이 너 아부지!'라는 말을 쓸 수 있는 동생이 있어서 좋겠다~"
라는 말을 하게 되었다. 언니는 미안했던지 나의 눈을 겸연쩍게 한참을 바라보았었다. 그 후에 언니는 그 말을 쓰지 않았다.

약 삼십 년 전, 용연사 절 아래 음식집에서였다. 나보다 언니가 더 힘들 때, 내가 언니를 위로해 줄 때도 있었다. 언니도 힘들고 나도 힘들었을 때였다. 숲속 용연사 절 밑 음식집에 앉아, 서로 소주를 부어주며 속마음을 풀어내는 시간을 가진 적이 있었다. 언니와 둘이 앉아 술잔을 기울여 본 적은 그때 딱

한 번이었다.

언니도 몇 가지의 종교에 입문해 보았다. 나 역시 그런 후였다. 언니는 이혼하고 정말 많은 정신적 아픔 중에 있었다. 나도 정신적 고통을 엄청나게 겪었다. 내 자녀가 중학생 때였다. 언니도 교회를 다녔었고 나도 교회를 다녔었다. 언니가 이렇게 말을 했다.

"아버지가 지은 죄의 대가를 우리가 보속하고 있어!"
"그래~ 그렇다고 볼 수도 있겠지?"
"나는 할 만큼 했어~"
"맞나? 언니야!"

"맞나~ 언니야!"
라고, 말을 하는 내 속에선 '언니가 그동안 얼마나 힘겨웠으면~ 저렇게 말을 할까?'라는 생각이 들고 있었다. 아버지가 지은 죄를 보속하려면, 아직도 까맣게 멀었다는 느낌이 보이고 있었다.

아버지가 지은 죄!
덕을 크게 쌓으면 3대가 복을 받는다고 했던가? 그렇다면 죄를 크게 지었다면 3대가 벌을 받는다는 말이기도 하지 않은가? 그 보속은 우리 남매만이 아니라, 우리의 자녀에게까지 내려가고 있는 모습이 보이고 있었다. 아직도 아버지와 오빠로부터 받은 상처를 안고 언니와 나는 살고 있다.

6
그냥 던진 돌

몸이 아플 때, '집안 살림만 하며 살아봤으면 좋겠다.'라는 생각이 봄 햇살에 움이 트듯 간절했었다. 결혼 후 내가 아팠을 적에 우리 집은 허름한 주택이었다. 오빠는 32평 새 아파트에서 살고 있었다. 올케언니는 거의 가정 살림만 하며 지냈다. 가끔 오빠네 집에 가면 깔끔하게 잘 꾸며놓은 집안이 나는 너무도 부러웠다. 부러우면 진다는 말도 있던데~ 지는 건지 어떤 건지는 나는 몰랐지만! 친척 집과 오빠 집 외에 다른 집에는 거의 가 본 적이 없다. 내 살기가 바빠서였다.

오빠는 우리 집에 오면,
"너~ 집 좀 치워놓고 살아라!"
"너~ 집 좀 정리해 놓고 살아라!"
"너~ 집 좀 깨끗하게 하고 살아라!"
라는 말로 내 가슴을 찔렀다. 나는 내 신세가 스스로 서러웠었는데, 또 어느 날 오빠가 나에게
"너~ 집 좀 치우고 살아라!"라는 것이었다. 나는 그 소리에 참아왔던 감정이 솟구치며 버럭 화가 올라, 큰 소리가 입 밖으로 터져 나갔다.
"나도 그러고 싶어! 그렇게 살고 싶은 내 마음이 얼마나 간절한지 알아? 꿀

~떡 같다고!"

그동안 눌러왔던 내 가슴에서 커다란 용수철이 튀어 오르듯, 내 입을 통하여 엄청나게 큰 소리가 되어 터져 나갔다. 그러면서 "엉~엉~" 소리 내어 울고 말았다. 오빠는 자신의 말에 그렇게 반응하는 나에게,

"동생아~ 너 왜 그러니?"가 아니라
"가수나가 어디서 오빠에게 달려들어! 내가 임마! 너한테 그런 소리 들으려고 말한 줄 알아?"라는 식이었다.
"오빠가 벌써 그 말이 몇 번째 줄 알아!" 속에서는 계속 튀어 오르고 있었지만 그렇게 말하다간 오빠와 더 크게 싸우고, 나는 더 당하고 아파질 것만이 보였다. 너무도 어이없고 서러워서 그냥 울었다. 오빠에게 나는, 언제나 무시당하고 학대당하고 있었다.

수년이 지난 후에 내가 오빠에게 그때의 사연을 말하게 되었는데 오빠는 내 말이 끝나기도 전에
"내가 딱 한 번 말하는데 니가 나한테 그렇게 화를 냈어! 어디 가수 나가 오라비한테 뒤집어 씌워~"
라고! 또 확 밟아버렸다.
내가 오빠 동생이 아니고, 남이었어도 그랬을까?
나에게 속내를 털어내는 여성들이 있었다. 이런 말들을 꽤 많이 해주며 살아왔다.

"남자들이 그렇게 단순하제?"
"남자들은 여성이 상처받는 것을 잘 몰라~"
"남자들은 그렇게 자기중심적이야!"
"인간으로 태어난 정자 중에, 열성 정자와 우성 정자가 있다네~"

"열성 정자가 남아로 태어나고~ 우성 정자가 여아로 태어난단다! 그래서 남자는 단순하고~ 여성은 폭이 넓단다! 남자는 음식이 보이면 먹자! 이러는데~ 여성들은 이 음식을 어떻게 나누어 먹으면 좋을까? 라는 생각을 하고, 주변의 여러 가지를 생각한다네! 그것을 과학자들이 밝혀냈단다~"

김창옥 강사님의 강의를 들으면 기분이 좋았다. 내가 하고 싶은 말을 많이 해주셨다. 내 속도 시원해졌다. 희미한 내 생각을 선명하게도 해 주셨다. 위로도 받았다. 말씀 중에 이런 말씀도 있었다.
 "예의와 매너 없는 사랑은 존재하지 않는다."
 "자기중심적이고 예의를 지키지 않는 사랑은, 아주 잔인하고 폭력적이다."

사람들은 평소에 별생각 없이 말할 때가 많이 있다. 단순한 사람일수록 더욱 그렇다. 상대를 존중하지 않으면 그냥 그렇다. 만만하게 여기면 더욱 그렇다.
 돌을 무심코 던지면 상대가 맞았는지 아니 맞았는지를 거의 모른다. 상대가 화를 내어도 인정하지 않는 경우가 정말 많다. '저것을 맞혀야지~' 생각하고 정성을 모아 조준하여 던졌다면! 무엇이 맞았는지, 아니 맞았는지를 알게 된다. 무심코 던진 말에 상처를 받게 되는 경우가 너무도 많다.

"네가 던진 돌에 내가 맞아서 상처가 났다."
라고 말을 한다 해도 증거가 없으면 오히려, 역효과가 일어나는 경우가 정말 많다. 사실이 사실대로 인정이 된다면 얼마나 좋으랴!

윗사람이라는 권력을 가진 자는, 항의하면 더욱 밟아버린다.
 오빠는 나에게 무심히 던지는 돌처럼 던진 말이 너무도 많았다. 나는 상처를 받아 엄청난 고통에 시달렸다.
 "고통에 시달리고 있다."

라고 말하려면~ 사정없이 군화로 밟아버리는 느낌들이 너무도 많았다.
"아프고 고통스럽다"라고 또 말하면~ 군화로 자근자근 밟아서! 시멘트 바닥에 짝짝 깔아버리는 느낌까지도 들었다.

이런 우스갯소리도 있다.
"남자는 기껏해야 11자 바지를 입고 살기에 그렇게 단순하단다. 여성은 폭넓은 치마를 입어 세상의 많은 것을 감싸며 살고!"
특히 권위주의에, 빠져있는 남자들이여!
남자들도 통 넓은 마음의 치마를 입어 보시라.

66세까지 살고 보니, 남자들도 폭넓은 마음의 치마를 입으신 대디 맘, 어머니 같은 아빠도 꽤 계시더라. 요즘 젊은이들에게서 더 많더라. 따뜻한 마음과 부드러운 가슴으로, 상처받아 아픔으로 자라지 못한 어린 마음들을 포근히 안아주시는 긴 팔을 가진 남성도 꽤 계시더라.

그냥 던지는 돌처럼 자신이 무심코 던진 말에 상대가 아프다고 말을 하면, 자신이 그랬는지 살펴보고 인정을 한다면 정말 좋겠다.

7

*누나가
착했어요*

언니가 현풍시장에서 분식 장사를 하고 있다. 내가 살고 있는 아파트에서 차를 타고 가면 약 15분 거리이다. 나는 종종 언니 가게에 간다.

시골 풍경이 많은 5일장이 서는 날이었다. 장날엔 언니네 분식집에도 손님이 많다. 손님이 잡수시고 간 식탁 정리를 내가 하고 있었다. 한 아저씨가 자신의 얼굴을 내 얼굴 가까이 내밀며,

"강남정씨 맞죠?"

내 이름을 말하면서 인사를 했다.

"저를 어떻게 아셔요?"

마스크를 쓰고 있긴 했지만 나는 전혀 모르겠다.

"목소리도 알겠네요."

라고 말을 한다.

"저는 전혀~ 모르겠는데요. 죄송합니다. 감도 안 오는데요."

인상도 목소리도 전혀 떠오르지 않는다.

"담도암 수술을 했는데요. 다른 음식은 잘 안 넘어가는데, 이 집의 찹쌀 수제비가 맛이 있어요."

오른손은 간이 있는 오른쪽 배 위에 올려져 있고, 왼손으로 수술한 곳을 가리키며 말을 했다. 보편적으로 자신의 아픔을 쉽게 드러내지 않는 편인데, 내

가 아주 편안한 사람으로 느끼는 건지 자신의 아픔을 표현했다.

"그래요? 입에 맞는 것은 부지런히 챙겨 먹으세요. 그래야 좋아요. 그런데 절 어떻게 아셔요?"

"직물공장! 금강 직포!"

'아~ 미스 때 내가 그곳에서 일을 했었다.'

"아니 그때가 언제예요?"

라고 말하고는 잠시 머릿속에서 계산하고 있었다.

"거의 50년 전인데요~"

라고, 대충 계산한 세월을 내가 말하고 있었다.

"목소리도 그때 목소리가 있어요."

아주 편안하게 나를 대하는 그는, 내 목소리도 기억하고 있다. 나는 전혀 모르겠는데, 내 목소리와 이름까지 알고 있는 그는, 수제비 한 그릇을 먹고 북적거리는 시장을 빠져나갔다.

그리고 10일이 지난 장날이었다. 내가 언니 가게에 있는데 그가 또 들렀다. 역시 찹쌀 수제비 한 그릇을 주문했다.

"남정이 누나~"

나보다 젊어 보이기는 하지만, 나보고 누나라고 부른다.

"누나? 내가 누나여요? 몇 년생인데요?"

나보다 세 살이 적었다.

"나는 미안하게도, 아직도 모르겠는데~ 어떻게 나를 그렇게나 기억을 해요?"

"누나가 저한테 참 잘해주었어요. 그리고 나는 누나를 계속 보며 살아왔어요. 따라다닌 건 아니고요."

"그랬어요? 근데 내가 무얼 잘해주었나요?"

"누나가 착했어요."

나는 마음의 고개가 갸웃했었다.

이튿날이었다. 형부가 고향 남해에 가서 회를 가져왔다고, 친구도 데리고 저녁 먹으러 오라며 언니한테서 전화가 왔다. 내 친구와 형부 친구까지 모였다. 식당 생활 수십 년 된 언니의 솜씨로, 회무침이 커다란 양푼이 다라이에서 맛있게 비벼졌다. 큰 접시에 담아 식탁 가운데 두고, 밥도 큰 그릇에 수북이 퍼서 회 접시 옆에 차려졌다. 필요하신 대로 사용하시라며 앞접시와 비빔 그릇으로 이용할 대접도 챙겼다.

여섯 명이 둘러앉아 회덮밥으로 찰진 밥과 비벼 먹으며, 초봄의 별미라고 맛깔나게 입맛을 살리고 있었다. 지난날, 어느 장소의 맛났던 회 맛 분위기도 소환시키며, 화기애애하게 추억 얘기들을 색색의 모습으로 꽃피우고 있었다. 맛나는 분위기에 힘을 입어서인지, 어제 장날, 맛난 소리를 들었던 내 마음에 심어진 기쁨의 꽃이, 나의 머리 위로 떠오르며 웃고 있었다.
"누나가 착했어요."
"누나가 착했어요."라는 말이 내 마음속에서 기쁨의 꽃으로 피고 있었던 것이다. 내 마음속에 피던 기쁨의 꽃이, 내 입술을 타고 소리가 되어 나왔다.
"언니야~ 어제 찹쌀 수제비 먹고 간 친구 있잖아~ 그렇게 여러 번 말하더라."
내 말을 듣고 있던 언니가
"우리 아버지! 우리를 그렇게 때리시면서~ 우리를 착하게 교육시켰어!"
라고, 큰 소리로 말하는 것이었다.

아버지에 대한 언니의 마음. 그동안 언니는 아버지에게서 받은 상처가 많이도 활동하고 있었다. 그랬는데 오늘 언니 입에서 기쁨으로 피어나는 마음의 말이 싹을 틔워 나온 것이었다. 며칠 동안이나
"그렇게 때리면서 우리를 착하게 교육시켰어!"
라는 언니의 말이 내 가슴속에서 살며 노래하고 있었다. 내 마음 밭에서 언니가 한 말씨가 뿌리를 내리고 싹을 틔워 가지를 뻗으며 웃고 있는 것이었다.

그동안 아버지로부터 받은 상처의 자리에서 곪았던 고름이, 아주 잘 숙성되어 노래하고 있었다. 아픈 상처에서 곪고 있던 피눈물이 기쁨과 보석으로 승화되어 있었다.

"아픈 만큼 성숙해진다."라는 말을 이럴 때 사용해도 되는 건가? 아버지에게서 받았던 상처에서 예쁜 나의 언니 마음에 기쁨의 꽃이 피어나는 모습이 보인다.
"그렇게 아프게 때리시면서~ 딸들이 착하게 살도록 교육하셨다."
나보다 아버지로부터 더 많은 상처를 받은 언니가 이렇게 말을 했다. 아버지의 그러한 교육이 있었기에 언니와 나는 미움을 받기보다는 존중받는 사람으로 살아왔고 살고 있다고 생각을 한다.

이제는 아버지를 안아드릴 수 있을 것도 같다. 아버지 돌아가신 후, 신선한 산신처럼 옷도 차려입고 지팡이도 들고, 나의 꿈에 여러 차례 다녀가셨다. 그 꿈을 꾸고 잠에서 깨면 몸도 마음도 가벼웠다.
"누나가 착했어요."
"누나가 저한테 잘해주었어요."
50년 전의 나를 기억하며 말해주는 동생을 만났다. 50년 전에도 착한 남정이었던 것을 추억하게 하며 살게 해주었다. 사실 나는 이 친구와 같은 사람을 종종 만나 왔다. 나는 상대를 잘 모르겠는데, 상대는 나를 아주 반갑게 대하며 다시 뵐 수 있게 된 것을 기뻐하였다. 강남정이의 이미지가 '꽤 좋은 모습으로 사람들 마음에 심어져 있었구나.'라는 사실을 보여주는 그림들이 지금 내 속에서 생글거리며 웃고 있다.

"성장기엔 추억을 만들며 살고, 나이가 들면 추억을 먹으며 산다."
라는 말이 있던데 나는 지금 이렇게 기쁘고 맛나는 추억을 먹고 있다.

아버지~ 감사합니다.

# 8

믿음이란

"믿음이란?
내가 바르게 알고
실천하는 것만큼, 믿는 것이 믿음이다."

내가 요가 강사 생활을 한 지, 20여 년이 넘었다. 배우기 시작한 지는 30년도 넘었다. 요가를 운동이라고 생각하고 말하는 사람들이 많은 듯도 하다. 요가의 정의는 "질 좋은 삶"이라고 요가의 경전에 적혀 있다. 그래서 나는 회원님들께 "요가 수련"이라는 말을 지극히 심어 주고 싶어 한다.

"몸 동작을 하시면서, 내 몸의 움직임과 느낌을 읽으셔야 효과를 많이 봅니다."

"요가 수련 시간은 내 몸을 알고, 내 몸에 알맞게 움직여가며 호흡하고, 느끼며, 읽어가며 몸을 사랑하는 시간입니다. 내 몸에 대한 사랑을 꾸준히 실천할 때 건강이 좋아집니다."

라는 말을 자주 해주고 있다. 나의 구령 속에서는 한 호흡, 한 호흡 동작 동작마다

"느낌이 좋은 쪽으로 몸을 움직여갑니다."

라는 말로 몸의 기운을 느끼고 읽게 한다. 그리고 집중이 잘되도록 구령을 해준다. 내 몸을 느끼고 읽는 것을 "내 몸에 대한 명상과 사랑"이라 밀하면서

이론을 덧붙이기도 한다.

자신 몸의 내면을 들여다볼 수 있도록 이론을 말해주고, 동작마다 구령으로 전하고 있다. 나의 지도에 수련을 오랫동안 하신 분은, 많이들 자신 몸에 맞는 동작과 마음 사용 수련의 맛을 아시는 분이 많다.
"선생님과 함께한 요가로 몸이 너무 좋아졌어요~"
"원장님의 지도에 젖어 들며 건강 관리하는 방법을 터득했습니다."
"몸과 마음이 수련되어 즐겁고 행복한 삶은 살고 있습니다."
라는 뜻의 말을 꽤 많이 들었다.

**"믿음이란, 내가 바르게 알고
실천하는 것만큼, 믿는 것이 믿음이다."**
현실에 맞는 말씀이라 적어서 잘 보이는 곳에 붙여 두었다는 분도 계셨다.
이 말에 반문하는 생각이 드시는 분도 계시리라. 나름대로 믿는 믿음이 있으며, 다양한 믿음들이 있으니까 말이다.

"나는 그 사람을 믿었는데, 배신을 당했어!"
라고 말하시는 분을 여러 번 만났다. 그 말이 머리에 걸려 오랫동안 생각을 했다. 그래서 얻은 답이었다.
'자신이 상대를 잘 몰랐으며, 또 자신도 자기 자신을 잘 몰랐으며, 또 그 일에 대하여 잘 모르면서 일을 한 경우에 이러한 느낌이 들며, 그렇게 생각들을 하는 것이었다.'

내 몸이 아팠다.
침을 맞으러 갔다. 나는
"몇 번 정도 맞으면 낫겠습니까?"

라고 여쭈었다.
한약을 지어 먹으려고 했다.
"한약을 몇 재를 먹으면 낫겠습니까?"
라고 물었다. 계속 낫지를 않았다. 한약만이 아니라 다른 약들도 무수히 먹었고, 침만이 아니라 주사도 수없이 맞았다. 내가 무얼 몰랐었기에 상대에게 속은 기분도 들었었다.

계속 아픈 몸을 낫게 하려고 겪고 겪으면서 알게 되었다. '내가 나를 몰랐더라. 내가 나의 건강 상태를 몰랐더라. 모르는 사이에서 나온 나의 욕심이기도 하였더라. 그러면서 내 좋을 것만, 바랬더라.'

신앙생활 공부를 하고 보니, 불교에서도
"자비를 베풀어라. 성불하십시오. 바르게 깨달아 부처님처럼 성스럽게 살라."라고 느껴졌다.

기독교에서도
"진리를 알고 서로 사랑하며 살라. 바르게 알고 서로 사랑하는 것을, 실천하라."라고 느껴지며 보였다.

타 종교도 조금은 공부해 보았다. 심신 수련도 다양하게 했다. 내가 느끼기엔 대다수가 "내가 수행하며 바르게 알고 실천하며 살라."라고 느껴졌고 보였다.

'자녀를 키우는 것도~ 농사를 짓는 것도, 자기 자신을 가꾸는 것도~ 변화하는 상황을 지속적으로 살피고, 보고, 느끼며, 알아가며 실천하는 삶이 우리의 길이며 사랑이다. 그것이 바로 믿음이다.'라고 확실하고 명확하게 보였다.

"믿음이란? 바르게 알고, 실천하는 것만큼, 믿는 것이 믿음이다."

9

자존심 속의
자피감

내가 이십 대 후반이었다. 시장 담벼락에 줄지어 앉은 난전 음식부에서 분식 장사를 하고 있었다. 음식부 앞으로는 과일을 파는 청과부가 시장 중심 길을 두고 줄지어 있는 시장이었다.

어느 날이었다. 자존심이 상한다며 한 손에는 과도를 들고, 이상한 감정의 소리를 지르고 있었다. 분함의 감정을 온몸으로 내는 젊은 아저씨가 난동을 부리고 있었다. 지나가는 사람들도 위협을 느껴 피하며 돌아서들 가시고, 또 무슨 상항인가 멀리서들 둘러서서 관하고들 계셨다. 주변 사람들도 의아하니 무서워도 하는 모습이었다. 나도 의아해하며 무서웠었다. 결국, 경찰이 와서 가스총을 이용하여 상황 종료가 되었다. 그 후 과일상 젊은 아저씨는 과일가게를 접었다.

그 광경을 보았던 내 마음에 의구심이 생겼다. 자존심이 상한다며 화를 내고 분노를 참지 않던 사람들의 모습이 자꾸만 생각이 났다. 머리에서 떠오르며 보이고 있었다. 보려고 보니, 사소한 자존심들까지 보이고 있었다. 내 속의 생각이란 그이가! 마음속의 일들을 보는 일을 하고 있었다.

사전에서 자존심을 찾아보았다. "자존심: 스스로 자신을 높이려는 마음"이라고 적혀있었다. 나는 사전에 적혀있는 **자존심에 대한 뜻에 마음의 고개가 계속 갸우뚱**했었다. 자존심에 대한 것을 살펴보고 또 살펴보고 있었다. 나 자신 속의 자존심을 살펴보고 있었다. 나 자신을 보지 못하는데, 어찌 상대의 마음을 볼 수가 있었겠는가? 내 속에 두 마음의 자존심이 살고 있었다. 자존심이 상하니 화도 나고, 질투도 일어났다. 열등감과 자격지심이 활동하는 그런 내 마음이 있었다. 그러는 나를 보는 또 다른 내가 있었다. 자존심 상한다고 화내며 트집을 잡는, 열등감과 자격지심으로 발작 아닌 발작을 했던 내 모습은 꼴불견이었다. 그 꼴불견인 내 모습을 나는 싫어하고 있었다. '어쩌면 좋을까?'를 생각하고, '화를 내고 트집을 잡기보다는 상냥하고 친절하게, 밝고, 명랑하게, 묻고, 배우며, 익히며, 즐거워하는 내가 되도록 나를 가꾸자'라며, 나를 다듬고 가꾸려고 노력해 온 내가 있었다.

자존심
自 스스로 자. 尊 존경할 존. 높일 존. 心 마음 심.
자존심: **自尊心**

나는 이렇게도 풀이를 하고 있었다.
"나 스스로를 내가 존경할 수 있는 나의 마음" '그렇다면 나의 언행이, 내가 나를 존경할 수 있는 언행을 실천하며 살아야 하지 않는가?'라고 풀이를 하게도 되었다. **"내가 나를 스스로 존경할 수 있는 나의 마음"**, '이것이 진정한 나의 **자존심이구나.**'라는 생각이 들었다. 그래서 나는 자존심을 가꾸려고 이미 노력을 해오고 있었다.

어찌 많은 사람들이 '자존심이 상한다며 화를 내고 감정을 세우고 악을 쓰는 것일까? 저 모습은 오히려 자신이 무너지며 파괴되는 삶인데! 자신의 앞날을 망가뜨리게 하는 감정이지 아니한가?' 하는 생각도 들었다. '자신의 앞날을 보지 못하고 지금의 감정을 이상하게 발산하는 모습들! 저 모습들은 자신을 파멸의 길로 이끌어가는 자파감! 자파감이다.' 라는 생각이 확실하고 선명하게 자리를 잡았다.

"자파감"이라는 말은 아직도 세상에서 사용되지 않고 있다.
나 혼자만 써 왔다. 사람들 속의 자존심을 보니까 크게 두 종류였다.
하나는 가족과 이웃에게, 그리고 스스로에게 부끄럽지 않은 삶을 사시려고 부단히 노력하시며, 자신을 가꾸는 자존심이었다.
그리고 하나는 자기중심적인 감정으로, 자신만이 아니라 자신의 가정과 이웃까지 힘겹게 만드는, 조금은 아니라고 생각되는, 자존심을 세우는 감정이었다. 사전에 적혀 있는 "스스로 자신을 높이려는 마음"인 듯도 하였다. 스스로 자신을 높이려다가 오히려, 타인으로부터는 더 낮아지며, 심지어 추락까지 하는 이상한(?) 마음으로 내 마음의 눈에 확실하게 보였다.

즉 자존심은
가꾸는 자존심과,
세우는 자존심, 두 가지로 구분이 지어졌다.

가꾸는 자존심은 배우고 익히며, 낮아지며 질문한다. 진정 자신을 존중할 수 있도록 자신을 다듬고 가꾸어간다. 정성을 들이며 인내하여 노력하는 마음이었다.

세우는 자존심은 자신의 앞날을 보지 못하고, 순간의 감정을 내 세우고 있었다. 노력은 하지 않고, 남이 자신을 무시한다고 생각하며 화를 내고, 이상한 언행을 하는, 오히려 자신을 무너뜨리고 파괴하는 모습이었다.

"자존심이 상해서~"라면서 자존심을 세운다. 나는 그 언행을 보면서 '자신을 파괴하는 마음, 저것은 자파감이다.'라는 생각이 들었다.

자파감
스스로 자(自), 깨뜨릴. 무너질 파(破), 감정. 섭섭할 감(憾),
자파감 : 自 破 憾

'스스로 섭섭하여 자신을 무너지게 하고 깨뜨리는 감정을 발산하는 모습, 저 모습은 "자파감"이다.'라는 생각이 명확해졌다.

"가꾸는 자존심은 진정한 자존심이고, 세우는 자존심은 자파감이다."
라고 나는 글을 적었다.
블로그에 글을 적다가 보니, 약 40년 전에 적었던 글을 이곳에 올리게 되었다.

예전에 나의 딸이 이런 말을 했었다.
"엄마가 하는 말이, 국어사전에 들어가야 할 뜻들이 많아."
스마트폰이 나오기 전에 국어사전에 적힌 자존심을 몇 번을 찾아보았었다. 여러 가지 뜻으로 적혀있었다. "자파감"은 없었.

나는 학자도 아니다. 내 가슴속에 사십 년씩이나 묵혀져 있던 이 말을, 이곳에 심게 되었다. 많은 이웃님이 인정을 해주셨다. 길고 긴 겨울을 지나며 자존심의 나무에서 가지를 떼어내어 자파감의 나무를 심었다. 이 책을 통하여 많은 사람들의 가슴에 심어지고 피어나 자라며 열매를 영글었으면 좋겠다. 이 책 속에 심으니 내 가슴이 방긋이 웃고 있다.

"자파감"의 어감은 우선은 좋은 느낌이 아닌 것도 같다. "봄에 좋은 것은 쓰다."라는 말이 있다. 마음에 좋은 것은 더 받아들이기 싫은 경우가 정말 많기도 하다. 하지만 자신의 인생을 무너뜨리고 파괴하는 "자파감"을 제대로 알고 많이들 사용하게 된다면, 쓴 약이 아주 좋은 약이 될 수도 있다. 자파감이란 말을 쓰므로, 많은 사람이 자신의 내면을 살펴보며 감정을 잘 다스려 행복한 삶을 살아가는 데 도움이 될 것이라고 남정이는 믿는다. 이 말을 사용하지 않을 뿐, 이 마음을 사용하시는 분들은 이미 세상에 많이 계신다.

자신을 파멸의 길로 이끌어가는 "자파감" 내가 어렸을 때는, 부모님은 물론이고 학교의 선생님들도 많이들 그러셨다. 30~40년 세월을 지나면서 많이들 달라지셨다. 변화하셨다. 하지만 지금도 자파감으로, 당신 몸으로 낳은 자녀들의 인생까지 파멸의 길로 밀어 넣는 부모들도 보인다.

자파감의 감정이 자신 속에서 활동하는 모습을 살펴본다면 자신을 좀 더 잘 가꾸고 상대도 잘 가꾸어 주는 데 도움을 주게 될 것이리라.

사람들이 정작 화를 내어야 할 때보다, 자기의 감정으로 화를 내는 경우가 아직도 꽤 많은 것 같다. '자파감의 말을 부드럽게 사용할 수 있게 된다면, 자신과 자녀, 이웃과도 더 밝은 마음의 모습으로 대할 수 있지 않을까?'라는 생각을 감히 해 본다.

모르기 때문에 고통받고, 모르기 때문에 고통을 주게 되는 경우가 정말 많더라.

내가 **자파감**에 대한 말을 적은 후에, **자존감**이란 말이 나왔다. 자존감에 대한 말이 많이 사용되었다. 자존감은 좋은 뜻으로 많이 쓰이고 있다. 그런데 너무 많이 쓰이다 보니 자존감에 대한 말도 새로이 파생되는 말을 들은 적이 있다.

내 마음속에만 묻어두고 있다면, 그것은 제대로 되는 기도가 아니다. 자파감에 대한 기도를 40년간 이상이나 숙성하고 발효시키며 기도를 해왔다.

10

글이
있는 것이라면

　나는 1973년 10월. 열네 살 때 고향 진주에서 대구로 왔다. 직물공장에서 일을 했다. 74년 5월에 동생 둘과 아버지도 대구로 왔다. 나와 네 명이 방 한 칸에서 살았다. 그때 우리 집에 있는 책은, 국민학교 2학년인 동생의 교과서만 있었다.

　12시간 교대 근무를 하는 직장까지 걸어서 다녔다. 가는데 걸리는 시간이 약 30분 정도였다. 일을 하고 돌아오는 시간도 그 정도였다. 길을 오고 가는데 가끔, 찢어진 신문 조각이 내 눈으로 들어왔다. 손에 주워 들게 되었다. 활자를 그냥 읽었다. 아는 단어도 있었고 모르는 말이 더 많았다. 모르는 것이 많았지만 한 마디씩 알게 되는 고것이 참 맛이 있었다.

　몇 년 지나면서 화장품 회사에서 나오는 얇은 월간 홍보 책자를 만나게 되었다. 한 회사에서 나오니 다른 회사에서도 나왔다. 아모레, 쥬단학, 쥬리아 등 홍보 책자 속에는 신문 쪽지보다 읽을거리가 아주 많았다. 다양한 내용들이 들어있었다. 그 책들을 읽는 재미는 맛나는 과자를 먹는 재미만큼이나 맛이 있었다.
　그런 후 약국에 가니 제약회사 광고 책자도 얻을 수가 있었다. 읽을 수 있는 시간만 있으면 읽고 또 읽었다.

　75년 가을이었다. 직물공장 회사에서 중학교 과정을, 스스로 공부하는 교재를 가진 친구를 만났다. 방 하나에 평균 5~6명이 생활하는 기숙사였는데, 그 친구는 방 하나를 혼자서 사용하고 있었다.

　그 친구와 아주 친해졌다. 내가 대구에 와서 2년 넘게 사는 동안 이렇게 좋은 친구는 처음 만났다. 많은 얘기를 나누며 산책도 다녔다. 자연에 대한 감탄사도 함께 지르며 좋아했었다. 나는 집에도 가지 않고 그 친구와 기숙사에서 지내는 시간이 많아졌다. 그 친구 고향도 내 고향 가까운 경남 진양군 집현면이었다.
　그 친구가 회사에서 쫓겨나게 되었다. 몸에서 고약한 냄새가 난다고 했다. 암내 때문에 고향으로 간다는 것이었다. 지금은 암내 수술 같은 것은 쉽게도 한다는데, 그때는 회사 직원들이 싫어하면 쫓겨 가야만 했었나 보다. 그 친구는 중학교 공부 교재를 모두 가지고 갔다. 그 교재와의 헤어짐이 나에게 있어서는 어떤 사람과의 이별보다 더 허전했었다.

　결혼을 하고 심하게 아픈 후에 성당을 다니며 성경을 만났다. 시편, 잠언, 아가, 지혜서, 집혜서, 복음서 등의 말씀들은 하늘에 계신 선조 님들께서 내려주시는 밝고 따뜻한 마음과 정신의 맛나들이었다. 반짝거리는 보석까지 함께하는 어쩌다 사 먹어본 솜사탕보다도 더 달콤한 말씀들이었다.

　나는 정신적인 갈증이 많았었나 보다. 정신과 선생님께서 쓰신 책을 만나게 되니, 맛깔나게 맛이 있었다. 돈을 주고 사서 보고 읽고, 또 사서 읽고 보고 또 읽어 보았다.
　몸이 이파 몸 건강의 갈증은 더 많이 느끼고 있었다. 몸 건강에 대한 책은 파고 읽고, 읽으며 파며 실천하며 내 몸에서 일어나는 느낌과 반응을 관찰하고 있었다.

시(詩)인 대학 학생 모집. 내가 살고 있는 동네에 붙어 있는 벽보를 만났다. 반가웠다. 신청했다. 대구 교육대학교 강의실에서 하는 시인 대학 공부를 하러 갔다. 그토록 다니고 싶던 학교였다. 대학 교정을 밟는다는 것은 사실 꿈에도 꾸어 보지 못했었다. 시를 공부하겠다며 대학교 정문을 통과했다. 교정을 밟는 걸음은, 설레다 넘쳐 환희도 함께해 주고 있었다.

그런데 동사가 뭔지, 명사가 뭔지, 형용사, 부사, 의성어, 의태어, 은유적으로, 시에 관계되는 공부를 하는데 모르는 단어가 무수히도 많았다. 글을 적는 것에 대한 기초도 아예 없었다. 수십 명의 학생들 속에 국졸은 나 혼자였다. 고졸 학생이 몇 명 있었으며 거의 다 대학을 졸업하신 분들이었다.

시인 대학 공부를 하러 가기 전에 수지침 공부를 먼저 했었다. 수지침 공부를 다닐 때도 국졸은 나 혼자였다. 국졸인 나였지만 수지침 지회장님으로부터 "강의를 좀 해주세요."라는 제안을 받기도 했었다. 하지만 국민학교 공부만 한 나로서는 '이 사회에 속하는 어떤 분야에서도 기본적인 공부가 부족하다.'라는 것을 더욱 느꼈다. 간절하게 다가온 것이 중고등학교 공부였다.

36세가 되어 중학 과정 야간 학교에 입학했다. 40세가 되어 고등학교 과정의 검정고시를 쳤다. 이력서에 당당하게 고졸이라는 표기를 할 수 있게 되었다.

2024년 3월에 사이버대학에 입학했다. 나이가 있어서인지 머리에 입력이 되지를 않는다. 공부는 하면 할수록 부족함을 느끼기에 나의 부족함도 많이 보인다. 나를 자꾸만 가꾸고 다듬게 되고 채우려고 한다. 부족함을 느끼니 겸

손도 배우게 된다. 나는 완전히 야생마로 살아왔다. 그래서 곱게 다듬어지지 않은 부분이 너무나 많다. 그 점이 상대가 느낄 때 아주 버릇없는 자로 보이는 경우가 많은가보다. 배울 수 있는 환경이 된다는 것은, 엄청난 축복이다. 이렇게라도 배우게 되어 너무나 기쁘다.

"코밑이 바쁘다."
라는 말을 많이 들으며 살아왔다.
"돈 벌어 먹고살기에 바쁘다."
라는 뜻이었다. 나도 참 돈 벌어서 먹고살기에 바쁘게 살아왔다. 국민학교를 졸업하기 전부터 시작되었다. 내 자녀를 낳아 내 몸이 심하게 아프기 전까지 코밑만 생각하며 살아온 것도 같다. 돈 벌어서 먹고사는 것이 그렇게 바빴었다.
지금도 돈 벌어 먹고살기에 바쁜 한국 사람들이 많이 계신 것도 같다.

몸이 아파서 돈 버는 일을 못 하게 되니, 공부를 할 수 있어서 좋았다. 책을 만나며 할 수 있는 공부는 누워서도 할 수가 있다. 글을 적고 쓰는 것도 누워서 할 수가 있다. 미디어가 발달되면서, 누워서도 할 수 있는 공부가 정말 많다. 나는 휴대폰을 손에 들고, 누워서 보고, 듣고, 적는 시간이 많다.

이런 시대에 살고 있음이 나는, 그저 행복하다. 행복의 꽃이 끊임없이 피고 있다.

감사합니다.

11

*인간으로
태어난 것이*

인간으로 태어났다는 것이 얼마나 축복인가를 끊임없이 생각했다. 나는 꼬맹이 때부터 식물들과 이야기하며 놀았다. 내가 힘겨울 때 그들은 언제나 나의 위로자가 되어주었다. 그리고 그들은 내 육신의 먹거리가 되어주며 속삭여 주었다.

나무들의 삶을 보았다. 그들은 뿌리를 땅으로 내려 살 수밖에 없는 존재들이다. 나무의 뿌리를 인간의 발이라고 생각해 보았다. 나무는 발이 땅에 묶이어 인간처럼 걸어 다닐 수가 없다. 바람 불면 부는 대로 비가 오면 오는 대로, 더우면 더운 대로 추우면 옷을 벗고, 앙상한 가지로 겨울을 버텨낸다. 일년생 식물들은 또 어떠한가?

벌레가 되고 날개가 달리는 나비와 나방들의 삶도 생각해 보았다. 인간의 삶과 무엇으로 어떻게 비길 수 있을까? 인간은 날개를 달고 날아다니고 싶은 소망으로 비행기도 만들지 않았는가!

새들의 삶도 생각해 보았다. 훨훨 날아다니며 자연이 준비해 주는 먹거리를 쪼거나 주워서 먹고들 산다. 그들에게 비유한다면 스스로 먹거리를 가꾸거나 돈을 벌어 준비하여 챙겨 먹는 인간으로 태어난 것이 얼마나 떳떳한가?

꽃을 아름답다 했던가? 꽃나무가 꽃을 피우기 위해 어떤 인내를 했을까? 꽃은 오래 머물지 않아서 아름답단다. 2025년 제2회 어르신들의 짧은 시(詩) 공모전의 책 제목이다.『꽃은 오래 머물지 않아서 아름답다』

물고기들의 삶들도 생각해 보았다. 물고기와 인간 사이 무엇으로 비길 것인가? 수영 잘하는 것? 그 애들은 물 밖으로만 나오면 거의 살지를 못한다. 불교 말씀의 윤회설이 있던가? 인간의 육신을 받아서 태어나기까지는, "수많은 다른 생명체로 살아야만 태어날 수 있다."라고 했던가? 요즘 흔히들 하는 말들이 있다. 어떤 좋은 조건을 만나게 되면 그것을 두고,
"전생에 나라를 구한 무엇이 있었나 보네."
라고들 한다. 이런 말과 일맥상통하게 인간의 육신을 얻어 이 세상에 태어난 것은 엄청난 축복이지 아니하겠는가? 인간으로 태어난 것이 매우 기쁜 축복이라고! 마음이 마음에게 속삭이고 있다.
위아래 좌우를 보며 생각해도 축복이고, 거꾸로 돌리고 이쪽저쪽 다 돌려 보아도, 인간의 육신을 받아 태어난 것은 축복 중에 최고의 축복이다. 아빠가 엄마 자궁에 정자를 쏠 때, 2억~4억 정도의 생명 씨를 뿌린단다. 그중에서도 나란 생명 씨가, 치열하게 엄마 난자를 찾아 제일 먼저 차지하며 착상하지 않았는가?

생명을 포기하며 죽음을 받아들였다. 영혼의 삶들이 보이기 시작했다. 선행을 많이 행한 영혼들은 가볍게 날아다녔다. 선행을 하는 사람들을 돕고 있었다. 그 모습들이 거리를 다니면서도, 사람들이 모인 장소에서도, 역할을 하는 모습들이 많이도 보였다. 정말 많이도 보았다.
선행을 많이 행하지 못한 영혼들은, 찌질이 궁상의 모습들로, 찌질한 언행을 히는 인간 옆에서 찌질거리는 모습이 많이도 보였다. 많이도 보았다.

다음 책에서는 정신세계와 영혼의 활동들을 적어 볼 생각이다.

* * *

내가 이 글을 블로그에 올렸다. '남정이 님의 글은 생각을 많이 하게 합니다. 미물로 태어났다면 생각이 없을 테니, 그것이 더 행복할 것도 같은데요.' 나도 한때는, 댓글을 주신 분과 비슷한 생각을 했던 적이 있었다. 정말 많이 생각하며 살아왔다. 댓글을 주신 분께는 간단하게 답을 드렸다. '어차피 인간으로 태어났습니다. 저 자신을 주어진 그대로 받아들일 때! 제일 행복하다는 사실을 알았습니다. 그리하여 저는 그렇게 생각을 한답니다.'

'그때, 그때의 주제와 분수를 잘 파악하는 것이 최고로 행복한 길이다. 라는 말도 있던가?'

12

먼지 알이
사랑 씨가 되어

서른 살 전후에 몹시도 아팠다. 누워 있는 시간이 많았다. 몸을 움직이기 힘들 때도 많았다. 수납장 위의 먼지가 보였다. 나의 삶에서 떨어져나간 아주 작은 조각들이었다.

내 삶의 조각이 나를 빤히 쳐다보았다. 그는 내게로 와서 먼지 알이 되었다. 먼지 알은 내 가슴에 사랑 씨로 뿌리를 내렸다.

스무 살까지 안 살고 싶었다. 육여 년간을 세월에 부대끼며 살았다. 서른 살 전후로 칠여 년간 죽음을 받아들이며 살아가는 중이었다. 먼지 알이 내 마음에 사랑 씨로 심어졌다. 이 세상에 보이지 않으며 보이는 먼지도 사랑이라는 생각이 되었다.

사랑 씨가 된 먼지 알

수납장 위의 먼지들이
내 눈을 쳐다본다
먼지 알이 되어

나를 빤히 바라본다

손길을 줄 기운이 없다

어느 시간 먼지 알이
내 몸을 꿈틀거리게 했다
내 몸이 기면서 움직이고 있었다

"엄마"라고 부르면
'무엇 좀 해주세요'라고
"여보"라는 소리는
'일어나 돈 벌어야지'로

먼지 알은 말없이
나에게 눈빛을 주었다

먼지 알이 사랑 씨가 되었다

선조 님들께서 살다 가신
삶을 보았다
들려주시는 얘기를 들었다
기록으로 말씀하시는 마음도 보였다

선조 님들의 삶에서 떨어져 나온
작은 조각들이었다

의구심에 질문하는 내 모습에
눈을 반짝여 주셨다

선조 님들의 삶에서 나온
먼지 알이 사랑 씨가 되었다

내 가슴속에서 반짝이는 눈빛도
선조 님께서 주신 사랑 씨였다

내 가슴에 심어진 사랑 씨가
싹을 틔웠다. 자라고 있었다

우리의 삶에서 떨어져 나간 먼지가
먼지 알이 되어
누군가의 가슴에 씨앗으로 심어지기도 한다
싹을 틔워 자라나 사랑을 가꾸기도 한다

죽음을 받아들이니
유체 이탈이 일어났다
육신은 방에 있는데
영혼이 지붕 위에서 육신을 본다
몇 집을 지난 지붕 위에서 육신을 본다

또 그러고 또 그랬다

그런 후에

천사 아닌 천사들이
내 머릿속으로 들어오려고 싸움질을 해댔다

또 그런 후에
오랫동안 영혼들의 삶을 보게 되었다.
영혼들과 함께 하는 인간의 정신세계가
선조들의 영혼이 인간을 통해 개입하는
모습이 보였다. 그들의 모습을 보았다
그러시는 모습도 보았다
사람다운 사람이 되도록 도움을 주시는 천사들도 보였다

육신은 죽어도 영혼은 산다
육신을 받아서 어떤 마음으로 어떻게 살았느냐의 값으로!
선의의 천사와 중도의 신! 그리고 찌질이가 되어!

그리고 또!
악마, 마귀, 사탄의 종으로
도구가 되어 사는 모습을 많이도 보았다.
　나의 삶에서 떨어져 나간 먼지를 보며, 나는 먼지가 나를 보는 마음을 읽고 있었다. 먼지 알을 보게 되고, 선조 님들의 영혼들이 말씀하시는 소리와 마음을 듣고 보고 읽게 되었다.

　그리고 그 영혼들이 인간과 사람들에게 활동하는 모습들을 내 마음과 영의 눈으로 볼 수 있도록 해주셨다. 내 마음과 영의 눈으로 볼 수 있게 해주신 기운은 선조 님들의 맑은 영들의 에너지였다. 그 기운들이 죽음을 받아들인 남정이를 이렇게 살게 하신다.

미스 시절에 죽음을 껴안고 본 인간의 삶에서, 사랑이 무언지도 모르면서 '내 나이 육십이 되면 사랑을 받기보다 사랑을 하였기에 나는 행복 해질 거다.'라는 생각을 했었다. 삼십 대 전후 죽음을 받아들이며 영혼과 신들의 세계를 만나며 온전히 사랑님의 품 안에 안겨 있음을 느끼고 보게 되었다. 사랑님께서 품어 주셨기에 나는 그렇게 살아왔었고, 이렇게 살면서 진정한 자유와 마음의 기쁨 속에서 지금의 내가 되어 살고 있다.

첫 번째 받아들였던 죽음의 삶에서 자연의 섭리가 진리되며 나를 살게 했었고, 두 번째 죽음에선 선조님들의 삶에서 떨어져 나온 작은 먼지 같은 조각들이 모여 사랑의 씨앗이 되어 내 가슴에서 피어나 자라났다. 먼지 알이 사랑의 씨앗이 되어 살게 된 것이, 나의 세 번째 삶이었다.

13

잘 죽으러 가는 의미

2025년이다. 우리나라 평균수명이 네이버에서 찾아보니 82.7세란다. 2004년도에 요가원을 차렸었다. 요가원 운영을 시작했을 때, 내 귀에 들어온 9988234, "99세까지 팔팔하게 살다가 2~3일 아프고 죽는다."라는 말이 유행하기 시작했다.

그때 내 속에서 '7988잠든4(79세까지 팔팔(88)하게 살다가 잠든 사이에 사(4)망한다)'란 소리가 일어났다. "7988잠든4"를 말하기 시작했다. 지금도 여전히 그 마음 변하지 않고 있다. 이것은 온전히 나 개인적인 생각이며 기도이다. 각자의 느낌과 생각들은 다를 터이다. 여러분들 그대로를 존중해 드린다.

내 뜻이 내 뜻대로 된다면 얼마나 좋으랴! 내가 죽은 후에야 알 수 있는 것이다. 7988잠든4란 생각이 머리에 떠오른 후에, 20년 이상을 여러 방향으로 생각해 보았다. 역시 나는 7988잠든4이다.

유튜버에서 들었다. 황창연 신부님이 나이 드신 분들께 하시는 강의였다.
"아침밥 먹고 나면 무조건 밖으로 나와서 다니시라. 그러면 지쳐서 꼴까닥 죽게 된다."
하시는 말씀의 뜻을 듣고 보았다. "안 움식이면 더 아픈 몸"이라는 사실을 나는 오래전부터 느껴왔다. 운동이라 생각하며 움직여 보신 분은 아시리라. 운동을 하지 않으면 몸은 더 처지고 아프며, 마음도 따라서 바닥으로 내려앉는다는 것을!

죽기 직전까지 팔팔하게 움직이고 싶다. 그래서 나는 조금은 지치도록 움직이며 운동을 하고 일을 한다. **88234. 언제까지든 팔팔하게 살다가 2~3일 아프다 죽는다. 70~80대들의 로망인 듯도 하다. 나는
"잘 죽으려고 순간순간 살피고, 선택하며 살아가고 있어!"
라는 말을 곧잘 하며 살아왔다. 죽기 직전까지 그랬으면 좋겠다.
지금까지 살아오면서 내가 본 세상이 있다.
첫째는 자연의 섭리를 보았다.
둘째는 부모로부터 육신을 받아 사는 사람 속의 진리를 보았다.
그리고 셋째, 육신을 가지고 어떤 언행을 하며 살았는가의 값을 받아 영혼의 세계를 살아가는 인간이 천사로 승화된 영들의 삶을 보았다.

육신의 세상. 과거가 지금의 나를 가꾸었고, 그 값을 가지고 오늘을 산다. 오늘을 사는 것! 그것의 값들로 내일을 오늘에 만나며 살아가고 있다.
육신을 받아 일생을 살아가는 이치를 보는 사람은 보시더라. 사람마다 각양각색으로 보이는 듯도 하다.
나는, 생각이란 님을 만나 대화를 많이도 나누게 되었다. 내 생각 속의 님들은 먼저 사신 선배님과 선조 님들이셨다. 선조 님들께서 주시는 말씀의 결과로 삶의 의미를 찾게 되었다.

삶의 의미를 알고 살아온 나. 많은 기쁨과 행복 속에서 살아왔고 또 살고 있다.
"나는 천지(天地) 복을 많이 받았다."

라는 생각을 하게 되었다. 어느 땐가부터 내 마음 가득히 가꾸는 복이 채워졌다.

"육신은 땅에서 나는 음식을 먹으면서 형성되니 지(地) 복이요. 마음과 생각들은 하늘로부터 받는 것이니 천(天) 복이다."

라고 확신을 갖게 되었다. 그리고 이렇게 말하며 살게 되었다.

내 나이 열일곱 살 때였다. 땅 위에 앉아서 하늘을 보고 있었다. 하늘은 땅을 품 안에 안고 있었다. 하늘은 땅을 품 안에 안고, 땅 위의 생명에게 햇살을 주고, 비도 뿌려주고, 밤낮도 만들어 휴식도 취하게 해주고 있었다. 땅 위의 만물들을 가꾸고 있었다.

땅에서 살고 있는 만물들이 내 몸이 되어주려고 살고 있음이 보였다. 내 몸이 되어주려고 살고 있었다. 곡식과 채소 과일들이 내 몸이 되어주려고 살고 있었다. 숲은 내가 마시고 사는 산소를 내어주며 살고 있었고, 나는 생선도 먹으며 살고 있으니, 물속의 물고기들도 내 몸이 되어주려고 살고 있었다.

음식이 되어, 내 몸이 되어주러 오신 육신의 님들인 먹거리를 만나면, 내 몸이 되어주러 오기까지의 노력과 인내함이 보였다. 땀 흘리신 사람들의 정성과 수고와 인내도 보였다. 하늘의 햇살과 비가 되어 내려질 구름도 웃고 있다.

삶의 의미를 안고 기쁨과 즐거움으로 생기와 보람을 안고 살고들 있는 사물들이, 감사함으로 내가 되며 다가온다.

"내 몸이 되어주러 오신 님들을 적절하게 먹고, 내 몸을 가꾸며 자연
의 섭리를 따라 살아야 한다."

라는 진리를 만났다.

'자연의 섭리를 받아먹으며 싹을 틔우고, 줄기를 내고, 잎을 피우고, 꽃도 피워 열매도 영글고! 맛나는 음식이 되어 상대에게로 스며들어 가는 것! 상대가 되는 것! 상대에게 주는 것! 그것이 진리이다.'라는 생각이 마음속에 영글

었다.

　맛난 열매를 영글기 위하여, 다시 거름이 되는 잎과 꽃과 일찍 떨어져야 하는 어린 과일들도, 썩어지며 숙성이 된다. 맛난 열매의 자양분이 될 꿈들을 꾼다.

　과일나무의 삶 속에서, 과일이 되어 인간이 먹어주면! 인간의 육신으로 태어난다. 인간으로 승화가 된다.

　'아무리 주지 않으려 해도 공간과 시간 속에서 내가 가진 그 무엇인가를 누군가에게 주게 된다!'라는 사실을 거역할 수 없음이 보였다.

　어떤 공간과 시간 속에서 무엇인가는 받을 수밖에 없는 사실이 우리의 현실이며, 주게 되는 것을 어떻게 할 수가 없는 현실 속의 사실이다.

　"내가 나를 잘 가꿀 수 있도록 잘 받아들이자."
　라는 마음을 새기고 기도하며 인내하며 살아왔다. 할 수 있는 한, 될 수 있는 한 상대도 잘 가꾸어질 수 있도록 주고 싶었다.
　그러나 그것은 상대의 몫이었다.

　"우주 만물은 나를 위해 존재하고 있다."라고 끊임없이 노래를 한다.
　"세상의 수많은 것을 내 것으로 채울 수 있고, 그것으로 나를 가꿀 수 있다. 이것이 곧 희망이며 기쁨이로구나!"
　기쁨 속에서 춤추며 노래하는 나를, 나는 자주 보며 살아왔다.

　내 것이 되면 누군가에게 주게 되는 이치, 자연의 섭리, 세상의 진리! 나는 섭리와 진리를 보았다. 그들은 내 마음의 눈 속에 스며들어왔고 그 모습들이 내 가슴에 진리로 새겨졌다. 그것이 사랑이었다.

1990년. 성당 대문을 들어서는데
"나는 사랑이다. 길이요. 진리요. 빛이요. 생명이느니라."
라는 기다란 현수막의 글귀에 나의 눈은 빨려 들어갔다. 그리고 내 가슴에 사랑의 큐피드가 꽂혀 버렸다. 육신의 눈으로 보이는 세상 사물들 속에 깃든 오묘한 사랑의 기운들을, 마음의 눈으로 보고 읽었다. 기운들의 움직임을 살펴보았다. 자연의 섭리는 우주를 받아들여 자신을 가꾸고, 가꾸어진 자신을 돌려주며 살고 돌아가는 이치! 인간의 몸으로도 승화되며, 서로 사랑하는 마음을 일으키는 진리의 에너지를 피워낸다.

인간사의 섭리에서 서로 사랑하는 마음을 일으키며 진리가 피어나고, 한 걸음 한 걸음에서 서로를 가꾸며 기쁨과 행복 속에 사랑은 꽃을 피우고 열매를 영글다.

이렇게 노래하는 나는 가슴 벅찬 기쁨과 행복 속에 싸여있게 되었다. 아롱이 다롱이, 수많은 빛깔과 모양들로 살고 있으니, 생각과 느낌들은 다롱이일 것이다.

나는 "유체 이탈"을 여러 번 겪었다. 육신을 받아 살아온 값으로 영혼이 힘을 얻어 살고 있는 모습을 나는 보았다. 나처럼 영혼의 활동을 만나고 본 사람들의 얘기도 꽤 많이 보고 들었다.

한 걸음 한 걸음 정성 들여 걸어가는 나의 삶은!
"내가 잘 죽으러 가는 길이다."
죽음으로써 승화되어! 육신을 받아 살아온 값을 받아! 내 영혼은 새로운 영의 나라에서! 나누며 살아가는 모습을 나는 본다.

7988 씩~미소4. 일흔아홉 살까지 팔팔하게 살다가 저세상 갈 때는 씩~ 웃으며 가기를, 나는 기도하고 염원한다. 내가 죽을 때 누군가 곁에 계시는 분께서, 나의 콧구멍을 살짝 간지럽혀 주신다면 좋겠다. 블로그 댓글에서 소통이 되는 분과 이러한 대화를 재미있게 나누고 있다.

얼마 전에 복지관에서, 죽음에 대한 설문조사에 응하여 주었다. "좋은 점수가 나왔다."라며 무슨 교육에 참여 부탁을 받았다. 내가 하고 있는 수업과 겹쳐있는 시간이라 참여할 수 없어서 조금은 아쉬웠다.

사전연명의료의향서를 웰다잉 부산에 있는 사무실에서 십수 년 전에 종이 카드로 받아 두었다. 2024년에 젖어도 젖지 않는 카드로 재교부받았다. **사랑의 씨앗 장기 기증**의 표시증도 신분증에 붙어 있다. **시신 기증**도 대학교 병원에 해두었다.

한 걸음 한 걸음 잘 죽으러 가는 길! 일 초 일 초, 행복한 축복의 걸음을 걷고 있다.

마치는 글

나는 미스 시절에 약 6년간 생명을 내어놓고 죽음을 받아들였다. 또 결혼하여 두 자녀가 어릴 때, 약 7년간 죽음을 받아들였다. 죽음을 받아들이면서 영적 체험을 많이도 했다. 미스 시절에는 어쩌다 체험한 것을 말하게 되면, 이상한 아가씨가 되었었다. 30살 무렵에는 아예 무속인이 되기를 강요도 받았다.

나를 걱정해 주시며 다양한 종교에서 내가 누운 방에까지 찾아오셔서 기도해주시고, 신앙 공부도 전달해 주셨다. 그분들의 말씀도 도움이 되었지만, 나와 비슷한 경험을 하신 무속인들을 만나면서 나는 더 많은 힘을 얻기도 했다. 이겨내는 방법도 해결해 갈 수 있는 정신도 체득할 수 있었다.

그리고 기공 수련과 명상 수련을 하고, 공부를 하면서, 많은 에너지를 얻을 수 있었다. 명상 수련을 하시는 분 중에도, 심령 소리와 환상을 만나는 분들이 계셨다.

그리고 또 신앙을 하지 않고, 수련을 하지 않는 사람들에게서도 죽음을 받아들이며 심령의 세계에 들어가 본 사람들을 만날 수 있었다.

나의 친구 중에는

"네가 신을 받아서 부려 먹었으면, 네 몸이 그렇게 아프지 않을 건데…."라는 말을 종종 했다. 그러고 싶다는 생각을 했던 적도 있었다. 심지어 신을 받기를 강요하는 자들이 나에게 바라고, 탓을 하며, 나를 더 힘들고 아프게 하고 있었으니! 신을 받으면 신의 기운을 업고 그들이 나를 더 아프게 하지 못하게 할 수가 있겠다는 생각이 들기도 했었다.

그러나 그것은 나의 사사로운 마음이라는 생각이 들었다. 그러면 나는 더 고통을 받을 것이고, 또 고통을 주게 되는 모습이 보이고 보였다. 그랬기에, 그 길은 나의 길이 아니라는 생각이 확실했었다. 그래서 지금까지 버티며 많은 것을 겪었고 보고 익혔다.

이제는 쉽게 얘기를 하고 있다. 책으로 나가게 되었으니, 숨길 필요도 묻을 이유도 없다. 어떤 이가 나를 어떤 식으로 이상하게 보더라도, 색다른 삶을 살아온 나를 당당하게 드러낼 수 있다. 할 수 있다면 이제는, 사후 세계에 대하여 보고 듣고 느낀 것을 나는 많이 전하고 싶다.

요즘은 그동안 내 속에 가두어 두고 있었던 색다른 삶을 살며, 보고 들은 영적 체험 얘기를 다른 사람들에게 쉽게 말하고 있다. 얘기를 하고 나면 내 몸의 통증이 적어진다. 돌고 돌아야 하는 영적 기운도, 내 몸의 통증으로 말하고 있었던 것 같다.

육신은 죽어도 영혼이 사는 얘기를 이제는 나를 통하여 사랑님께서 세상 사람들에게 드러나게 하시려나 보다. 때가 되었나 보다.

감사합니다.